[Engenharia de métodos: o estudo de tempos e movimentos]

SÉRIE ADMINISTRAÇÃO DA PRODUÇÃO

[Engenharia de métodos: o estudo de tempos e movimentos]

2ª edição
revista, atualizada e ampliada

J. ROBERTO TÁLAMO

Rua Clara Vendramin, 58 • Mossunguê
CEP 81200-170 • Curitiba • PR • Brasil
Fone: (41) 2106-4170
www.intersaberes.com
editora@intersaberes.com

Conselho editorial
[Dr. Alexandre Coutinho Pagliarini
Dr.ª Elena Godoy
Dr. Neri dos Santos
Dr. Ulf Gregor Baranow]

Editora-chefe [Lindsay Azambuja]

Gerente editorial [Ariadne Nunes Wenger]

Assistente editorial [Daniela Viroli Pereira Pinto]

Edição de texto [Camila Rosa] [Larissa Carolina de Andrade]

Capa *Design* [Laís Galvão dos Santos]

Imagem [foxie/Shutterstock]

Projeto gráfico [Raphael Bernadelli]

Designer **resposável** [Sílvio Gabriel Spannenberg]

Diagramação [Cassiano Darela]

Iconografia [Regina Claudia Cruz Prestes]

Dados Internacionais de Catalogação na Publicação (CIP)
(Câmara Brasileira do Livro, SP, Brasil)

Tálamo, J. Roberto
  Engenharia de métodos: o estudo de tempos e movimentos /J. Roberto Tálamo. 2. ed. rev. atual. e ampl. Curitiba: InterSaberes, 2022. – (Série Administração da Produção)

  Bibliografia.
  ISBN 978-65-5517-335-2

  1. Administração da produção 2. Controle de produção 3. Engenharia de produção 4. Planejamento da produção I. Título. II. Série.

21-87103   CDD-658.5

Índices para catálogo sistemático:
1. Engenharia de produção   658.5

Cibele Maria Dias – Bibliotecária – CRB-8/9427

1ª edição, 2016.
2ª edição – revista, atualizada e ampliada, 2022.
Foi feito o depósito legal.
Informamos que é de inteira responsabilidade do autor a emissão de conceitos.
Nenhuma parte desta publicação poderá ser reproduzida por qualquer meio ou forma sem a prévia autorização da Editora InterSaberes.
A violação dos direitos autorais é crime estabelecido na Lei n. 9.610/1998 e punido pelo art. 184 do Código Penal.

[sumário]

prefácio [9]

apresentação [10]

como aproveitar ao máximo este livro [12]

introdução [14]

1 Pesquisa e definição do melhor método de trabalho [17]

1.1 Identificação da necessidade [20]

1.2 Análise do processo atual ou a ser implantado [23]

1.3 Pesquisa das alternativas para o processo [49]

1.4 Análise das alternativas para o processo [66]

2 Padronização do melhor método encontrado [71]

2.1 Definição do número necessário de cronometragens [76]

2.2 Elementos da operação [90]

2.3 Fator de ritmo do operador [95]

2.4 Fator de tolerância da atividade [104]

3 Determinação do tempo padrão [111]

3.1 Tempo padrão de uma operação [114]

3.2 Elementos acíclicos [119]

3.3 Validade de uma cronometragem [120]

3.4 Tempo padrão total de peças e lotes [124]

4 Tempos sintéticos [143]

4.1 Método da medida de tempo (MMT) [147]

5 Tempos complexos [163]

5.1 Diagrama homem-máquina [166]
5.2 Tempo de ciclo [170]
5.3 *Takt-time*: histórico e conceito [179]
5.4 Gargalo de processo [184]

6 Arranjos físicos [195]

6.1 Ágil [198]
6.2 Celular [199]
6.3 Departamental [207]
6.4 Distribuído [211]
6.5 Fractal [215]
6.6 Holônico [216]
6.7 Linear [220]
6.8 Modular [226]
6.9 Posicional [228]
6.5 Fractal [215]
6.6 Holônico [216]
6.7 Linear [220]
6.8 Modular [226]
6.9 Posicional [228]
6.5 Fractal [215]
6.6 Holônico [216]
6.7 Linear [220]
6.8 Modular [226]
6.9 Posicional [228]

considerações finais [250]

lista de siglas e abreviaturas [251]

referências [253]

apêndices [256]

anexos [261]

respostas [266]

sobre o autor [287]

Ao empresário brasileiro, um herói incompreendido e injustiçado, que luta bravamente pelo sustento e pelo crescimento de nosso país.

*Agradeço a Fátima, Roberta, Isadora
e Fernão, pela força e pelo estímulo
que vocês representam para mim,
e a Gio (in memoriam) e Lino, pela
companhia nas madrugadas
de trabalho.*

[prefácio]

Nesta obra, o Prof. Dr. José Roberto Tálamo apresenta, de maneira didática e ilustrativa, a evolução da engenharia de métodos, desde sua gênese, que remonta à administração científica, até sua leitura mais recente, nos modelos de produção enxuta. Assim, neste livro, o estudo de tempos e movimentos parte das técnicas mais convencionais até chegar à engenharia de métodos aplicada a ambientes complexos, com técnicas de sequenciamento e análises mais sofisticadas.

A engenharia de métodos é um dos pilares da engenharia de produção. Embora o estudo de tempos e movimentos seja parte relevante desta ciência, esta obra dá atenção particular às técnicas e aos diagramas de gerenciamento de processos que revolucionaram a gestão na década de 1990, quando o cliente passou a ser foco de análise. A melhoria dos métodos nessa nova perspectiva não se direciona somente às tarefas, mas também ao valor que é agregado para a empresa.

O foco no cliente e nas atividades que agregam valor está presente também nos conceitos da produção enxuta, em que se busca eliminar os desperdícios. Dessa maneira, este livro oferece, com riqueza de exemplos, todo um conjunto de técnicas de mapeamento baseadas no conceito de sequenciamento e ritmo, mas com flexibilidade para atender às demandas dos clientes.

O Prof. Dr. José Roberto Tálamo traz sua vasta experiência prática e didática em sala de aula, unindo o passado e o presente da engenharia de métodos. Por isso, você, leitor, não terá dificuldade em colocar em prática seu aprendizado.

Boa leitura!
Marly Monteiro de Carvalho

[apresentação]

A indústria compõe a base para o fortalecimento da economia de um país. Sua presença é estratégica e fundamental para o enriquecimento de qualquer nação.

A queda das barreiras comerciais e a formação de blocos econômicos criaram um novo cenário para a indústria. A limitação da concorrência às empresas localizadas dentro das fronteiras de uma nação está, definitivamente, no passado. Desde a década de 1970, a concorrência industrial se deslocou para o patamar da competição entre nações, de modo permanente e em tempo real. O conceito de sobrevivência da indústria, isoladamente, não faz mais sentido, pois o que está em jogo é a **sobrevivência econômica da nação**.

A indústria de um país sofre pressão contínua da indústria de outras nações – concorrentes globais já estabelecidos, concorrentes ingressantes no mercado, clientes e fornecedores. Também sofre a pressão de novos produtos associados a novas tecnologias, além da legislação ambiental, cada vez mais emergencial.

Se a eficiência e a produtividade empresarial já eram importantes, agora elas se tornaram fatores de sobrevivência. Foi pensando exatamente nesses aspectos que surgiu a motivação para escrever este livro. A sobrevivência da indústria está estreitamente relacionada a processos, equipamentos e produtos inovadores; porém, é fundamental que estes estejam associados à busca permanente pela eficiência e pela produtividade, fundamentais à construção da competência e da competitividade das empresas.

Veremos, no Capítulo 1, a aplicação do diagrama de fluxo de processo, um método extremamente eficiente para a identificação de ociosidades e perdas na produção, visando à obtenção de melhorias contínuas e processos mais efetivos. No Capítulo 2, trataremos da padronização dos processos mediante a aplicação dos métodos de cronometragem; para tanto, analisaremos amostragens de trabalho, o fator de ritmo dos operadores e o fator de tolerância das atividades, sob o enfoque estatístico.

No Capítulo 3, abordaremos a determinação do tempo padrão de atividades, tendo como base os conceitos estatísticos, e veremos vários exemplos resolvidos, associados a atividades comerciais e industriais. No Capítulo 4, examinaremos o conceito de tempos sintéticos, método alternativo aos estudos de cronometragem, que possibilitam a padronização de tempos e operações ainda em fase de projeto das atividades – ou seja, antes de sua implantação –, bem como de processos já implantados e em andamento. Na sequência, Capítulo 5, versaremos sobre os métodos utilizados para a padronização de atividades mais complexas, por meio dos conceitos de diagrama homem-máquina, balanceamento de linhas de montagem e *takt-time*. Por fim, no Capítulo 6, abordaremos diversos arranjos físicos de empresas comerciais e industriais.

Com este trabalho, esperamos contribuir para que os processos de busca permanente pela eficiência e pela produtividade sejam incorporados à cultura empresarial.

[como aproveitar ao máximo este livro]

Empregamos nesta obra recursos que visam enriquecer seu aprendizado, facilitar a compreensão dos conteúdos e tornar a leitura mais dinâmica. Conheça a seguir cada uma dessas ferramentas e saiba como estão distribuídas no decorrer deste livro para bem aproveitá-las.

- *Conteúdos do capítulo*
Logo na abertura do capítulo, relacionamos os conteúdos que nele serão abordados.

- *Após o estudo deste capítulo, você será capaz de:*
Antes de iniciarmos nossa abordagem, listamos as habilidades trabalhadas no capítulo e os conhecimentos que você assimilará no decorrer do texto.

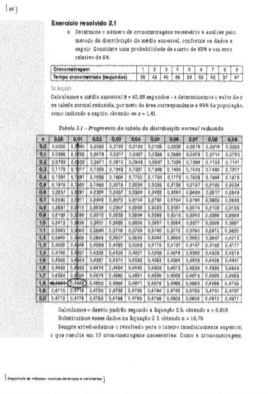

- *Exercício resolvido*
Nesta seção, você acompanhará passo a passo a resolução de alguns problemas complexos que envolvem os assuntos trabalhados no capítulo.

- *Síntese*
Ao final de cada capítulo, relacionamos as principais informações nele abordadas a fim de que você avalie as conclusões a que chegou, confirmando-as ou redefinindo-as.

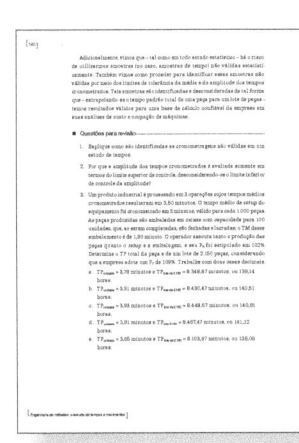

- *Questões para revisão*

Ao realizar estas atividades, você poderá rever os principais conceitos analisados. Ao final do livro, disponibilizamos as respostas às questões para a verificação de sua aprendizagem.

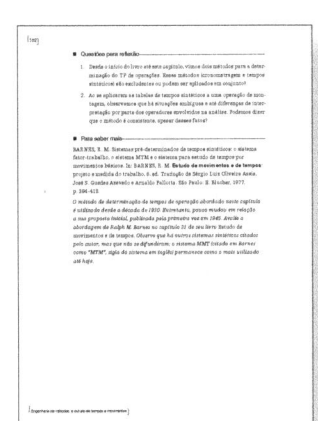

- *Questões para reflexão*

Ao propor estas questões, pretendemos estimular sua reflexão crítica sobre temas que ampliam a discussão dos conteúdos tratados no capítulo, contemplando ideias e experiências que podem ser compartilhadas com seus pares.

- *Para saber mais*

Sugerimos a leitura de diferentes conteúdos digitais e impressos para que você aprofunde sua aprendizagem e siga buscando conhecimento.

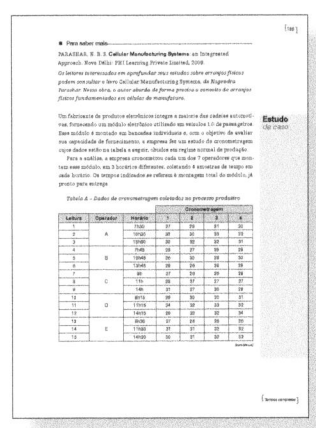

- *Estudo de caso*

Nesta seção, relatamos situações reais ou fictícias que articulam a perspectiva teórica e o contexto prático da área de conhecimento ou do campo profissional em foco com o propósito de levá-lo a analisar tais problemáticas e a buscar soluções.

[introdução]

Em 1911, foi lançada a primeira edição do livro *Princípios de administração científica*, de Frederick Winslow Taylor, a qual representou um marco fundamental no processo da gestão das operações e introduziu o **estudo de tempos na indústria**. Na mesma época, o casal Lillian Moller Gilbreth e Frank Bunker Gilbreth iniciou os estudos de movimentos.

Nos anos 1930, ambos os métodos foram combinados, resultando no **estudo de tempos e movimentos**, cujo objetivo era desenvolver melhores métodos de trabalho, fornecendo subsídios necessários à definição de custos de produtos e de processos, ao desenvolvimento do planejamento empresarial e ao dimensionamento de recursos operacionais.

A aplicação dos conceitos de tempos e movimentos ocorre em quatro etapas:

1. pesquisa e definição do melhor método de trabalho;
2. padronização do melhor método encontrado;
3. determinação do tempo padrão de trabalho; e
4. treinamento dos colaboradores.

Os trabalhos, nessas quatro etapas, desenvolvem-se empiricamente, com a observação prática subsidiando a análise científica. A primeira etapa da análise ocorre conforme esquematizado a seguir.

Figura A – Etapa de pesquisa e definição do melhor método de trabalho

O método selecionado deve ser o melhor possível para a execução da operação em análise. Como equipamentos, materiais e mão de obra evoluem continuamente, é importante que essa etapa inicial seja encarada como um ciclo em constante evolução, a exemplo dos modelos de melhoria contínua **PDCA** (*plan, do, check* e *act*) e **DMAIC** (*definir, medir, analisar, interagir* e *controlar*), aplicados durante a implantação dos sistemas de gestão da qualidade total e metodologia Seis Sigma (6σ), respectivamente.

A segunda etapa corresponde à padronização e à documentação do método definido, com a explicação de todos os detalhes necessários a sua implantação. Depois, durante a terceira etapa, realiza-se o estudo de tempos, no qual se calcula o **tempo padrão** da operação. Com o processo e o tempo padrão estabelecidos, ocorre, enfim, a quarta etapa, referente ao treinamento dos operadores.

1 Pesquisa e definição do melhor método de trabalho

Conteúdos do capítulo
- *Identificação da necessidade de um novo método de trabalho.*
- *Análise do processo atual de trabalho ou do processo a ser implantado.*
- *Pesquisa de alternativas para o processo produtivo.*
- *Análise das alternativas encontradas para o processo produtivo.*

Após o estudo deste capítulo, você será capaz de:
1. *mapear um processo produtivo, tanto sob o ponto de vista do fluxo das peças produzidas quanto das atividades do operador;*
2. *identificar todas as operações componentes de um processo, bem como determinar a duração dessas atividades;*
3. *elaborar propostas alternativas para o processo produtivo atual, incorporando melhorias;*
4. *quantificar as melhorias inseridas em um processo, de modo a tornar sua análise clara e objetiva.*

Muitas vezes, um método de trabalho permanece inalterado por um longo período de tempo, sem que seja questionado quanto a possíveis melhorias ou evoluções tecnológicas. Neste capítulo, veremos como pesquisar e definir o melhor método de trabalho.

O procedimento de análise começa pela identificação de eventuais falhas no processo e das necessidades de melhorias, conforme critérios que procuram reduzir, simplificar, prover e evitar. O objetivo da aplicação desses critérios é identificar rotinas desnecessárias, trajetos longos, dificuldades de manuseio ou qualquer outro fator que reduza a eficiência e a produtividade de um processo produtivo. Em seguida, deve ser detalhada a elaboração dos diagramas de fluxo de processo, com foco nas atividades de operação, transporte, inspeção, espera e armazenagem, que respondem por todas as atividades possíveis em um processo produtivo.

A elaboração dos diagramas de fluxo de processo promove identifica melhorias no processo, sempre evitando que barreiras mentais ou técnicas possam limitar as possibilidades de aperfeiçoamento do profissional. Por fim, como veremos, deve ser definido um modelo de avaliação comparativa, que quantifique as melhorias propostas.

1.1 Identificação da necessidade

A pesquisa e a definição do melhor método de trabalho são aplicadas em sua totalidade quando novos produtos, novos processos produtivos ou novas estruturas comerciais são implantados.

A introdução de novos produtos exige planejamento de linhas de produção, células de manufaturas e novos processos produtivos ou administrativos. Devemos sempre lembrar que, ao planejarmos novos métodos, estes não serão absolutos ou definitivos; sempre caberá reavaliação, novos estudos e melhorias nos processos.

> Quando um novo produto ou serviço está sendo projetado ou desenvolvido, quase sempre se considera o sistema ou processo que deverá ser usado para fabricar o produto ou proporcionar o serviço. É neste ponto que existe a grande oportunidade de se usar o projeto do processo e se proporem os melhores sistemas e métodos de produção. Contudo, a experiência mostra que "o método perfeito" não existe. De fato, sempre existem oportunidades para melhorar como também as condições podem mudar. Fatores, tais como volume e qualidade do produto, tipo e preço da matéria-prima e disponibilidade de máquinas e equipamentos, podem diferir daqueles que vigoravam quando se iniciou a produção. (Barnes, 1977, p. 36)

Portanto, sempre existem oportunidades para melhorarmos os métodos e os processos, e isso até o ponto de redesenharmos o próprio produto e seus componentes, bem como padronizarmos e otimizarmos o uso da matéria-prima (Barnes, 1977). Em razão da importância do aspecto da melhoria do projeto de método em toda fase da vida humana, neste livro daremos ênfase considerável ao assunto.

> O mesmo sistema de solução de problemas deveria ser usado tanto para se projetar um método de uma atividade já em funcionamento quanto um método novo. Isso significa a definição de um objetivo, a formulação do problema. Seguem-se a análise do problema, a obtenção de fatos, a determinação de especificações e restrições e a obtenção de informações sobre o volume de produção, as economias anuais em potencial e as economias totais durante o período de fabricação do

> produto. Contudo, nem sempre é possível ter-se a liberdade desejada.
> Às vezes, são impostas restrições adicionais pela simples razão que a
> produção está diminuindo. Além disso, também o custo da mudança
> deve ser considerado. (Barnes, 1977, p. 36)

Ao se pesquisar por melhorias, o método atual não deve influenciar o analista. Este deve reconsiderar o problema de diversas maneiras para conseguir seu objetivo, antes de simplesmente tentar introduzir melhorias no método em estudo (Barnes, 1977).

O procedimento de pesquisa em busca de melhorias de processo pode ser aplicado com o auxílio das ferramentas integrantes do conceito *design for X's* (DFX), ou seja, projeto voltado a X (ou vários) critérios, relacionados à sustentabilidade, à manufatura, à montagem, à qualidade e ao custo de um produto. Nesse conjunto de ferramentas, há uma ferramenta denominada *design for assembly* (DFA), ou projeto voltado à montagem, cujos princípios são fundamentais à engenharia de métodos. Essa ferramenta foi desenvolvida exatamente para a análise de processos produtivos, estabelecendo critérios abrangentes, de modo a podermos avaliar qualquer processo em todos os seus aspectos. Ela não envolve técnicas especiais, mas fixa um conjunto de critérios básicos, que estabelecem um modelo de análise de qualquer processo.

Esses critérios básicos da ferramenta DFA, que devem ser aplicados na melhoria de métodos e processos, são: reduzir, simplificar, prover e evitar. Os quatro critérios estão detalhados a seguir:

1. **Reduzir** – O termo deve ser observado de modo abrangente, ou seja, devemos reduzir o número de itens de um produto e de suas variantes, bem como de manuseios, transportes, sequências de montagens e de qualquer outro aspecto que possa tornar o produto e seu processo produtivo mais simples. O produto ideal é (teoricamente) composto por uma única peça e que, ao reduzirmos o número de itens de um produto, reduzimos seu ciclo de montagem, sua quantidade de inspeções, suas possibilidades de falhas e, em última análise, seu custo.

2. **Simplificar** – Esse critério deve ser aplicado a **processos administrativos** e de **montagem**, bem como ao próprio **produto**. Uma ferramenta auxiliar a esse critério do DFA é uma ferramenta integrante do conjunto DFX, denominada *design for manufacturability* (DFM), ou projeto voltado à manufatura, que auxilia os processos de simplificação do produto. Nessa etapa, devemos avaliar a "manufaturabilidade", ou seja, o grau de dificuldade de manufatura de um produto, avaliando aspectos relacionados à

padronização e/ou à possibilidade de redução do número de componentes do produto, à orientação de componentes para a montagem, à simetria e à facilidade de manuseio de componentes, à possibilidade de automação da manufatura e aos métodos de abastecimento do processo.

3. **Prover** – Esse critério orienta o analista do processo a **imaginar a melhor forma** de abastecimento e manuseio de produtos e componentes. Devemos prover acesso fácil às peças e aos componentes que o operador irá manusear durante o processo; dar preferência às peças simétricas e de manuseio simples, para evitar que o operador tenha de utilizar processos decisórios na hora da montagem, evitando erros; prover raios de concordância que facilitem o encaixe de ferramentas e de dispositivos de controle, bem como a movimentação e o transporte simples de materiais; dar preferência a arranjos produtivos com alinhamento facilitado; e, acima de tudo, prover alternativas ao processo produtivo, para que a empresa tenha flexibilidade.

4. **Evitar** – Esse critério **orienta a análise** para evitar tudo o que possa atrasar um processo produtivo: movimentos múltiplos e complexos; peças muito flexíveis ou frágeis, que exijam cuidado adicional na hora de montagem; obstrução visual, de modo que os operadores tenham visão das etapas anteriores e posteriores ao seu processo; trajetos e percursos desordenados, tanto para produtos quanto para operadores; peças ou ferramentas que possam apresentar travamento entre si; fixações trabalhosas etc.

Esses quatro critérios são fundamentais à análise de qualquer processo produtivo.

1.2 Análise do processo atual ou a ser implantado

A análise do processo produtivo deve ser uma atividade constante, incorporada à cultura de uma empresa. Mesmo com a evolução das ferramentas de tecnologia da informação e com a crescente robotização dos processos produtivos, é importante que eles sejam revistos em busca de possíveis melhorias e evoluções.

O sistema – ou processo – de execução de um trabalho deve ser totalmente estudado, antes de qualquer análise de alguma etapa específica que o componha. Este estudo geral incluirá, na maioria dos casos, uma análise de cada um dos passos que compõem o processo de fabricação.

1.2.1 Diagrama de fluxo de processo

Para uma análise técnica e eficiente, utiliza-se o diagrama de fluxo de processo, um quadro de registro de operações cuja finalidade é facilitar a compreensão do trabalho, permitindo a análise de possíveis melhorias. O registro das operações começa com a entrada da matéria-prima no processo produtivo, seguindo seus passos ao longo de todo o procedimento até a expedição. A execução do diagrama de fluxo de processo evidentemente extrapola departamentos, não se restringindo à produção.

O diagrama deve ser adequado à realidade de cada empresa e pode ser executado tanto para a sequência de atividades de um operador como para o fluxo percorrido por um material. Desse modo, podemos ter o diagrama para atividades do operador, assim como o diagrama para operações de material. Esses dois tipos de diagramas não devem ser misturados.

O estudo do diagrama de fluxo de processo pode indicar a existência de operações que podem ser parcialmente ou totalmente eliminadas. Além disso, pode mostrar operações que podem ser combinadas, bem como apontar o melhor trajeto de um material ao longo de um processo produtivo. Os objetivos serão sempre a redução de custos e o aumento da produtividade por meio da racionalização do uso de materiais e da mão de obra.

Podemos ter o diagrama para atividades do operador, assim como o diagrama para operações de material. Esses dois tipos de diagramas não devem ser misturados.

Com o diagrama de fluxo de processo também é possível avaliar o impacto de uma modificação sobre um processo produtivo, antes que ela seja efetivamente implantada. Para a construção desse diagrama, são usados símbolos padronizados, indicados a seguir.

Quadro 1.1 – Símbolos do diagrama de fluxo de processo

Símbolo	Denominação	Descrição
◯	Operação	Qualquer intervenção sobre um material/produto por meio de uma ou mais operações. É a fase mais importante do processo.
☐	Inspeção	É toda avaliação qualitativa ou quantitativa sobre o material, baseada em padrões preestabelecidos.
⇨	Transporte	Qualquer deslocamento do material dentro do processo, exceto quando a movimentação for parte integrante da operação.
D	Demora/Espera	É o intervalo de tempo entre a última operação efetuada e o início da operação seguinte; o produto aguarda processamento.
▽	Armazenamento	É toda manutenção de um material sob controle físico, exigindo sua requisição ou autorização para um manuseio posterior.

Dois símbolos podem ser combinados com o objetivo de descrever uma operação conjunta, como uma operação combinada com inspeção: ◻.

No Quadro 1.2, a seguir, mostramos um exemplo para a construção do diagrama de fluxo de processo.

Quadro 1.2 – Modelo de impresso do diagrama de fluxo de processo

Gráfico de processo:		☐ Operador ☐ Aprovado ☐ Produto ☐ Reprovado					Identificação do produto:
Etapa	Distância	Tempo		Processo			Descrição da operação
			◯	⇨	☐	D	▽	
			◯	⇨	☐	D	▽	
			◯	⇨	☐	D	▽	
			◯	⇨	☐	D	▽	
			◯	⇨	☐	D	▽	
			◯	⇨	☐	D	▽	

(continua)

(Quadro 1.2 – conclusão)

Gráfico de processo:	☐ Operador ☐ Produto	☐ Aprovado ☐ Reprovado				Identificação do produto:
Etapa	Distância	Tempo		Processo		Descrição da operação
			○ ⇨ ☐ D ▽			
			○ ⇨ ☐ D ▽			
			○ ⇨ ☐ D ▽			
			○ ⇨ ☐ D ▽			
			○ ⇨ ☐ D ▽			
			○ ⇨ ☐ D ▽			
			○ ⇨ ☐ D ▽			
			○ ⇨ ☐ D ▽			
			○ ⇨ ☐ D ▽			
			○ ⇨ ☐ D ▽			
						Total:

A montagem do diagrama indica as distâncias totais percorridas e o total de operações de cada tipo. Isso facilita a análise quanto aos transportes a serem eliminados e às operações a serem eliminadas ou combinadas.

Confira quais são os passos a serem seguidos na **execução** de um diagrama do fluxo do processo e de um mapafluxograma:

1. Determinar a atividade a ser estudada.

2. Definir o objeto da análise: o operador do processo (industrial ou comercial) ou o produto gerado no processo (produto tangível ou serviço).

3. Caso a análise seja feita sobre o produto, definir a unidade de produto para o estudo. Por exemplo, na fabricação de caixas de fósforos, temos o palito de fósforo, a caixa unitária com um conjunto de palitos, a embalagem comercial com um conjunto de caixas unitárias e a reembalagem industrial com um conjunto de embalagens comerciais.

Para análise do processo, decidir qual é o "produto" a ser analisado. Em função da análise e da etapa do processo, o "produto em análise" pode ser qualquer uma das possíveis configurações ao longo do processo (no exemplo anterior, poderia ser o palito, a caixa unitária, a caixa de embalagem comercial ou a reembalagem, dependendo do objeto da análise). Não se deve mudar o objeto da análise durante a elaboração do diagrama do fluxo do processo.

4. Definir o ponto de corte do processo, ou seja, o ponto para o início e para o término da atividade. Todo processo é cíclico e repetitivo. Em tese, qualquer ponto do processo pode ser utilizado como ponto de corte, ou seja, o ponto no qual se inicia e termina o processo.

5. Inserir no diagrama de fluxo de processo todos os dados de interesse para a análise, tais como: identificação da peça/do produto; descrição do processo a ser analisado; *status* do produto/processo (se foi aprovado ou não); distâncias percorridas ao longo do processo; tempos envolvidos. É possível incluir no diagrama de processo qualquer dado de interesse para a análise. Todos os passos do processo produtivo devem ser identificados.

6. Identificar as atividades desnecessárias, causadoras de ineficiências, e que devem ser eliminadas. É importante lembrar que transportes e esperas são atividades potencialmente elimináveis e que sua presença desnecessária compromete a produtividade da empresa.

7. No final do diagrama de fluxo de processo em análise, contabilizar o número de cada operação, os movimentos executados e as distâncias percorridas pelos produtos e pelos operadores. Em seguida, elaborar alternativas ao processo em análise, sempre objetivando a melhoria da eficiência e o aumento da produtividade. Assim que o novo processo for definido, elaborar o diagrama de fluxo de processo, contabilizar o número de cada operação, os movimentos executados e as distâncias percorridas pelos produtos e pelos operadores, para então comparar essas informações com o processo atual, avaliando quantitativamente as melhorias obtidas e os ganhos em produtividade (Quadro 1.3).

8. Utilizar plantas do departamento ou da fábrica, indicando a localização dos recursos usados na produção, bem como a trajetória do produto ao longo do processamento. Recursos em 3-D auxiliados por CAD/CAM (*Computer Aided Design/Computer Aided Manufacture*) – *softwares* utilizados no projeto de produtos e de processos de manufatura – melhoram substancialmente a análise.

Quadro 1.3 – Modelo de impresso utilizado para análise comparativa de processos

Processo	Status	Distância percorrida (metros)	Duração (minutos)	○	⇨	□	D	▽	Produção
1	Atual								
	Novo – 1								
	Resultado comparativo								
	Novo – 2								
	Resultado comparativo								
	Novo – x								
	Resultado comparativo								
2	Atual								
	Novo – 1								
	Resultado comparativo								
	Novo – 2								
	Resultado comparativo								
	Novo – x								
	Resultado comparativo								
i	Atual								
	Novo – 1								
	Resultado comparativo								
	Novo – 2								
	Resultado comparativo								
	Novo – x								
	Resultado comparativo								

9. Identificar o fluxo da peça ao longo do processo. Caso não haja disponibilidade do processo digitalizado, medir as distâncias reais percorridas pelo produto/operador no decorrer do processo.

Esse aprendizado está intrinsecamente associado à prática de produção. Para exemplificarmos melhor esse conceito, apresentaremos, a seguir, uma aplicação prática em detalhes, mostrando passo a passo como elaborar uma análise de um processo já existente e avaliar possíveis melhorias nele.

Exercício resolvido 1.1

Na área fabril esquematizada a seguir, são executadas as seguintes operações:

- No posto de trabalho, o operador estampa 1 peça e a acondiciona em caixas com capacidade para 120 peças. A taxa de produção é de 600 peças/hora.

- Quando a caixa é preenchida, o operador coleta aleatoriamente uma amostra de 3 peças (nível de inspeção S-2, código B, inspeção simples normal, NQA de 4,0%, reprovando a caixa caso pelo menos 1 das 3 amostras esteja com defeito – NBR 5426/ISO 2859 – ABNT, 1985) e as inspeciona com um paquímetro. Demora em média 2,7 minutos nesse processo.

Figura 1.1 – Planta esquemática da produção – situação atual

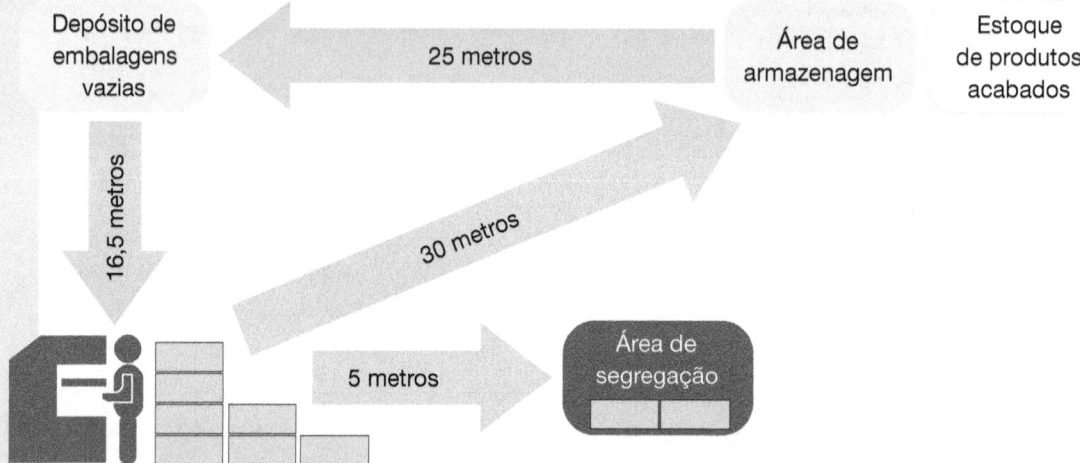

- Após inspeção da amostra por meio do paquímetro, o operador registra o resultado obtido na carta de CEP (controle estatístico de processo) por variáveis. Demora, em média, 0,3 minutos nesse processo.

- Se a caixa for aprovada, o operador preenche uma etiqueta de identificação e a coloca na caixa, levando, em média, meio minuto nessa operação.

- Ele empilha a caixa em um *pallet*, até formar um lote de 10 caixas, demorando, em média, 0,7 minuto para empilhar 1 caixa.

- Ao completar 10 caixas empilhadas no *pallet*, o operador leva o lote ao estoque de produtos acabados, a uma distância aproximada de 30 metros de seu posto de trabalho, com o auxílio de um transpalete hidráulico

(Figura 1.2). O tempo de encaixe do transpalete hidráulico no *pallet* é pequeno e já está incorporado no tempo de transporte do lote ao estoque.

Figura 1.2 – Transpalete hidráulico

Africa Studio/Shutterstock

- Caso haja rejeição, o operador levará a caixa rejeitada à área de segregação, distante 5 metros de seu posto de trabalho. Nesse caso, adotaremos – arbitrariamente e como dado histórico – um refugo de 5%. Caso ocorra a rejeição de mais de uma caixa, o operador transportará uma por vez à área de segregação, mantendo a individualidade do processo do produto.

- Na área de segregação, o operador preenche um relatório de rejeição para cada caixa rejeitada. Leva, em média, 4 minutos nesse preenchimento.

- Após a segregação e o preenchimento do relatório, o operador retorna a seu posto.

- A caixa rejeitada é selecionada 100% na área de segregação por outro funcionário, fora do processo. A inspeção 100% dura, em média, 7 segundos por peça (considerando um refugo histórico médio de 5%).

- Após a seleção 100%, a caixa que havia sido rejeitada retorna ao processo, transportada pelo mesmo operador que executou a seleção, com indicação da quantidade de peças refugadas a ser reposta.

- Após a reposição das peças refugadas, a caixa é reinspecionada e, sendo aprovada, é reincorporada ao processo a partir da inspeção feita pelo operador.

- O operador entrega as caixas no estoque de produtos acabados, mediante o preenchimento de um documento de transferência de material. Demora, em média, 5 minutos nessa operação.

- Vai até o depósito de embalagens vazias, distante cerca de 25 metros do estoque (16,5 metros de distância de seu posto de trabalho), para pegar caixas vazias.

- Preenche uma requisição e retira as caixas vazias. Demora ao redor de 2 minutos para isso.

- Percorre os 16,5 metros para retornar ao posto de trabalho.

- Por determinação da empresa, seguindo o procedimento de manutenção preditiva, o processo é parado a cada 5 horas para revisão/manutenção da prensa e da ferramenta de estampagem. Esse processo demora, aproximadamente, 1 hora.

- Após o processamento, o lote permanece no estoque por 2 dias e, em seguida, é retirado pelo cliente.

Considerando as etapas descritas anteriormente, elabore os diagramas de processo nas seguintes condições:

1. Diagrama de processo para o **produto aprovado**.
2. Diagrama de processo para o **operador produzindo um produto aprovado**.
3. Diagrama de processo para o **produto reprovado**.
4. Diagrama de processo para o **operador produzindo um produto reprovado**.

Solução

■ Item 1: Diagrama de processo para o produto aprovado - processo atual

O primeiro passo para iniciarmos a análise é identificar a unidade de produto. Nesse caso, temos a peça estampada, 1 caixa de peças e o lote padrão de 10 caixas para estocagem. Adotaremos como unidade de produto uma caixa completa com 120 peças estampadas. Em seguida, devemos estabelecer (escolher) um ponto de corte, ou seja, um instante que defina o início e o final do ciclo do processo.

Arbitrariamente, será escolhido o momento em que o lote de 10 caixas completas é entregue ao estoque de produtos acabados. Iniciaremos o diagrama de processo a partir da entrada do lote no estoque, tanto para o produto quanto para o operador, para o produto aprovado ou reprovado. Essas escolhas valerão para todos os diagramas a serem construídos.

Quadro 1.4 – Diagrama de processo para o produto aprovado: processo atual

Gráfico de processo:	☐ Operador ■ Produto	■ Aprovado ☐ Reprovado					Identificação do produto:
Etapa	Distância (m)	Tempo (minutos)		Processo			Descrição da operação
1.1	0,0	0,036	○	⇨	☐	D ▽	Produto aguardando operador buscar caixas vazias
1.2	0,0	0,200	○	⇨	☐	D ▽	Produto aguardando requisição das caixas vazias
1.3	0,0	0,026	○	⇨	☐	D ▽	Produto aguardando retorno do operador ao posto
1.4	0,0	12,000	●	⇨	☐	D ▽	Fabricação de 1 caixa de peças
1.5	0,0	2,700	○	⇨	■	D ▽	Inspeção da amostra de 3 elementos com paquímetro
1.6	0,0	0,300	●	⇨	☐	D ▽	Registro da inspeção na carta de CEP
1.7	0,0	0,500	●	⇨	☐	D ▽	Identificação da caixa por meio de etiqueta
1.8	0,0	0,700	●	⇨	☐	D ▽	Empilhamento da caixa no *pallet*
1.9	30,0	0,052	○	⇨	☐	D ▽	Transporte das 10 caixas ao estoque
1.10	0,0	0,500	●	⇨	☐	D ▽	Preenchimento da ficha para o lote entrar no estoque
1.11	0,0	3,403	○	⇨	☐	D ▽	Aguardando manutenção preditiva
1.12	0,0	288,000	○	⇨	☐	D ▼	Permanência de 2 dias no estoque
Total	30,0	308,416	5	1	1	4 1	Total:

É importante lembrar que, ao longo da análise, poderão ocorrer eventuais diferenças na terceira casa decimal dos valores, decorrentes do arredondamento matemático.

Observações

- **Etapa 1.1**: Para a determinação desse tempo, adotaremos a avaliação cinética e cinemática da marcha de voluntários adultos do sexo masculino, com idades entre 18 e 40 anos e sem indicação de lesões musculares, segundo estudos de Chung (2000), cujo resultado indicou velocidades médias de 1,16 metro por segundo. Assim, ao percorrer os 25 metros para retirar as caixas vazias, o operador consumirá 21,55 segundos ou 0,36 minuto*. Como o

*Lembramos que também podemos usar os símbolos ' e " para designar minutos e segundos, respectivamente.

produto foi definido como 1 caixa e a retirada de caixas vazias ocorre a cada lote de 10 caixas, o tempo gasto pelo operador para ir buscar caixas vazias será rateado entre as 10 caixas; portanto, a espera será de 0,036 minuto por caixa. Devemos notar, nesse caso, que, apesar de o operador caminhar, o diagrama está sendo elaborado para o produto, que permanece parado enquanto aguarda o reinício da produção.

- **Etapa 1.2**: De acordo com o enunciado, o tempo gasto na requisição e retirada das caixas vazias é de 2 minutos. Esse tempo será rateado entre as 10 caixas, resultando em tempo de espera de 0,2 minutos por caixa.

- **Etapa 1.3**: Após pegar as caixas vazias, o operador percorre 16,5 metros para voltar ao posto de trabalho. Adotaremos a mesma velocidade de 1,16 metro por segundo para um homem caminhando normalmente, como na Etapa 1.1, o que resulta em 14,22 segundos ou 0,24 minuto. Nesse caso, porém, como o operador carrega as caixas vazias, aplicaremos uma taxa adicional de 10% no tempo de retorno, resultando em 15,65 segundos, ou aproximadamente 0,26 minuto. O acréscimo de 10% foi aplicado em função da carga que o operador transporta; apesar de ser um dado empírico, pode ser reavaliado. Em situações reais, podemos definir esse tempo de retorno do operador pela cronometragem de alguns percursos executados, utilizando como tempo de percurso a média aritmética dos valores observados nas cronometragens. Ao ratearmos o tempo gasto para percorrer a distância entre o ponto de retirada das caixas e o posto de trabalho para 1 caixa, o resultado é 0,026 minuto por caixa.

- **Etapa 1.4**: Como a taxa de produção é de 600 peças por hora, o tempo gasto para 1 caixa é de 12 minutos.

- **Etapa 1.5**: Segundo o enunciado, o tempo de inspeção da amostra com paquímetro é de 2,7 minutos. Como esse tempo ocorre por caixa produzida, não há rateio.

- **Etapa 1.6**: Conforme o enunciado, o tempo gasto para registrar o resultado da inspeção na carta de CEP por variáveis é de 18 segundos, ou 0,3 minuto por caixa.

- **Etapa 1.7**: Conforme o enunciado, o tempo gasto para preencher a etiqueta de identificação do produto é de 0,5 minuto. Como esse tempo ocorre por caixa produzida, não há rateio.

- **Etapa 1.8**: Conforme o enunciado, o tempo gasto para empilhar o produto no *pallet* é de 0,7 minuto. Como esse tempo ocorre por caixa produzida, não há rateio.

- **Etapa 1.9**: Utilizando o mesmo critério da Etapa 1.1, admitindo uma velocidade de 1,16 metro por segundo para um homem caminhando normalmente. Porém, como o operador está levando o carrinho com 10 caixas preenchidas, é conveniente adotarmos uma taxa adicional de tempo. Usaremos um adicional de 20%, também empiricamente, tal como na Etapa 1.3, porém com um valor percentual maior em função do carregamento de 10 caixas preenchidas. Essa taxa adotada empiricamente deve ser reavaliada na prática. Em situações reais similares, podemos efetuar algumas cronometragens desse tempo de transporte, adotando o valor médio. Com esses dados, obtemos um tempo de 25,86 segundos, ou 0,43 minuto; com o acréscimo do fator de carga de 20%, obtemos um tempo de 31,03 segundos, ou 0,52 minuto. Como a operação se refere ao lote, o tempo de transporte de 1 caixa será igual ao rateio do tempo entre as 10 caixas, resultando em 0,052 minuto.

- **Etapa 1.10**: Sabemos que o tempo gasto no preenchimento do documento de entrada do lote no estoque é de 5 minutos, o qual será rateado para cada caixa do lote com 10 caixas, resultando em 0,5 minutos por caixa.

- **Etapa 1.11**: Agora, calculamos o tempo de espera do produto (caixa) pela manutenção preditiva. Como o processo funciona ciclicamente, com 5 horas de produção intercaladas por 1 hora de espera pela manutenção, devemos determinar o tempo necessário ao processamento de 1 caixa para, em seguida, determinarmos a quantidade de caixas produzidas no período de 5 horas. O tempo de processamento de 1 caixa é obtido no próprio diagrama de processo que estamos executando, como mostramos a seguir:

Tempo de processamento = 0,036 + 0,2 + 0,026 + 12 + 2,7 + 0,3 + 0,5 + 0,7 + 0,052 + 0,5 = 17,014 minutos/caixa

Para a determinação da quantidade de caixas produzidas no intervalo de 5 horas (300 minutos), dividimos esse período pelo tempo de processamento de 1 caixa, como mostramos a seguir:

$$\text{Quantidade produzida em cinco horas} = \frac{300 \text{ minutos}}{17,014 \frac{\text{minutos}}{\text{caixa}}} = 17,633 \text{ caixas}$$

Essa é a quantidade de caixas que permanece em espera pela manutenção preditiva, durante 1 hora. Portanto, ao ratearmos os 60 minutos de manutenção preditiva pelas 17,633 caixas, obtemos:

Tempo de espera pela manutenção preditiva = $\dfrac{60 \text{ minutos}}{17,633 \text{ caixas}}$ = 3,403 minutos/caixa

Assim, o tempo total para produção de 1 caixa de peças, incluído o tempo de manutenção preditiva, será de 17,014 + 3,403 minutos = 20,416 minutos/caixa.

- **Etapa 1.12**: As caixas, finalmente, permanecem em estoque até serem retiradas pelo cliente. Esse tempo de armazenagem será rateado entre todos os produtos, ou seja, 288 minutos para cada caixa.

O tempo total de permanência do produto na empresa, incluído o período da estocagem, será de 308,416 minutos.

■ Item 2: Diagrama de processo para o operador produzindo um produto aprovado – processo atual

Assim como no item anterior, o diagrama de processo será iniciado a partir do momento em que o operador entregar as caixas para o estoque. Importante salientar que não estamos avaliando "operador aprovado", e sim as atividades do operador durante um processo produtivo de produtos aprovados.

A primeira etapa da análise será definida no momento em que o operador buscar as caixas vazias, conforme o ponto de corte escolhido.

Quadro 1.5 – Diagrama de processo para operador e produto aprovado: processo atual

Gráfico de processo:	■ Operador □ Produto	■ Aprovado □ Reprovado					Identificação do produto:
Etapa	Distância (m)	Tempo (minutos)			Processo		Descrição da operação
2.1	25,0	0,036	○	⇨	□	D ▽	Operador caminha até o local para a retirada de caixas vazias
2.2	0,0	0,200	○	⇨	□	D ▽	Retirada das caixas vazias mediante preenchimento e entrega da requisição
2.3	16,5	0,026	○	⇨	□	D ▽	Operador retorna ao posto de trabalho com as caixas vazias
2.4	0,0	12,000	○	⇨	□	D ▽	Fabricação de 1 caixa de peças
2.5	0,0	2,700	○	⇨	■	D ▽	Inspeção com paquímetro
2.6	0,0	0,300	○	⇨	□	D ▽	Registro da inspeção na carta de CEP
2.7	0,0	0,500	○	⇨	□	D ▽	Preenchimento da etiqueta de identificação
2.8	0,0	0,700	○	⇨	□	D ▽	Empilhamento das caixas no pallet
2.9	30,0	0,052	○	⇨	□	D ▽	Transporte das 10 caixas ao estoque
2.10	0,0	0,500	○	⇨	□	D ▽	Emissão do documento para entrada do lote no estoque
2.11	0,0	3,403	○	⇨	□	D ▽	Aguardando manutenção preditiva
Total	71,5	20,416	8	1	1	1 0	Total:

Como o produto escolhido para a análise é 1 caixa de 120 peças, a análise do processo associada ao operador também estará relacionada ao produto "caixa de 120 peças".

Observações

- **Etapa 2.1**: Adotaremos o mesmo valor da avaliação cinética e cinemática da marcha de voluntários adultos do sexo masculino, com idades entre 18 e 40 anos e sem indicação de lesões musculares, com velocidade média de 1,16 metro por segundo, como adotado na Etapa 1.1. Ao percorrer os 25 metros para retirar as caixas vazias, o operador consumirá 21,55 segundos, ou 0,36 minuto. Rateando-se o tempo pelas 10 caixas, determinamos o tempo de 0,036 minuto.

- **Etapa 2.2**: Segundo o enunciado, o tempo gasto pelo operador na requisição e na retirada das caixas vazias é de 2 minutos, o qual – rateado pelas 10 caixas – resulta em 0,2 minuto.

- **Etapa 2.3**: Após pegar as caixas vazias, o operador percorre 16,5 metros para voltar ao posto de trabalho. Com a mesma velocidade de 1,16 metro por segundo para um homem caminhando normalmente, como nas Etapas 1.1 e 2.1, obtemos um tempo de percurso de 14,22 segundos, ou 0,24 minuto. Como o operador carrega as caixas vazias, aplicamos a taxa adicional de 10% sobre o tempo de retorno, resultando em 15,65 segundos, ou aproximadamente 0,26 minuto. Devemos relembrar que, em situações reais, é conveniente cronometrar alguns percursos executados pelo operador, utilizando a média aritmética dos tempos cronometrados no preenchimento do diagrama de processo. Ao ratearmos o tempo pelas 10 caixas do ciclo produtivo, obtemos 0,026 minuto.

- **Etapa 2.4**: Como a taxa de produção é de 600 peças por hora, o operador gasta 12 minutos para completar 1 caixa de peças.

- **Etapa 2.5**: Conforme o enunciado, o operador consome 2,7 minutos para inspecionar as 3 peças integrantes da amostragem, com uso de um paquímetro.

- **Etapa 2.6**: Sabemos que o operador consome 18 segundos, ou 0,3 minuto, por caixa para registrar o resultado da inspeção na carta de CEP por variáveis.

- **Etapa 2.7**: Também sabemos que o operador consome 0,5 minuto para preencher a etiqueta de identificação de 1 caixa do produto.

- **Etapa 2.8**: Conforme o enunciado, o operador consome 0,7 minuto para empilhar cada caixa de produtos no *pallet*.

- **Etapa 2.9**: Utilizando o mesmo critério das Etapas 1.1 e 2.1, admitimos velocidade de 1,16 metro por segundo para um homem caminhando normalmente. Porém, como o operador está levando o carrinho com 10 caixas preenchidas, aplicamos uma taxa adicional de 20% no tempo gasto no percurso. Vale relembrar que esse adicional de 20% foi adotado empiricamente, tal como na Etapa 1.3. Como esse dado é empírico, podem ser adotados outros valores de acréscimo percentual, em função do tipo de carrinho, peso final das peças, geometria do percurso (rampas, degraus etc.) – e, sempre que possível, apoiados em análises práticas do processo, por meio de algumas cronometragens desse tempo de transporte, adotando-se o valor médio das cronometragens efetuadas, como o dado a ser colocado no diagrama de processo. Utilizaremos o mesmo tempo de

25,86 segundos, ou 0,43 minuto, acrescidos de 20%, em função da carga transportada, resultando em 31,03 segundos, ou 0,52 minuto. Novamente rateamos o tempo do operador para a unidade de produto, obtendo 0,052 minuto.

- **Etapa 2.10**: Conforme o enunciado, o tempo gasto no preenchimento do documento de entrada do lote no estoque é de 5 minutos, que deverá ser rateado para a unidade de produto.

- **Etapa 2.11**: Na última etapa, como o operador permanece ocioso durante a manutenção preditiva, rateamos o tempo total da manutenção, como a espera do operador nos períodos em que a produção é interrompida, pelo total de 17,633 caixas produzidas em cada ciclo.

Excetuando o tempo de armazenamento do produto, obtemos o mesmo tempo de processamento, 20,416 minutos, tanto para o produto quanto para o operador. Porém, isso nem sempre ocorre, dependendo da configuração do processo. Constataremos, nos diagramas de processos a seguir, que nem sempre essas durações são iguais.

■ Item 3: Diagrama de processo para o produto reprovado – processo atual

Pode parecer estranho, inicialmente, planejarmos um processo para peças refugadas quando, na realidade, o objetivo de todo o processo é atingir um padrão Seis Sigma (6σ), no qual o índice de defeitos se aproxima de zero. Entretanto, nossa realidade ainda nos faz conviver com a probabilidade de refugo e, como esse fato interfere em todo o processo, é conveniente avaliarmos o impacto que isso pode causar.

Observações

- **Etapa 3.1**: Para calcular esse tempo, usamos a mesma avaliação cinética e cinemática da marcha de voluntários adultos do sexo masculino, com idades entre 18 e 40 anos e sem indicação de lesões musculares, já adotada em etapas anteriores, cujo resultado indicou velocidades médias de 1,16 metro por segundo (Chung, 2000). Assim, ao percorrer os 25 metros para retirar as caixas vazias, o operador consumirá 21,55 segundos ou 0,36 minuto. Como o produto foi definido como 1 caixa e a retirada de caixas vazias ocorre a cada lote de 10 caixas, o tempo gasto pelo operador para ir buscar caixas vazias será rateado para 10 caixas; portanto, a espera será de 0,036 minuto por caixa. Nesse caso, devemos notar que, apesar de o operador caminhar, o diagrama está sendo elaborado para o produto, que permanece parado enquanto aguarda o reinício da produção.

- **Etapa 3.2**: Segundo o enunciado, o tempo gasto na requisição e na retirada das caixas vazias é de 2 minutos. Também nesse caso o tempo será rateado entre as 10 caixas, resultando em espera de 0,2 minuto por caixa.

Quadro 1.6 – Diagrama de processo para produto reprovado: processo atual

Gráfico de processo:	☐ Operador ■ Produto	☐ Aprovado ■ Reprovado					Identificação do produto:
Etapa	Distância (m)	Tempo (minutos)		Processo			Descrição da operação
3.1	0,0	0,036	○	⇨	☐	D	▽	Produto aguardando operador buscar caixas vazias
3.2	0,0	0,200	○	⇨	☐	D	▽	Produto aguardando requisição das caixas vazias
3.3	0,0	0,026	○	⇨	☐	D	▽	Produto aguardando retorno do operador ao posto
3.4	0,0	12,000	○	⇨	☐	D	▽	Fabricação de 1 caixa de peças
3.5	0,0	2,700	○	⇨	☐	D	▽	Inspeção da amostra de 3 elementos com paquímetro
3.6	0,0	0,300	○	⇨	☐	D	▽	Registro da inspeção na carta de CEP por variáveis
3.7	5,0	0,079	○	⇨	☐	D	▽	Produto rejeitado é encaminhado à área de segregação
3.8	0,0	4,000	○	⇨	☐	D	▽	Preenchimento do relatório de refugo
3.9	0,0	14,000	○	⇨	☐	D	▽	Produto é inspecionado 100% por outro operador
3.10	5,0	0,079	○	⇨	☐	D	▽	Produto volta ao processo produtivo após inspeção 100%
3.11	0,0	0,600	○	⇨	☐	D	▽	Reposição das peças rejeitadas
3.12	0,0	2,700	○	⇨	☐	D	▽	Reinspeção do produto após reposição de peças defeituosas
3.13	0,0	0,300	○	⇨	☐	D	▽	Registro da inspeção na carta de CEP por variáveis
3.14	0,0	0,500	○	⇨	☐	D	▽	Preenchimento da etiqueta de identificação
3.15	0,0	0,700	○	⇨	☐	D	▽	Empilhamento da caixa no *pallet*
3.16	30,0	0,052	○	⇨	☐	D	▽	Transporte das 10 caixas ao estoque
3.17	0,0	0,500	○	⇨	☐	D	▽	Preenchimento do documento para entrada no estoque
3.18	0,0	3,562	○	⇨	☐	D	▽	Aguardando manutenção preditiva
3.19	0,0	288,000	○	⇨	☐	D	▽	Permanência de 2 dias no estoque
Total	40,0	330,334	7	3	3	5	1	Total:

- **Etapa 3.3**: Após pegar as caixas vazias, o operador percorre 16,5 metros para voltar ao posto de trabalho. Adotaremos a mesma velocidade de 1,16 metro por segundo para um homem caminhando normalmente, conforme a Etapa 1.1, o que resulta em 14,22 segundos, ou 0,24 minuto. Porém, nesse caso, como o operador carrega as caixas vazias, aplicaremos uma taxa adicional de 10% no tempo de retorno, resultando em 15,65 segundos, ou aproximadamente 0,26 minuto. O acréscimo de 10% foi aplicado em função da carga que o operador transporta e é um dado empírico, podendo ser reavaliado. Em situações reais, podemos definir esse tempo de retorno do operador pela cronometragem de alguns percursos executados, utilizando como tempo de percurso a média aritmética dos valores observados nas cronometragens. Ao ratearmos o tempo gasto para percorrer a distância entre o ponto de retirada das caixas e o posto de trabalho para 1 caixa, o resultado é de 0,026 minuto por caixa.

- **Etapa 3.4**: Como a taxa de produção é de 600 peças por hora, o tempo gasto para 1 caixa é de 12 minutos.

- **Etapa 3.5**: De acordo com o enunciado, o tempo de inspeção é de 2,7 minutos. Como esse tempo ocorre por caixa produzida, não há rateio. Havendo rejeição, a caixa deverá ser encaminhada à área de segregação. Nesse caso, adotaremos alguns critérios preliminares. Vale lembrar que, por conta da estatística de processo, todos os elementos da amostra devem ser inspecionados, mesmo que o primeiro elemento já apresente falhas. As 3 peças sempre serão inspecionadas.

- **Etapa 3.6**: O produto aguarda o preenchimento da carta de CEP por variáveis, durante 18 segundos, ou 0,3 minuto.

- **Etapa 3.7**: O produto rejeitado é transportado pelo operador à área de segregação, utilizando a mesma velocidade média de 1,16 metro por segundo (Chung, 2000), resultando em 4,31 segundos ou 0,072 minuto. Novamente adotamos um acréscimo de 10% sobre o tempo de percurso, pelo fato de o operador carregar uma caixa completa, resultando em 4,74 segundos, ou 0,079 minuto. Também devemos lembrar que esse acréscimo de 10% é um dado empírico, sendo sempre conveniente avaliar os processos reais* pela cronometragem de alguns percursos executados, utilizando o valor médio no preenchimento do diagrama de processo.

> * Em situações reais, devemos pesquisar o índice histórico de refugos e adotá-lo no diagrama de processo.

- **Etapa 3.8**: O produto já segregado e fora do processo produtivo aguarda o preenchimento do relatório de rejeição por parte do operador. Segundo o enunciado, esse tempo de espera é de 4 minutos.

- **Etapa 3.9**: O produto é inspecionado 100% por outro operador, fora do processo produtivo, demandando 7 segundos por peça, o que resulta em um tempo de inspeção de 14 minutos. Nesse caso, devemos estabelecer um critério de análise. Como a inspeção 100% pode encontrar diferentes quantidades de peças rejeitadas, o que irá interferir na próxima etapa do diagrama de processo, estabeleceremos novamente um critério empírico: adotaremos um refugo histórico de 5% sobre os produtos rejeitados, o que resultará, em média, em um total de 6 peças rejeitadas e refugadas em cada caixa. O estabelecimento desse critério é necessário para a definição da próxima etapa, quando o operador repõe as peças rejeitadas. Em situações reais, devemos pesquisar o índice histórico de refugos e adotá-lo no diagrama de processo.

- **Etapa 3.10**: O produto é transportado de volta ao processo, pelo mesmo operador que executou a inspeção em 100% da caixa de peças, considerando-se a mesma velocidade média de 1,16 metro por segundo e o mesmo critério de acréscimo de 10%, adotados na Etapa 3.6, resultando em 0,079 minuto de percurso.

- **Etapa 3.11**: A quantidade de peças rejeitadas e sucateadas é informada ao operador, para reposição. Como adotamos, arbitrariamente, um refugo histórico de 5%, haverá, em média, 6 peças defeituosas a serem repostas. Como o tempo de processamento é de 6 segundos por peça, essa etapa demanda 36 segundos, ou 0,6 minuto.

- **Etapa 3.12**: Conforme o enunciado, a caixa é reinspecionada com paquímetro após a reposição das peças refugadas na seleção 100%, com a mesma quantidade de 3 elementos na amostra. Adotaremos o mesmo tempo de 2,7 minutos.

- **Etapa 3.13**: O produto aguarda o preenchimento da carta de CEP por variáveis, durante 18 segundos ou 0,3 minuto.

- **Etapa 3.14**: De acordo com o enunciado, o tempo gasto para preencher a etiqueta de identificação do produto é de 0,5 minuto por caixa.

- **Etapa 3.15**: Empilhamento da caixa no *pallet*, com duração de 0,7 minuto, sem rateio.

- **Etapa 3.16**: Utilizando o mesmo critério da Etapa 1.1, admitimos uma velocidade de 1,16 metro por segundo para um homem caminhando normalmente. Porém, como o operador está levando o carrinho com 10 caixas preenchidas, é conveniente usarmos uma taxa adicional de tempo. Adotamos um adicional de 20%, também empiricamente, tal como na Etapa 1.3, porém com um valor percentual maior em função do carregamento de 10 caixas preenchidas. Essa taxa adotada empiricamente deve ser reavaliada na prática. Em situações reais similares, podemos efetuar algumas cronometragens desse tempo de transporte, adotando o valor médio. Com essas informações, obtemos um tempo de 25,86 segundos, ou 0,43 minuto. Já com o fator de carga de 20%, obtemos um tempo de 31,03 segundos ou 0,52 minuto. Como a operação se refere ao lote, o tempo de transporte de 1 caixa será igual ao rateio do tempo entre as 10 caixas, ou seja, 0,052 minuto.

- **Etapa 3.17**: Segundo o enunciado, o tempo gasto no preenchimento do documento de entrada do lote no estoque é de 5 minutos, que será rateado para cada caixa do lote com 10 caixas, resultando em 0,5 minuto por caixa.

- **Etapa 3.18**: Agora, calculamos o tempo de espera do produto (caixa) rejeitado e inspecionado 100% pela manutenção preditiva. Como o processo funciona ciclicamente, com 5 horas de produção intercaladas por 1 hora de espera pela manutenção, devemos determinar a quantidade de produtos fabricados no período de 5 horas. Aqui incluímos a probabilidade de ocorrência de produtos defeituosos.

    Inicialmente, determinamos as probabilidades de aprovação e de rejeição de 1 caixa, utilizando o dado histórico de 5% de refugo estabelecido no enunciado. Conforme o nível de inspeção, o produto (caixa) será aprovado se – e somente se – os 3 elementos (peças) da amostra forem aprovados. A probabilidade de o produto ser aprovado é definida pelos seguintes eventos:

    - A = {a primeira peça é aprovada}
    - B = {a segunda peça é aprovada}
    - C = {a terceira peça é aprovada}

    A probabilidade de o produto ser aprovado será:

$$P \text{ (produto aprovado)} = P(A) \cdot P\left(\frac{B}{A}\right) \cdot P\left(\frac{C}{B}\right) \quad \text{Equação 1.1}$$

Conforme a expressão mostrada, tratamos de probabilidade condicionada, cujo cálculo é:

$$P \text{ (produto aprovado)} = \frac{114}{120} \cdot \frac{113}{119} \cdot \frac{112}{118} = \frac{1442784}{1685040} = 0{,}8562 \text{ ou } 85{,}62\%$$

Agora analisaremos a possibilidade de rejeição de um produto. Pela propriedade fundamental da **probabilidade**, a chance de o produto ser reprovado, nesse caso, será de 1 – P (produto aprovado), o que daria 14,38%. Porém, vamos chegar a esse resultado por meio do raciocínio matemático completo.

O produto será reprovado se, pelo menos, uma das peças estiver reprovada. Assim, a probabilidade de rejeição ocorrerá a partir dos seguintes eventos:

X = {1 peça da amostra é reprovada} = {Re Ap Ap; Ap Re Ap; Ap Ap Re}*;
Y = {2 peças da amostra são reprovadas} = {Re Re Ap; Re Ap Re; Ap Re Re};
Z = {3 peças da amostra são reprovadas} = {Re Re Re}.

A probabilidade de rejeição será:

$$P \text{ (produto rejeitado)} = P(X) + P(Y) + P(Z) \quad \text{Equação 1.2}$$

* **Re**: reprovado.
Ap: aprovado.

As probabilidades parciais são calculadas da maneira a seguir:

$$P(X) = \frac{6}{120} \cdot \frac{114}{119} \cdot \frac{113}{118} + \frac{114}{120} \cdot \frac{6}{119} \cdot \frac{113}{118} + \frac{114}{120} \cdot \frac{113}{119} \cdot \frac{6}{118} =$$

0,04587 + 0,04587 + 0,04587 = 0,1376

$$P(Y) = \frac{6}{120} \cdot \frac{5}{119} \cdot \frac{114}{118} + \frac{6}{120} \cdot \frac{114}{119} \cdot \frac{5}{118} + \frac{114}{120} \cdot \frac{6}{119} \cdot \frac{5}{118} =$$

0,00203 + 0,00203 + 0,00203 = 0,00609

$$P(Z) = \frac{6}{120} \cdot \frac{5}{119} \cdot \frac{4}{118} = 0{,}00007$$

Portanto, a probabilidade de o produto ser reprovado será de:

P (produto reprovado) = 0,1376 + 0,00609 + 0,00007 = 0,1438 ou 14,38%

Com as probabilidades de aprovação e rejeição do produto, podemos inferir que essas mesmas probabilidades possam ser aplicadas no tempo de produção (300 minutos). Isso corresponderia ao tempo gasto na produção de produtos aprovados e ao tempo gasto na produção de produtos reprovados, como mostramos a seguir:

- Tempo de produção dos produtos aprovados = 0,8562 · 300 = 256,87 minutos.
- Tempo de produção dos produtos reprovados = 0,1438 · 300 = 43,13 minutos.

Para determinarmos a quantidade de produtos produzidos no intervalo de 300 minutos (5 horas), considerando a probabilidade de rejeição no processo, dividimos os tempos obtidos anteriormente pelos correspondentes tempos de produção de produtos aprovados e reprovados.

O tempo de processamento de um produto aprovado será o mesmo obtido na Etapa 1.9, não incluindo o tempo de espera pela manutenção preditiva na condição de produto aprovado:

Tempo de processamento$_{aprov.}$ = 0,036 + 0,2 + 0,026 + 12 + 2,7 + 0,3 + 0,5 + 0,7 + 0,052 + 0,5 = 17,014 minutos/caixa

É importante observarmos que, na determinação do tempo de produção de um produto reprovado, não serão incluídos o tempo destinado à seleção 100%, bem como o tempo de transporte do produto (caixa) de volta ao processo, por serem executados por outro operador, fora do processo produtivo em análise, conforme mostramos a seguir:

Tempo de processamento$_{reprov.}$ = 0,036 + 0,2 + 0,026 + 12 + 2,7 + 0,3 + 0,079 + 4 + 0,6 + 2,7 + 0,3 + 0,5 + 0,7 + 0,052 + 0,5 = 24,693 minutos/caixa

Portanto, no intervalo de produção entre duas manutenções preditivas, serão produzidas as seguintes quantidades de produtos:

$$\text{Quantidade de produtos}_{aprov.} = \frac{256,87 \text{ minutos}}{17,014 \frac{\text{minutos}}{\text{caixa}}} = 15,098 \text{ caixas}$$

$$\text{Quantidade de produtos}_{reprov.} = \frac{43,13 \text{ minutos}}{24,693 \frac{\text{minutos}}{\text{caixa}}} = 1,747 \text{ caixas}$$

Assim, durante o intervalo de produção de 300 minutos (5 horas) serão produzidos, em média, 16,844 produtos (15,098 + 1,747), no caso de ocorrência de rejeição. Portanto, o tempo médio de espera pela manutenção preditiva, por produto, será de:

$$\text{Tempo de espera}_{\text{manutenção preditiva}} = \frac{60 \text{ minutos}}{16,844 \text{ caixas}} = 3,562 \text{ minutos/caixa}$$

O tempo total gasto no processamento de um produto reprovado será a soma de todos os tempos parciais (incluindo o tempo de inspeção 100% e o tempo de volta ao processo), obtidos no próprio diagrama de processo que estamos executando:

Tempo de processamento$_{reprov.}$ = 42,334 minutos/caixa

- **Etapa 3.19**: As caixas, finalmente, permanecem em estoque até serem retiradas pelo cliente. Esse tempo de armazenagem será rateado entre todos os produtos, ou seja, 288 minutos para cada caixa.

O tempo total de permanência do produto em processo, assim, é de 42,334 minutos. O tempo total de permanência do produto na empresa, incluída a estocagem, será de 330,334 minutos.

■ Item 4: Diagrama de processo para o operador produzindo um produto reprovado – processo atual

Assim como nos itens anteriores, o diagrama de processo será iniciado a partir do momento em que o operador entregar as caixas para o estoque. A primeira etapa da análise será definida no momento em que o operador for buscar as caixas vazias.

Observações

- **Etapa 4.1**: Adotaremos o mesmo valor da avaliação cinética e cinemática da marcha de voluntários adultos do sexo masculino, com idades entre 18 e 40 anos e sem indicação de lesões musculares, com velocidade média de 1,16 metro por segundo, como adotado na Etapa 1.1. Assim, ao percorrer os 25 metros para retirar as caixas vazias, o operador consumirá 21,55 segundos, ou 0,36 minuto, demandando espera das 10 caixas. Para uma caixa, dividimos o valor por 10, obtendo-se 0,036 minuto.

- **Etapa 4.2**: Conforme o enunciado, o tempo gasto pelo operador na requisição e retirada das caixas vazias é de 2 minutos. O tempo é rateado entre as 10 caixas do produto, resultando em 0,2 minuto por caixa.

- **Etapa 4.3**: Após pegar as caixas vazias, o operador percorre 16,5 metros para voltar ao posto de trabalho. Com a mesma velocidade de 1,16 metro por segundo para um homem caminhando normalmente, como nas Etapas 1.1 e 2.1, obtemos um tempo de percurso de 14,22 segundos, ou 0,24 minuto. Como o operador carrega as caixas vazias, aplicamos a taxa adicional de 10% sobre o tempo de retorno, resultando em 15,65 segundos, ou aproximadamente 0,26 minuto. Devemos relembrar que, em situações reais, é conveniente cronometrar alguns percursos executados pelo operador, utilizando a média aritmética dos tempos cronometrados no preenchimento do diagrama de processo. Dividimos o valor por 10, obtendo o tempo da operação de 0,026 minuto associado a uma caixa.

Quadro 1.7 – Diagrama de processo para operador e produto reprovado: processo atual

Gráfico de processo:	■ Operador □ Produto	□ Aprovado ■ Reprovado					Identificação do produto:
Etapa	Distância (m)	Tempo (minutos)	Processo				Descrição da operação
4.1	25,0	0,036	○	⇨	□	D ▽	Vai ao depósito de embalagens retirar caixas vazias
4.2	0,0	0,200	○	⇨	□	D ▽	Preenche solicitação e retira as caixas vazias
4.3	16,5	0,026	○	⇨	□	D ▽	Volta ao posto de trabalho com as caixas vazias
4.4	0,0	12,000	○	⇨	□	D ▽	Operador fabrica um produto (caixa)
4.5	0,0	2,700	○	⇨	□	D ▽	Inspeção de amostra de 3 unidades com paquímetro
4.6	0,0	0,300	○	⇨	□	D ▽	Registro da inspeção na carta de CEP
4.7	5,0	0,079	○	⇨	□	D ▽	Transporta produto rejeitado à área de segregação
4.8	0,0	4,000	○	⇨	□	D ▽	Preenche o relatório de rejeição
4.9	5,0	0,072	○	⇨	□	D ▽	Retorna ao posto de trabalho
4.10	0,0	0,600	○	⇨	□	D ▽	Operador repõe as peças rejeitadas
4.11	0,0	2,700	○	⇨	□	D ▽	Inspeção de amostra de 3 unidades com paquímetro
4.12	0,0	0,300	○	⇨	□	D ▽	Registro da inspeção na carta de CEP
4.13	0,0	0,500	○	⇨	□	D ▽	Operador preenche a etiqueta de identificação
4.14	0,0	0,700	○	⇨	□	D ▽	Empilha a caixa no pallet
4.15	30,0	0,052	○	⇨	□	D ▽	Transporta as caixas ao estoque de produtos acabados
4.16	0,0	0,500	○	⇨	□	D ▽	Preenche documento para entrada do produto no estoque
4.17	0,0	3,562	○	⇨	□	D ▽	Operador aguarda manutenção preditiva
Total	81,5	28,327	12	2	2	1 0	Total:

- **Etapa 4.4**: Como a taxa de produção é de 600 peças por hora, o operador gasta 12 minutos para completar uma caixa de peças.

- **Etapa 4.5**: Segundo o enunciado, o operador consome 2,7 minutos para inspecionar a amostragem de 3 peças com um paquímetro.

- **Etapa 4.6**: Conforme o enunciado, o operador consome 0,3 minuto para preencher a carta de CEP.

- **Etapa 4.7**: O operador transporta o produto rejeitado à área de segregação, com a mesma velocidade média de 1,16 metros por segundo (Chung, 2000), resultando em 4,31 segundos ou 0,072 minuto. Novamente adotaremos um acréscimo de 10% sobre o tempo de percurso, em razão do fato de o operador carregar a caixa, resultando em 4,74 segundos, ou 0,079 minuto. Devemos lembrar também que esse acréscimo de 10% é um dado empírico adotado em nossa análise, sendo sempre conveniente avaliar os processos reais por meio da cronometragem de alguns percursos executados, adotando-se o valor médio no preenchimento do diagrama de processo.

- **Etapa 4.8**: Na área de segregação, o operador preenche o relatório de rejeição durante 4 minutos, de acordo com o enunciado. A inspeção 100% das caixas rejeitadas e o transporte da caixa ao processo após a seleção são executados por outro operador, fora do processo produtivo. Essas atividades, por isso, não serão atribuídas ao operador.

- **Etapa 4.9**: O operador retorna ao posto de trabalho. Ele percorrerá a distância de 5 metros a uma velocidade de 1,16 metros por segundo, demorando 4,31 segundos ou 0,072 minuto.

- **Etapa 4.10**: Com a informação recebida do operador que executou a inspeção 100% das peças, o operador repõe as peças refugadas. Segundo o enunciado, adotamos arbitrariamente um refugo histórico de 5%, que será aplicado ao total de peças da caixa. Assim, de cada caixa reprovada, serão sucateadas, em média, 6 peças, as quais serão repostas a uma taxa de produção de 6 segundos por peça. Dessa maneira, a duração dessa etapa será de 36 segundos, ou 0,6 minuto.

- **Etapa 4.11**: Por definição da área de qualidade da empresa, a caixa que retorna inspecionada da área de segregação deve ser reinspecionada após a reposição das peças refugadas. O operador gasta 2,7 minutos na inspeção da amostragem das três peças.

- **Etapa 4.12**: Conforme enunciado, o operador consome 0,3 minuto para preencher a carta de CEP.

- **Etapa 4.13**: Sabemos que o operador consome 0,5 minuto para preencher a etiqueta de identificação do produto.

- **Etapa 4.14**: Segundo o enunciado, o operador consome 0,7 minuto para empilhar a caixa no *pallet*.

- **Etapa 4.15**: No transporte das caixas ao estoque, utilizamos o mesmo critério da Etapa 1.1, admitindo uma velocidade de 1,16 metro por segundo para um homem caminhando normalmente. Porém, como o operador está levando o carrinho com 10 caixas preenchidas, aplicamos uma taxa adicional de 20% no tempo gasto no percurso. Vale relembrar que esse adicional foi adotado empiricamente, tal como na Etapa 1.3. Como esse dado é empírico, podemos adotar outros valores de acréscimo percentual, em função do tipo de carrinho e do peso final das peças. Sempre que possível, devemos estar apoiados em análises práticas do processo, por meio de algumas cronometragens desse tempo de transporte, adotando o valor médio das cronometragens efetuadas como o dado a ser colocado no gráfico diagrama de processo. Utilizaremos o mesmo tempo de 25,86 segundos, ou 0,43 minuto, acrescidos de 20% em função da carga transportada, resultando em 31,03 segundos, ou 0,52 minuto, que deverão ser rateados entre as caixas do lote.

- **Etapa 4.16**: Conforme o enunciado, o tempo gasto no preenchimento do documento de entrada do lote no estoque é de 5 minutos, a ser rateado entre as 10 caixas.

- **Etapa 4.17**: Durante o processo, o produto reprovado passa pelos seguintes tempos de operação: 0,036 + 0,200 + 0,026 + 12 + 2,7 + 0,3 + 0,079 + 4 + 0,600 + 2,7 + 0,3 + 0,5 + 0,7 + 0,052 + 0,5 = 24,693 minutos, conforme observado no diagrama de processo do produto reprovado, executado anteriormente. Entretanto, o operador gasta os seguintes tempos em suas atividades: 0,036 + 0,200 + 0,026 + 12 + 2,7 + 0,3 + 0,079 + 4 + **0,072** + 0,600 + 2,7 + 0,3 + 0,5 + 0,7 + 0,052 + 0,5 = 24,765 minutos. A diferença entre o tempo de processamento do produto rejeitado e o tempo do operador executando o produto rejeitado são os 0,072 minutos que o operador gasta no retorno da área de segregação, após entrega da caixa rejeitada. Porém, esse tempo executado a mais pelo operador, ocorre durante o processo, não impacta no processamento do produto, que em paralelo está sendo submetido à inspeção 100%. Desse modo, o tempo de espera do operador, atrelado ao produto, será calculado com a mesma quantidade de caixas produzidas determinada na etapa anterior, ou seja, 16,844, e no mesmo intervalo da manutenção preditiva. Assim, como o operador permanece ocioso durante a manutenção preditiva, aplicamos o mesmo tempo de espera pela manutenção aplicada ao produto, ou seja, 3,562 minutos.

Com essa análise, concluímos o estudo do processo, tanto para o operador quanto para o produto (aprovado e rejeitado), de acordo com as condições iniciais. Agora podemos dar início à etapa de pesquisa das alternativas para o processo, em busca de melhorias.

1.3 Pesquisa das alternativas para o processo

Uma das principais razões para a elaboração do diagrama de processo é a necessidade de avaliar exatamente a situação atual, verificando onde ocorrem operações desnecessárias e onde há oportunidades de melhoria da produtividade. Devemos dar atenção especial às esperas e aos transportes, que geralmente oneram o processo e não agregam valor ao produto.

O que devemos buscar é a proposta de processo mais eficiente, que beneficie a empresa.

Portanto, a análise e a proposição de alternativas para o processo devem ser feitas sempre após a conclusão dos diagramas, elaborados levando-se em conta a situação vigente. É exatamente nessa parte que os analistas do processo devem demonstrar criatividade e conhecimento, para que possam propor alternativas mais eficientes. Nessa etapa devemos solicitar a participação de profissionais de diversas áreas; os trabalhos devem ser conduzidos sob a forma da tempestade de ideias (*brainstorming*), de modo a serem ouvidas as mais diversas opiniões sobre o processo, sem a colocação de qualquer barreira ou censura.

Essa análise, evidentemente, não estabelece critérios de "certo" ou "errado", pois muitas possibilidades ou opções de processo podem ser propostas e implantadas. O que devemos buscar é a proposta de processo mais eficiente, que beneficie a empresa em termos de aumento da produtividade, dentro das condições possíveis.

Para exemplificarmos um estudo de melhorias, vamos analisar o exemplo anterior, propondo mudanças, mas lembrando que essa proposta não é a única possibilidade de melhora do processo. Podem ocorrer outras propostas, tão boas quanto esta ou melhores.

Exercício resolvido 1.2
Considerando o mesmo processo fabril analisado no exercício resolvido 1.1, agora avaliaremos alterações no arranjo físico e no próprio processo, como esquematizado na figura a seguir. Um grupo formado por profissionais das áreas de qualidade, produção, PPCP (planejamento, programação e controle da produção) e manutenção se reuniu para estudar mudanças no processo fabril e propôs as seguintes alterações:

- O arranjo físico da área será alterado, colocando-se a prensa distante 10 metros do estoque e 5 metros da área de segregação, conforme indicado na figura a seguir.

Figura 1.3 – Representação esquemática do processo: antes e após melhorias

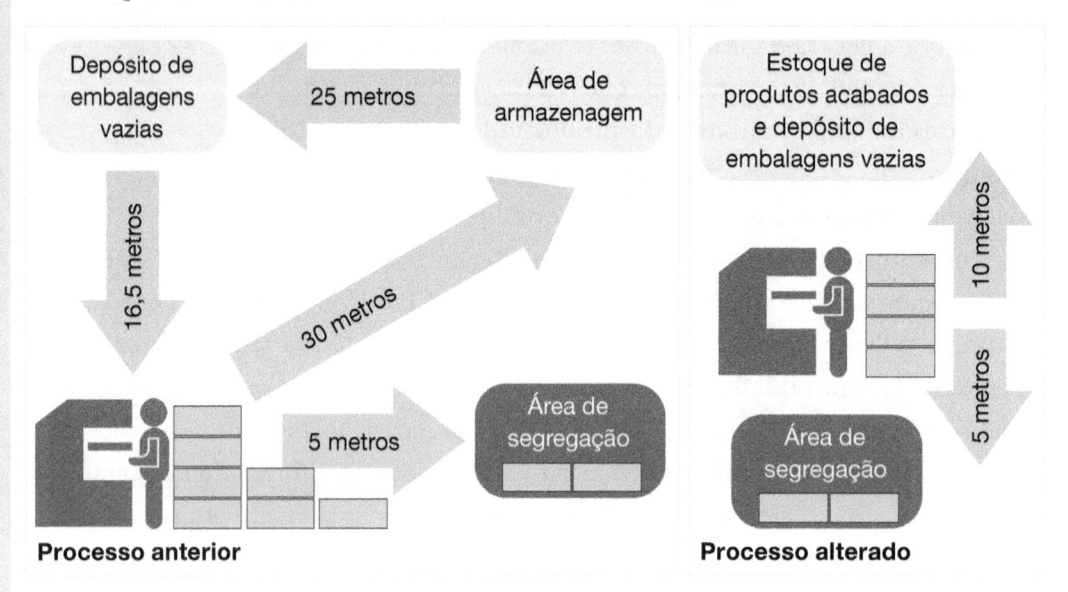

[Figura: Processo anterior — Depósito de embalagens vazias ← 25 metros → Área de armazenagem; 16,5 metros; 30 metros; 5 metros; Área de segregação. Processo alterado — Estoque de produtos acabados e depósito de embalagens vazias; 10 metros; 5 metros; Área de segregação.]

- O operador irá produzir as peças continuamente, durante as 5 horas de produção, sem paradas para inspeção.
- A etiqueta de identificação será eliminada, pois o produto é identificado de modo suficiente na entrada do estoque; a etiqueta era resquício de um processo ainda mais antigo.
- O lote passará de 10 para 25 caixas, em função da produção contínua.
- Foi planejado um carrinho maior e mais adequado ao processo para transporte das caixas ao estoque. Com o novo carrinho, o tempo de empilhamento das 25 caixas será, em média, de 7,5 minutos, ou 18 segundos, por caixa.
- As caixas vazias serão retiradas no próprio estoque em que o lote de produtos é entregue, pelo regime de troca de embalagem, sem necessidade de preenchimento de requisição, demorando, em média, 2,5 minutos. O carrinho vazio retorna com o operador, transportando as caixas vazias.
- No novo processo, será o funcionário do estoque quem fará a conferência e o preenchimento do o documento de entrada do produto, liberando, assim, o operador mais rapidamente. A duração dessa atividade deverá ser muito curta e será considerada como item do transporte dos produtos ao estoque.

- Durante a parada para manutenção preditiva, o operador irá inspecionar todas as caixas em sequência, porém mantendo o mesmo critério de amostragem, a qual é feita aleatoriamente em cada caixa. É recolhida uma amostra de 3 peças (nível de inspeção S-2, código B, inspeção simples normal, NQA de 4%, reprovando a caixa caso pelo menos 1 das 3 amostras esteja com defeito – NBR 5426/ISO 2859 – ABNT, 1985).

- Em vez de usar um paquímetro, o operador utilizará um calibrador P/NP (Figura 1.4), reduzindo significativamente o tempo de inspeção para, em média, 1 minuto por caixa. Ao longo da inspeção, as caixas eventualmente reprovadas serão agrupadas e levadas de uma só vez para a área de segregação.

Figura 1.4 – Calibrador passa/não passa – P/NP DIN 2245

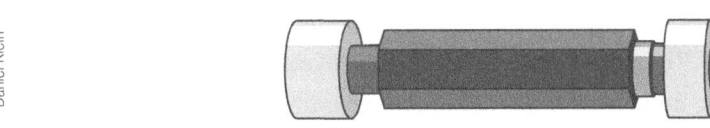

- Após a inspeção da amostra, o operador preencherá a carta de CEP por atributos, em lugar do CEP por variáveis, reduzindo o tempo de preenchimento para, em média, 12 segundos ou 0,2 minuto por caixa.

Para o processamento de caixas rejeitadas, foram aplicadas as seguintes modificações no processo:

- Uma caixa aprovada será separada do processo e reservada para a reposição das peças refugadas na seleção 100%. Essa reposição será feita pelo próprio operador que executa a inspeção 100% na área de segregação, com o objetivo de retornar a caixa pronta para o processo, demandando apenas a reinspeção. Vale destacar que a separação de uma caixa aprovada não acarretará atraso ao processo. O mesmo entrará em regime com o retorno das caixas selecionadas após a rejeição, considerando-se ainda que o operador não terá mais a necessidade do processar a reposição das peças refugadas durante o processo. Também vale destacar que, como há probabilidade de 14,38% de ocorrer rejeição de um produto, dado o refugo histórico de 5%, nesse novo processo, haverá a probabilidade de produção de 3,594 caixas rejeitadas a cada ciclo, como veremos a seguir. Com o refugo de 6 peças por caixa, em média, a cada ciclo de produção serão utilizadas 21,564 peças. Assim, a caixa segregada para a reposição, abastecerá, em média, 5,565 ciclos de 6,0 horas (5 + 1) ou 33,39 horas de processo.

- Na área de segregação, serão disponibilizadas etiquetas plásticas reutilizáveis, com a indicação do procedimento a ser adotado, tais como: refugo, retrabalho, seleção por amostragem e seleção 100%. O uso dessas etiquetas substituirá a elaboração do relatório de refugo.

- Caso haja rejeição, o operador levará a caixa rejeitada à área de segregação, distante 5 metros de seu posto de trabalho, adotando-se arbitrariamente, como dado histórico, um refugo de 5%. Caso haja ocorrência de mais de uma caixa rejeitada no processo, o operador transportará uma caixa por vez, mantendo a individualidade do ciclo de cada produto no processo.

- Na área de segregação, o operador do processo pegará uma etiqueta plástica com a instrução do procedimento a ser adotado, no caso, inspeção 100%, e a colocará na caixa. Com essa etiqueta, elimina-se o relatório de rejeição que tomava muito tempo do operador e que poderá ser substituído pelo relatório de CEP por atributo. O operador levará, em média, 1 minuto na identificação e colocação da etiqueta adequada.

- Após a segregação e a identificação com a etiqueta, o operador retornará a seu posto.

- A caixa rejeitada será inspecionada 100% na área de segregação por outro funcionário, que irá repor as peças refugadas, retirando peças aprovadas da caixa segregada para esse fim. A inspeção 100% durará, em média, 7 segundos por peça (considerando-se um refugo histórico médio de 5%), já incorporando o tempo gasto na reposição das mesmas.

- Após a inspeção 100% e reposição das peças refugadas, a caixa retornará ao processo transportada pelo mesmo operador que fez a inspeção/reposição, sendo reincorporada ao processo a partir da inspeção feita pelo operador.

Considerando as etapas descritas anteriormente, bem como as alterações propostas, elabore os diagramas de processo nas seguintes condições:

- Diagrama de processo para o **produto aprovado**.
- Diagrama de processo para o **operador produzindo um produto aprovado**.
- Diagrama de processo para o **produto reprovado**.
- Diagrama de processo para o **operador produzindo um produto reprovado**.

Solução

De acordo com a análise anterior, a unidade de produto será uma caixa completa com 120 peças estampadas. O ponto de corte, ou seja, o instante arbitrariamente escolhido, que define o início e o fim do ciclo do processo, será o momento em que o lote de 25 caixas completas é entregue ao estoque de produtos. A partir da armazenagem, iniciaremos os diagramas de processo, tanto para o produto quanto para o operador, para o produto aprovado ou para o reprovado.

■ Item 5: Diagrama de processo para o produto aprovado – novo processo

A exemplo do que fizemos no exercício resolvido 1.1, vamos montar o diagrama de processos com as alterações sugeridas pelo grupo, considerando uma caixa completa com peças como o produto em análise.

Quadro 1.8 – Diagrama de processo para produto aprovado: novo processo

Gráfico de processo:	☐ Operador ■ Produto	■ Aprovado ☐ Reprovado					Identificação do produto:
Etapa	Distância (m)	Tempo (minutos)	\multicolumn{4}{c}{Processo}		Descrição da operação
5.1	0,0	0,100	○	⇨	☐	D	▽	Produto aguarda operador entregar as 25 caixas e retirar caixas vazias do estoque
5.2	0,0	0,006	○	⇨	☐	D	▽	Produto aguarda retorno do operador ao posto de trabalho
5.3	0,0	12,000	○	⇨	☐	D	▽	Fabricação de 1 caixa de peças
5.4	0,0	1,000	○	⇨	☐	D	▽	Inspeção da amostra de 3 peças com calibrador P/NP
5.5	0,0	0,200	○	⇨	☐	D	▽	Registro da inspeção na carta de CEP por atributos
5.6	0,0	0,300	○	⇨	☐	D	▽	A caixa é empilhada no carrinho de transporte
5.7	10,0	0,008	○	⇨	☐	D	▽	Transporte das 25 caixas ao estoque
5.8	0,0	0,786	○	⇨	☐	D	▽	Peças aguardando manutenção preditiva
5.9	0,0	115,200	○	⇨	☐	D	▽	Permanência de 2 dias no estoque
Total	10,0	129,600	3	1	1	3	1	Total:

Observações

- **Etapa 5.1**: Como o operador trabalha continuamente durante as 5 horas e o tempo para completar 1 caixa de peças é de 12 minutos, nesse novo processo serão produzidas 25 caixas entre as manutenções preditivas. Segundo o enunciado, no processo remodelado, o operador retirará as caixas vazias no próprio estoque, onde deverá entregar os produtos acabados, retornando com o carrinho e as embalagens vazias. Essa operação tem duração de 2,5 minutos. Ao ratearmos o tempo para o lote de 25 caixas, temos uma espera de 0,1 minuto para cada produto.

- **Etapa 5.2**: Adotamos a mesma avaliação cinética e cinemática da marcha de voluntários adultos do sexo masculino, com idades entre 18 e 40 anos e sem indicação de lesões musculares, utilizada nas etapas anteriores, cujo resultado indicou a velocidade média de 1,16 metro por segundo (Chung, 2000). Assim, ao percorrer os 10 metros para retornar ao posto de trabalho, o operador consumirá 8,62 segundos, ou 0,144 minuto. Como o operador transporta 25 caixas vazias, porém com o uso do carrinho, aplicamos o mesmo fator de tempo adotado arbitrariamente de 10%. Assim, o tempo de retorno será de 9,48 segundos ou 0,158 minuto, o qual, rateado pelos 25 produtos produzidos a cada ciclo, resultará em 0,006 minuto.

- **Etapa 5.3**: Como a taxa de produção é de 600 peças por hora, o tempo gasto para a produção de 1 caixa permanecerá em 12 minutos.

- **Etapa 5.4**: De acordo com o enunciado, o operador consumirá 1 minuto para a inspeção de cada caixa.

- **Etapa 5.5**: Sabemos que o operador consome 12 segundos ou 0,2 minuto para o preenchimento da carta de CEP por atributo para cada caixa.

- **Etapa 5.6**: As 25 caixas serão empilhadas no carrinho de transporte, demandando, para isso, 7,5 minutos, conforme o enunciado. Ao ratearmos esse tempo pelas 25 caixas, obtemos um tempo médio de empilhamento de 0,3 minuto.

- **Etapa 5.7**: Adotamos a mesma avaliação cinética e cinemática citada na Etapa 5.2 para percorrer os 10 metros até o estoque e a entrega do lote de produtos. De acordo com a Etapa 5.1, o operador consumirá 8,62 segundos ou 0,144 minuto no trajeto. Porém, nesse caso, ele transportará 25 caixas cheias; assim, aplicamos um fator de tempo arbitrário, mas com valor acima do usado anteriormente (20%). Adotamos 40% de acréscimo no tempo, resultando em 12,07 segundos ou 0,201 minuto, o que, rateado pelos 25 produtos produzidos a cada ciclo, resultará em 0,008 minuto.

- **Etapa 5.8**: Com a alteração do processo, grande parte do tempo anteriormente ocioso, destinado à espera pela manutenção preditiva, será ocupada pela quase totalidade das operações, exceto a fabricação. O quadro a seguir indica todas as operações realizadas no produto durante a manutenção, com os respectivos tempos de duração.

Quadro 1.9 – Processamento do produto aprovado durante a manutenção preditiva: novo processo

Etapa	Descrição	Duração (minutos)
5.1	Produto aguarda operador retirar caixas vazias do estoque	0,100
5.2	Produto aguarda retorno do operador para reinício do processo	0,006
5.4	Inspeção da amostra com calibrador P/NP – passa/não passa	1,000
5.5	Registro da qualidade do produto em carta de CEP por atributos	0,200
5.6	A caixa é empilhada no carrinho de transporte	0,300
5.7	Transporte e entrega das 25 caixas ao estoque	0,008
Tempo total das atividades durante a manutenção		**1,614**

O tempo de 1,614 minuto, destinado a cada caixa, resulta em 25 × 1,614 = 40,359 minutos de atividades ao longo dos 60 minutos de manutenção. Restarão, portanto, 60 – 40,359 = 19,641 minutos de espera para o início da produção, os quais, rateados para as caixas do lote, resultam em 0,786 minuto de espera. É importante frisar que chegaríamos à mesma conclusão se tivéssemos feito a análise sobre o operador, conforme será detalhado no Item 6, na sequência.

- **Etapa 5.9**: Finalmente, como todas as caixas permanecem em estoque até serem retiradas pelo cliente, esse tempo de armazenagem será aplicado a todos os produtos, ou seja, 115,20 minutos para cada caixa.

O tempo total de processamento de uma caixa, com o processo alterado, será de 14,40 minutos. O tempo total de permanência do produto na empresa será de 129,60 minutos.

■ Item 6: Diagrama de processo para operador produzindo produto aprovado – novo processo

A exemplo do que foi feito anteriormente, o diagrama de processo do operador será atrelado ao produto "caixa completa" – e com o ponto de início na mesma etapa do processo, ou seja, quando o operador acaba de entregar um lote de produtos.

Observações

- **Etapa 6.1**: O operador retirará as caixas vazias no próprio estoque, onde entrega os produtos acabados, retornando com o carrinho e as embalagens vazias. Essa operação terá duração de 2,5 minutos. Ao ratearmos o tempo para o lote de 25 caixas, temos uma espera de 0,1 minuto para cada produto.

- **Etapa 6.2**: O operador percorrerá os 10 metros de distância ao posto, a uma velocidade de 1,16 metro por segundo, conforme adotado nas etapas anteriores. Isso resulta em 8,62 segundos ou 0,144 minuto. Como o operador transportará as caixas vazias usando o carrinho, aplicamos um adicional de 10%. Assim, o tempo de retorno será de 9,48 segundos ou 0,158 minuto, o qual, rateado pelos 25 produtos produzidos a cada ciclo, resultará em 0,006 minuto.

Quadro 1.10 – Diagrama de processo para operador e produto aprovado: novo processo

Gráfico de processo:	■ Operador □ Produto	■ Aprovado □ Reprovado	Processo				Identificação do produto:
Etapa	Distância (m)	Tempo (minutos)					Descrição da operação
6.1	0,0	0,100	○	⇨	□	D	▽	Entrega produtos acabados e retira caixas vazias
6.2	10,0	0,006	○	⇨	□	D	▽	Retorna ao posto de trabalho com as caixas vazias
6.3	0,0	12,000	○	⇨	□	D	▽	Produz 1 caixa de peças
6.4	0,0	1,000	○	⇨	□	D	▽	Inspeciona amostras com calibrador P/NP
6.5	0,0	0,200	○	⇨	□	D	▽	Registra inspeção na carta de CEP por atributos
6.6	0,0	0,300	○	⇨	□	D	▽	Empilha a caixa no carrinho de transporte
6.7	10,0	0,008	○	⇨	□	D	▽	Transporta as 25 caixas ao estoque
6.8	0,0	0,786	○	⇨	□	D	▽	Aguarda manutenção preditiva
Total	20,0	14,400	5	1	1	1	0	Total:

- **Etapa 6.3**: De acordo com a etapa similar nos exemplos anteriores, o operador consumirá 12 minutos para produzir 1 caixa completa.

- **Etapa 6.4**: Durante a parada para manutenção, o operador inspecionará as 25 caixas de peças por meio de uma amostra com 3 elementos, utilizando um calibrador P/NP, demorando, em média, 1 minuto por caixa.

- **Etapa 6.5**: O registro dos resultados na carta de CEP por atributos também será feito em sequência. Isso demandará 0,2 minuto do operador por produto.

- **Etapa 6.6**: Conforme o enunciado, a operação de empilhamento demandará 0,3 minuto do operador para cada caixa.

- **Etapa 6.7**: No transporte, utilizamos a mesma avaliação cinética e cinemática de marcha adotada anteriormente (Chung, 2000), com uma velocidade média de 1,16 metro por segundo. O operador demorará 8,62 segundos ou 0,144 minuto para percorrer essa distância. Novamente adotamos empiricamente um fator de 40%, pelo fato de o operador andar com as 25 caixas completas. Isso resultará em 12,07 segundos ou 0,201 minuto, que, rateado pelas 25 caixas do lote, consumirá 0,008 minuto do tempo do operador por caixa.

- **Etapa 6.8**: O tempo total de atividades do operador durante a manutenção será de 40,359 minutos, segundo o quadro a seguir, o que resulta em 19,641 minutos em que ele permanecerá em espera, aguardando o término da manutenção. Isso consumirá um tempo médio de 0,786 minuto de espera do operador por caixa.

Quadro 1.11 – Atividades do operador no processo sem rejeição, durante manutenção preditiva: novo processo

Etapa	Descrição	Duração (minutos)
6.1	Retira caixas vazias	0,100
6.2	Retorna ao posto de trabalho com as caixas vazias	0,006
6.4	Inspeciona com calibrador P/NP – passa/não passa	1,000
6.5	Registra a inspeção na carta de CEP por atributos	0,200
6.6	Empilha a caixa no carrinho de transporte	0,300
6.7	Transporta e entrega as 25 caixas ao estoque	0,008
Tempo total das atividades durante a manutenção (minutos/caixa)		**1,614**
Tempo total de atividades para as 25 caixas do lote (25 × 1,614)		**40,359**

Nota: A Etapa 6.3 não está incluída no quadro porque não se refere a uma atividade executada durante a manutenção; trata-se da própria produção das peças.

■ Item 7: Diagrama de processo para produto reprovado – novo processo

A exemplo do que foi feito no exercício resolvido 1.1, a resolução deste item demanda uma análise mais detalhada. Grande parte do raciocínio aplicado naquele exercício é usada aqui. Percebemos que a alteração do processo simplificou a análise.

Quadro 1.12 – Diagrama de processo para produto reprovado: novo processo

Gráfico de processo:	☐ Operador ■ Produto	☐ Aprovado ■ Reprovado		Processo				Identificação do produto:
Etapa	Distância (m)	Tempo (minutos)	○	⇨	☐	D	▽	Descrição da operação
7.1	0,0	0,100	○	⇨	☐	D	▽	Aguarda operador entregar lote e pegar caixas vazias
7.2	0,0	0,006	○	⇨	☐	D	▽	Aguarda retorno do operador ao posto
7.3	0,0	12,000	○	⇨	☐	D	▽	Fabricação de 1 caixa de peças
7.4	0,0	1,000	○	⇨	☐	D	▽	Inspeção da amostra de 3 unidades com calibrador P/N
7.5	0,0	0,200	○	⇨	☐	D	▽	Registro da inspeção em carta de CEP por atributos
7.6	5,0	0,079	○	⇨	☐	D	▽	Produto rejeitado é transportado à área de segregação
7.7	0,0	1,000	○	⇨	☐	D	▽	Aguarda identificação com a etiqueta de rejeição
7.8	0,0	14,000	○	⇨	☐	D	▽	Produto selecionado 100% e reposto por outro operador
7.9	5,0	0,079	○	⇨	☐	D	▽	Produto volta ao processo produtivo após seleção
7.10	0,0	1,000	○	⇨	☐	D	▽	Produto é reinspecionado com calibrador P/NP
7.11	0,0	0,200	○	⇨	☐	D	▽	Registro da reinspeção na carta de CEP por atributos
7.12	0,0	0,300	○	⇨	☐	D	▽	Empilhamento da caixa no carrinho de transporte
7.13	10,0	0,008	○	⇨	☐	D	▽	Transporte das 25 caixas ao estoque
7.14	0,0	0,458	○	⇨	☐	D	▽	Produto aguarda manutenção preditiva
7.15	0,0	115,200	○	⇨	☐	D	▽	Permanece dois dias no estoque até ser retirado
Total	20,0	145,630	4	3	3	4	1	Total:

Observações

- **Etapa 7.1**: Conforme o enunciado, a entrega do lote acabado e a retirada das caixas vazias demandarão 2,5 minutos, que devem ser rateados pelas 25 caixas, resultando em 0,1 minuto por caixa.

- **Etapa 7.2**: Utilizamos a velocidade média de 1,16 metro por segundo (Chung, 2000) para o operador percorrer os 10 metros na volta ao posto, resultando em 8,62 segundos ou 0,144 minuto. Aplicamos o fator de velocidade de 10%, resultando em 9,48 segundos ou 0,158 minuto. Ao dividirmos o tempo de percurso pelos 25 produtos, o resultado é de 0,006 minuto. Observe que o diagrama está sendo elaborado para o produto, que permanece parado enquanto aguarda o operador retornar.

- **Etapa 7.3**: Como a taxa de produção é de 600 peças por hora, o tempo gasto na produção de 1 caixa será de 12 minutos.

- **Etapa 7.4**: Durante a parada para manutenção, as 25 caixas serão inspecionadas pelo operador por meio de uma amostra com 3 elementos e uso de calibrador P/NP, demorando, em média, 1 minuto por caixa.

- **Etapa 7.5**: Será feito o registro da qualidade do produto na carta de CEP por variáveis, durante 12 segundos ou 0,2 minuto.

- **Etapa 7.6**: Os produtos rejeitados serão transportados pelo operador à área de segregação à velocidade média de 1,16 metro por segundo (Chung, 2000), demorando 4,31 segundos ou 0,072 minuto. Adotamos empiricamente um acréscimo de 10% sobre o tempo de percurso, em razão de o operador carregar uma caixa completa, resultando em 4,74 segundos ou 0,079 minuto. Novamente lembramos que esse acréscimo de 10% é uma escolha arbitrária; na prática devemos executar algumas cronometragens de percurso, utilizando o valor médio no preenchimento do diagrama de processo. Devemos nos lembrar do percentual histórico de 5% de rejeição, aqui também adotado arbitrariamente.

Na Etapa 3.18 do exercício resolvido 1.1, calculamos as probabilidades de ocorrência de um produto ser aprovado ou rejeitado – de 85,62% e 14,38%, respectivamente –, que não irão alterar-se nesse exemplo.

Como o novo processo define uma produção ininterrupta de 25 caixas, teremos a seguinte proporção de produtos:

- P (produtos aprovados) = 0,8562 · 25 caixas = 21,406 caixas aprovadas
- P (produtos reprovados) = 0,1438 · 25 caixas = 3,594 caixas reprovadas

O cálculo desse tempo de percurso é executado da seguinte maneira:

$$\text{Tempo de percurso}_{\text{até segregação}} = \frac{5 \text{ metros}}{1,16 \frac{\text{metro}}{\text{segundo}}} \cdot (1 + 0,10) = 0,079 \text{ minutos}$$

- **Etapa 7.7**: Na área de segregação, o operador irá procurar a etiqueta plástica adequada às providências necessárias ao produto, no caso, inspeção 100%. Conforme enunciado, o operador consumirá 1,0 minuto na busca pela etiqueta e na colocação na caixa.

- **Etapa 7.8**: O produto será inspecionado 100% por outro operador, demandando 7 segundos por peça, o que resulta em um tempo de inspeção de 14 minutos. Nesse caso, devemos estabelecer um critério de análise. Conforme abordado anteriormente, mantemos o critério adotado para um refugo histórico de 5% sobre os produtos rejeitados, o que resultará, em média, em 6 peças refugadas em cada caixa. Conforme o enunciado, o mesmo operador que fez a seleção substituirá as peças refugadas por peças retiradas da caixa reservada para esta finalidade. O tempo de substituição já está incorporado no tempo de seleção das peças.

- **Etapa 7.9**: O produto inspecionado 100% e com as peças refugadas repostas será transportado de volta ao processo pelo mesmo operador que fez a seleção 100%. Consideramos o mesmo cálculo executado na Etapa 7.6.

- **Etapa 7.10**: Segundo o enunciado, a caixa será reinspecionada com calibrador P/NP, com a mesma quantidade de 3 elementos na amostra, demandando 1 minuto (como na Etapa 7.4).

- **Etapa 7.11**: O produto aguardará o preenchimento da carta de CEP por atributos, durante 12 segundos ou 0,2 minuto.

- **Etapa 7.12**: A caixa será empilhada no carrinho, com duração de 0,3 minuto, sem rateio.

- **Etapa 7.13**: Utilizamos o mesmo critério da Etapa 1.1, admitindo uma velocidade média de 1,16 metro por segundo para um homem caminhando normalmente. Porém, como o operador transporta 25 caixas preenchidas, adotamos empiricamente uma taxa adicional de tempo de 40%, tal como nas Etapas 5.7 e 6.7, em função da quantidade maior de caixas transportadas. Essa taxa adotada empiricamente deve ser reavaliada na prática. Em situações reais semelhantes, podemos efetuar algumas cronometragens desse tempo de transporte, adotando o valor médio. Com os dados e o fator de carga de 40%, obtemos o tempo de 12,069 segundos ou 0,201 minuto, conforme mostramos a seguir. Com o rateio do tempo entre as 25 caixas, obtemos 0,008 minuto.

$$\text{Tempo de percurso}_{\text{até estoque}} = \frac{1,16 \dfrac{\text{metro}}{\text{segundo}}}{60 \dfrac{\text{segundos}}{\text{minutos}}} \cdot (1 + 0,4) = 0,201 \text{ minuto}$$

Esse tempo deverá ser rateado entre as 25 caixas, resultando em 0,008 minuto por caixa.

- **Etapa 7.14**: Devemos determinar o tempo de espera do produto (caixa) rejeitado e selecionado 100% pela manutenção preditiva. O quadro a seguir indica todas as operações executadas sobre o produto durante a manutenção preditiva. Devemos observar que estão indicadas atividades executadas sobre produtos aprovados e rejeitados, visto que o processo de produção de cada lote de 25 caixas envolve caixas aprovadas e reprovadas.

Assim, o tempo de espera de cada caixa pelo término da manutenção preditiva será calculado pela média ponderada das quantidades de cada produto, aprovado ou reprovado.

Quadro 1.13 – Tempo de processamento com produto rejeitado durante manutenção preditiva: novo processo

Etapa	Descrição	Duração (minutos)
7.1	Produto aguarda operador entregar lote e retirar caixas vazias	0,100
7.2	Produto aguarda retorno do operador para reinício do processo	0,006
7.4	Inspeção da amostra com calibrador P/NP – passa/não passa	1,000
7.5	Registro da qualidade do produto em carta de CEP por atributos	0,200
7.6	A caixa rejeitada é transportada à área de segregação	0,079
7.7	Procura etiqueta plástica adequada e identifica a caixa	1,000
7.10	Reinspeção do produto após reposição das peças defeituosas	1,000
7.11	Registro da qualidade do produto em carta de CEP por atributos	0,200
7.12	A caixa é empilhada no carrinho de transporte	0,300
7.13	Transporte das 25 caixas ao estoque de produtos acabados	0,008
Tempo total de processamento durante manutenção (minutos/caixa rejeit.)		**3,893**

Nota: A Etapa 7.3 não foi incluída no quadro porque não se refere à atividade executada durante a manutenção, quando o processo produtivo está parado; trata-se da produção das peças.

O cálculo está indicado a seguir:

$$\text{Espera}_{caixa} = \frac{60 \text{ minutos} - (21{,}046 \text{ caixas}_{aprov.} \cdot 1{,}616 \frac{\text{minuto}}{\text{caixa}} + 3{,}594 \text{ caixas}_{reprov.} \cdot 3{,}893 \frac{\text{minuto}}{\text{caixa}})}{21{,}406 + 3{,}594}$$

$$\text{Espera}_{caixa} = \frac{60 \text{ minutos} - (34{,}545 + 13{,}994) \text{ minutos}}{25 \text{ caixas}} = 0{,}458 \frac{\text{minutos}}{\text{caixa}}$$

- **Etapa 7.15:** Finalmente, as caixas permanecem em estoque até serem retiradas pelo cliente. O tempo de armazenagem será rateado entre todos os produtos, ou seja, 115,20 minutos para cada caixa.

Assim, o tempo total de permanência do produto rejeitado em processo é de 30,430 minutos. O tempo total de permanência do produto na empresa, incluída a estocagem, será de 145,630 minutos.

■ Item 8: Diagrama de processo para operador produzindo produto reprovado – novo processo

Neste último diagrama de processo, será avaliado o trabalho do operador quando ocorre rejeição no processo. Conforme vimos anteriormente, ocorrerão análises muito parecidas. Por essa razão, algumas etapas serão descritas de modo mais resumido.

Observações

- **Etapa 8.1**: Conforme o enunciado, a entrega do lote acabado e a retirada das caixas vazias demandarão 2,5 minutos, que deverão ser rateados pelas 25 caixas, resultando em 0,1 minuto por caixa.

- **Etapa 8.2**: O operador percorrerá os 10 metros de distância entre o estoque de acabados e o posto de trabalho a uma velocidade média de 1,16 metro por segundo, atribuindo-se um adicional de 10% no tempo de percurso, devido ao transporte das caixas vazias, resultando em 9,48 segundos ou 0,158 minuto. Rateando esse tempo entre as 25 caixas, temos 0,006 minuto por produto.

- **Etapa 8.3**: O operador consumirá 12 minutos para produzir uma caixa completa. No novo processo, ele produzirá 25 caixas de forma ininterrupta durante os 300 minutos de produção.

Quadro 1.14 – Diagrama de processo para operador e produto reprovado: novo processo

Gráfico de processo:	■ Operador □ Produto	□ Aprovado ■ Reprovado					Identificação do produto:
Etapa	Distância (m)	Tempo (minutos)			Processo		Descrição da operação
8.1	0,0	0,100	○	⇨	□	D	▽	Entrega produtos e retira caixas vazias do estoque
8.2	10,0	0,006	○	⇨	□	D	▽	Retorna ao posto com as caixas vazias
8.3	0,0	12,000	○	⇨	□	D	▽	Fabrica uma caixa de peças
8.4	0,0	1,000	○	⇨	■	D	▽	Inspeção com calibrador P/NP – passa/não passa
8.5	0,0	0,200	○	⇨	□	D	▽	Registra inspeção na carta de CEP por atributos
8.6	5,0	0,079	○	⇨	□	D	▽	Transporta produto rejeitado à área de segregação
8.7	0,0	1,000	○	⇨	□	D	▽	Pega etiqueta e identifica produto para seleção
8.8	5,0	0,072	○	⇨	□	D	▽	Retorna ao posto de trabalho
8.9	0,0	1,000	○	⇨	■	D	▽	Reinspeciona produto inspecionado 100%, com calibrador
8.10	0,0	0,200	○	⇨	□	D	▽	Registra a reinspeção na carta de CEP por atributos
8.11	0,0	0,300	○	⇨	□	D	▽	Empilha produto no carrinho de transporte
8.12	10,0	0,008	○	⇨	□	D	▽	Transporta o lote ao estoque de produtos acabados
8.13	0,0	0,448	○	⇨	□	D	▽	Aguarda a manutenção preditiva
Total	30,0	16,413	8	2	2	1	0	Total:

- **Etapa 8.4**: Durante a parada para manutenção, o operador inspecionará todas as caixas de peças por meio de uma amostra com 3 elementos, utilizando um calibrador P/NP e demorando, em média, 1 minuto por caixa.

- **Etapa 8.5**: Os resultados serão registrados na carta de CEP por atributos, também em sequência, o que demandará 0,2 minuto do operador por produto.

- **Etapa 8.6**: Segundo o enunciado, ao longo da inspeção das 25 caixas, quando o operador encontrar algum produto reprovado, ele o transportará à área de segregação. O tempo de percurso do operador, ao longo dos 5 metros e com a mesma velocidade de 1,16 metro por segundo, será acrescido de um adicional empírico de 10% sobre o tempo, por conta do carregamento manual de uma caixa completa, resultando em 4,74 segundos ou 0,079 minuto por caixa.

- **Etapa 8.7**: Na área de segregação, o operador procurará a etiqueta plástica adequada às providências necessárias ao produto, no caso, inspeção 100%. Conforme enunciado, o operador consumirá 1,0 minuto na busca pela etiqueta e colocação na caixa.

- **Etapa 8.8**: O operador percorrerá os 5 metros de distância de volta ao posto à velocidade de 1,16 metros por segundo, resultando em 4,31 segundos ou 0,072 minuto. Como ele retornará sem nenhuma carga de caixas cheias ou vazias, não aplicamos o fator de tempo.

- **Etapa 8.9**: O operador reinspecionará a caixa de peças com calibrador P/NP, em amostra com 3 elementos, demorando, em média, 1 minuto por caixa. Vale lembrar que a caixa retornará ao processo transportada pelo mesmo operador que executou a seleção 100% e a reposição das peças refugadas.

- **Etapa 8.10**: O resultado da reinspeção é registrado na carta de CEP por atributos, demorando 0,2 minuto por produto.

- **Etapa 8.11**: O operador empilhará a caixa no carrinho, com duração de 0,3 minuto para cada caixa.

- **Etapa 8.12**: Ele transportará as 25 caixas preenchidas a uma velocidade média de 1,16 minuto por segundo. Aplicamos empiricamente a taxa adicional de tempo, de 40%, tal como feito anteriormente, resultando em 12,07 segundos ou 0,201 minuto. Rateando-se esse tempo entre as 25 caixas, resulta em 0,008 minuto por caixa.

- **Etapa 8.13**: Finalmente, para determinarmos o tempo de espera do operador durante a manutenção, rateado pelas caixas do lote, avaliamos todas as atividades que o operador executará com os respectivos tempos, como indicado no quadro a seguir.

Quadro 1.15 – Atividades do operador no processo com rejeição, durante manutenção preditiva: novo processo

Etapa	Descrição	Duração (minutos)
8.1	Operador retira caixas vazias do estoque	0,100
8.2	Operador retorna ao posto com as caixas vazias	0,006
8.4	Inspeção com calibrador P/NP – passa/não passa	1,000
8.5	A qualidade do produto é registrada na carta de CEP por atributos	0,200
8.6	Produto rejeitado é encaminhado à área de segregação	0,079
8.7	Operador pega etiqueta plástica e a coloca na caixa reprovada	1,000
8.8	Retorna ao posto de trabalho	0,072
8.9	Reinspeciona o produto selecionado e reposto	1,000
8.10	Registra a qualidade do produto na carta de CEP por atributos	0,200
8.11	Empilhamento da caixa	0,300
8.12	Transporte e entrega das 25 caixas ao estoque	0,008
Tempo total das atividades durante a manutenção (minutos/caixa rejeitada)		**3,965**

Nota: A Etapa 8.3 não está incluída no quadro porque não se refere a uma atividade executada durante a manutenção preditiva, quando o processo produtivo está parado; trata-se da própria produção das peças.

A soma dos tempos de duração das atividades do operador, no processo em que houve rejeição, resultou em 3,965 minutos por caixa rejeitada. Conforme os cálculos efetuados na Etapa 7.6, temos as seguintes quantidades de produtos produzidos:

- P (produtos aprovados) = 0,8562 · 25 caixas = 21,406 caixas aprovadas
- P (produtos reprovados) = 0,1438 · 25 caixas = 3,594 caixas reprovadas

De acordo com a Etapa 6.8 (Quadro 1.11), o operador consumirá 1,614 minutos com cada caixa aprovada, durante o período da manutenção preditiva. Conforme o quadro desta etapa (8.13), o operador consumirá 3,965 minutos com cada caixa rejeitada. Assim, o tempo de espera do operador, atrelado às caixas produzidas, será:

$$\text{Espera}_{caixa} = \frac{60 \text{ minutos} - (21{,}046 \text{ caixas}_{aprov.} \cdot 1{,}614 \frac{\text{minuto}}{\text{caixa}} + 3{,}594 \text{ caixas}_{reprov.} \cdot 3{,}395 \frac{\text{minuto}}{\text{caixa}})}{(21{,}406 + 3{,}594) \text{ caixas}}$$

$$\text{Espera}_{caixa} = \frac{60 \text{ minutos} - (34{,}545 + 14{,}252) \text{ minutos}}{25 \text{ caixas}} = 0{,}448 \frac{\text{minutos}}{\text{caixa}}$$

Assim, concluímos que o operador dispenderá 16,413 minutos no processamento de um produto reprovado, enquanto percorrerá 30 metros, nesse novo processo.

1.4 Análise das alternativas para o processo

Conforme vimos anteriormente, um processo foi detalhadamente analisado de acordo com sua configuração atual (Seção 1.2) e, em seguida, foi elaborada uma proposta de mudança (Seção 1.3). Vale lembrar que, na análise de uma nova proposta, pode-se avaliar mais de uma alternativa para o processo; porém, é válida a análise de uma única alternativa de melhoria, caso a mesma seja consenso do grupo de análise. No nosso caso, estudamos apenas uma alternativa em virtude da extensão da análise.

Ao serem definidas as alternativas, devemos efetuar a análise comparativa para embasar nossa escolha. No caso em estudo, adotaremos a única alternativa proposta para simular a análise que finaliza o processo de alteração. Utilizaremos os dados definidos nos exercícios resolvidos 1.1 e 1.2.

Tabela 1.1 – Análise comparativa entre processos: métodos atual e novo

Processo	Status	Distância percorrida (m)	Duração (minutos)	○	⇨	☐	D	▽	Produção aprovada
Produto aprovado	Atual – item 1	30	308,42	5	1	1	4	1	17,63
	Novo – item 5	10	129,60	3	1	1	3	1	25
	Resultado comparativo	66,67% ↓	57,98% ↓	40,00% ↓	0,00%	0,00%	25,00% ↓	0,00%	41,78% ↑
Operador processando produto aprovado	Atual – item 2	71,5	20,42	8	1	1	1	0	–
	Novo – item 6	20	14,40	5	1	1	1	0	–
	Resultado comparativo	72,03% ↓	29,47% ↓	37,50% ↓	0,00%	0,00%	0,00%	–	
Produção (A) no processo com produto reprovado	Atual – item 3	40	330,33	7	3	3	5	1	15,098
	Novo – item 7	20	145,63	4	3	3	4	1	21,406
	Resultado comparativo	50,00% ↓	55,91% ↓	42,86% ↓	0,00%	0,00%	20,00% ↓	0,00%	41,78% ↑
Operador no processo com produto reprovado	Atual – item 4	81,5	28,33	12	2	2	1	0	–
	Novo – item 8	30	16,41	8	2	2	1	0	–
	Resultado comparativo	63,19% ↓	42,06% ↓	33,33% ↓	0,00%	0,00%	0,00%	–	

Notemos que, por meio de pequenas mudanças, tal como a pequena alteração no arranjo físico da empresa, podemos obter melhorias significativas no processo – como é o caso da redução de 72,03% na distância percorrida pelo operador. Devemos lembrar que transportes e movimentações no processo são focos de perda de produtividade.

Ao mesmo tempo, podemos observar que mudanças na ordem de execução das atividades podem proporcionar ganhos significativos, sem que a empresa precise, necessariamente, fazer investimentos. É o caso da execução da inspeção de qualidade das caixas durante a manutenção. A alteração da sequência de operações liberou o operador para a produção contínua, o que proporcionou ganhos de produção de até 41,78%, sem que houvesse qualquer mudança em equipamentos ou critérios da qualidade.

Alguém, evidentemente, poderia argumentar que essa inversão envolve o risco da uma produção sequencial de caixas reprovadas, com a identificação do problema somente após a produção. Esse raciocínio está correto, mas cabe à equipe de análise avaliar a conveniência e os riscos envolvidos em qualquer mudança. Nesse caso hipotético, se a empresa investir na melhoria da qualidade, a confiabilidade na mudança será ainda maior.

O profissional que está efetuando a análise pode construir a tabela do modo mais adequado a seu estudo. O mais importante é sintetizar os resultados de modo a embasar a tomada de decisão quanto às opções em análise.

A Tabela 1.1 tem o propósito de sintetizar a análise comparativa dos processos, mas não implica um formato definitivo. Evidentemente, o profissional que está efetuando a análise pode construir a tabela de modo mais adequado a seu estudo. O mais importante é sintetizar os resultados para embasar a tomada de decisão quanto às opções em análise.

Enfim, ao elaborar uma análise de processo com vistas a obter sua melhoria, é conveniente que:

- a proposta seja estabelecida em consenso com um grupo de profissionais de diferentes áreas da empresa;
- as propostas sejam feitas sob a técnica de *brainstorming* (tempestade de ideias), sem qualquer tipo de bloqueio a qualquer participante;
- todas as propostas, após seleção prévia, sejam testadas por meio da construção dos diagramas de processo;
- sejam questionadas todas as etapas do processo atual – é comum encontrarmos atividades que não se justificam e que, muitas vezes, são mantidas por "tradição";
- seja avaliada a agregação de valor das atividades – caso uma atividade não agregue valor, ela deve ser questionada;

- o profissional tenha em mente que transportes e esperas são fortes candidatos à exclusão, pois nunca agregam valor a um produto.

Para a **definição do método adequado**, uma vez identificada a melhor alternativa entre as propostas analisadas, ela deve ser implantada, sendo conveniente fazer depois uma reavaliação do processo – desta vez, na condição real. É a partir dessa nova definição do processo que se iniciam os estudos de tempos e movimentos, com o objetivo de se padronizar o método.

■ Síntese

Neste capítulo, vimos que todo e qualquer processo produtivo pode e deve ser questionado quanto a sua execução. O objetivo final desse estudo sempre será a redução de custos de produtos e processos, mediante a redução do número de atividades e percursos, a redução das esperas (ou armazenagens), a redução do número de itens do produto e a redução do número de atividades e inspeções realizadas. O mais indicado é iniciar essa análise pelo questionamento do processo sob os quatro critérios de análise: reduzir, simplificar, prover e evitar.

Por meio desses critérios, o analista deve mapear o processo em sua configuração atual, com os diagramas de fluxo de processo, observando atentamente todas os transportes, operações, inspeções, esperas e armazenagens existentes. Em seguida, a análise dos diagramas de fluxo de processo deve ser feita por um grupo heterogêneo de profissionais da empresa, os quais, pela técnica de tempestade de ideias, irão propor novas alternativas/alterações no processo em análise. Nessa etapa não podem ocorrer barreiras mentais ou pré-julgamento das propostas.

Em seguida, o grupo elegerá as propostas mais viáveis, que serão testadas no processo, com a correspondente construção de cada um de seus diagramas de fluxo de processo. Finalmente, cada proposta será analisada comparativamente em relação ao processo original, ainda em uso, quantificando-se os ganhos potenciais de cada proposta. Com isso, a empresa trabalhará com dados quantitativos e objetivos para a tomada de decisão.

■ Questões para revisão

1. Indique os critérios básicos a serem observados na análise para melhoria de métodos e processos.

2. Explique o significado de cada um dos símbolos utilizados no diagrama de fluxo de processo.

3. Ao analisar um processo produtivo a fim de melhorá-lo, o analista deve:
   a. avaliar o processo sob todos os aspectos, sem se prender a qualquer barreira cultural.
   b. avaliar o processo verificando eventuais barreiras tecnológicas, que sempre existem.
   c. concentrar-se no processo já existente, para não correr o risco de propor alterações inviáveis.
   d. evitar alterações radicais, de modo que não crie conflitos culturais.
   e. sempre mudar o processo atual, mesmo que ele demonstre ser satisfatório, a fim de impor uma cultura de mudanças na empresa.

4. Após a conclusão dos diagramas de processo produtivo em uma situação vigente, a proposta de alternativas para o processo deve ser elaborada sempre:
   a. pelo profissional especializado que executou os diagramas, pois ele é a pessoa que mais entende do processo.
   b. pelo profissional responsável pela área em que se localiza o processo em análise, pelo fato de ser o maior interessado em sua melhoria.
   c. com a participação de profissionais de diversas áreas, analisando-se o processo por meio da tempestade de ideias, sem a colocação de qualquer barreira ou censura.
   d. pelo operador que executa o processo em análise, junto ao responsável pela área em que o processo está localizado.
   e. com a participação de um número restrito de pessoas envolvidas no processo, evitando-se propostas irreais e que gerem perda de tempo.

5. Considerando as afirmações a seguir, indique a alternativa correta:
   I. Quando o grupo de análise estabelece um conjunto de propostas alternativas para um processo vigente, os profissionais devem escolher a alternativa final e implantá-la imediatamente.
   II. Todo e qualquer transporte em um processo produtivo não agrega valor e, portanto, é uma etapa potencialmente eliminável.
   III. Uma espera não agrega valor ao produto, mas também não gera custo à empresa; portanto, é uma atividade desnecessária, mas tolerável.
   a. Todas as afirmações estão corretas.
   b. Apenas a afirmação I está errada.
   c. Todas as afirmações estão erradas.

d. Apenas a afirmação II está correta.
e. Apenas a afirmação III está correta.

■ Questões para reflexão

1. Apesar de a Revolução Industrial ter sido iniciada na Inglaterra durante o século XVIII, a substituição do processo de produção manufatureiro e artesanal (herdado da Europa) pelo mecanizado ocorreu somente entre o fim do século XIX e o início do século XX, nos Estados Unidos. Essa transformação possibilitou a produção em massa – ou seja, em larga escala –, reduzindo custos e, consequentemente, ampliando o acesso ao consumo à maioria da população.

   De que forma esses acontecimentos se relacionam com o estudo de tempos e movimentos?

2. O conteúdo visto neste capítulo é aplicável a alguma atividade produtiva com a qual, eventualmente, você esteja familiarizado? Exemplifique sua resposta.

■ Para saber mais

BARNES, R. M. **Estudo de movimentos e de tempos**: projeto e medida do trabalho. Tradução de Sérgio Luiz Oliveira Assis, José S. Guedes Azevedo e Arnaldo Pallotta. São Paulo: Blucher, 1977.

O leitor interessado em aprofundar seus estudos sobre mapeamento e projeto do processo produtivo pode consultar a obra Estudo de movimentos e de tempos, *de Ralph M. Barnes. Recomendamos especialmente a leitura dos capítulos 7, 12, 13 e 14, cujas abordagens se referem aos temas deste capítulo.*

2 Padronização do melhor método encontrado

Conteúdos do capítulo

- *Instrumentos necessários ao estudo de tempos.*
- *Etapas da cronometragem.*
- *Determinação do número de cronometragens necessárias.*
- *Elementos componentes de uma operação.*
- *Fator de ritmo de um operador.*
- *Fator de tolerância de uma atividade.*

Após o estudo deste capítulo, você será capaz de:

1. *definir o número de cronometragens necessárias para um estudo de tempos, com validade estatística;*
2. *precisar o elemento de uma operação, de modo a definir as partes de uma atividade a ser cronometrada;*
3. *estabelecer o fator de ritmo, de modo que sua cronometragem possa ser executada com diferentes operadores, mantendo-se a validade estatística;*
4. *definir um fator de tolerância associado às características da empresa, que influenciam fortemente o estudo de tempos.*

O primeiro passo de um estudo de tempos é a cronometragem da atividade analisada. Então surge a primeira dúvida: Quantas cronometragens executar? Ao longo deste capítulo, veremos como definir o número adequado de cronometragens, com validade estatística. Nessa análise, veremos a importância de se dividir uma atividade em elementos, de modo que estes sejam cronometrados separadamente.

Outro dado a ser estudado se refere ao fator de ritmo (F_R) dos operadores. Muitas atividades são executadas por múltiplos operadores. Por exemplo, um mesmo tipo de atendimento bancário é executado por várias pessoas diferentes. Nas indústrias, é usual várias pessoas executarem a mesma tarefa; porém, as pessoas não trabalham no mesmo ritmo, isto é, há pessoas mais desenvoltas, que executam tarefas mais rapidamente, e outras mais lentas, e isso é inevitável. Como padronizar a duração de uma atividade com pessoas trabalhando em ritmos diferentes? Para isso, aplica-se o fator de ritmo à velocidade dos diferentes operadores que executam uma mesma atividade, de modo a determinar uma duração de atividade compatível com as diferentes pessoas.

Finalmente, veremos como inserir as tolerâncias da jornada de trabalho, referentes a fadigas ou paradas para refeições, pela aplicação do fator de tolerância (F_T) nos cálculos para determinação de tempos padronizados.

A execução de uma cronometragem tem como objetivo imediato a determinação do **tempo padrão (TP)** de execução de uma atividade. Contudo, a real necessidade da determinação do tempo padrão é o estabelecimento do custo da mão de obra aplicada a qualquer operação – industrial, comercial ou prestadora de serviços. É com esse dado que a empresa define seus **custos**, **preços** e **margens**, além de definir taxas de ocupação e distribuição de bens e recursos necessários à sua operação. Por meio do estudo de tempos, é possível definir a duração esperada de qualquer processo industrial, comercial ou de serviços e, assim:

- estabelecer padrões de operação de um processo;
- determinar custos padrão de modo preciso;
- estimar o custo de novos produtos;
- programar a mão de obra necessária para uma operação, entre outros aspectos.

Existem vários métodos utilizados para a determinação do tempo padrão de uma atividade. Um dos mais utilizados é a **cronometragem**.

Sua aplicação começou na produção em massa, no início do século XX, e tornou-se uma importante ferramenta de gestão na década de 1940. Ao longo de sua aplicação, a maior dificuldade percebida para seu uso eram o valor e a operacionalidade dos instrumentos utilizados, como os cronômetros e as filmadoras de alta resolução.

Com a massificação da telefonia celular e evolução de seus recursos tecnológicos, os recursos de cronometragem e filmagem se tornaram facilmente acessíveis e de baixo custo, possibilitando essas análises para empresas de qualquer porte. Com um aparelho celular ou um *tablet*, podemos fotografar e filmar uma operação, assistir ao filme na velocidade normal ou em câmera lenta, cronometrar uma operação, anotar as ocorrências e executar os cálculos necessários. Os instrumentos necessários aos estudos de cronometragem são, hoje, acessíveis e de baixo custo.

Atualmente, os estudos de tempos e movimentos não se restringem mais à indústria, pois comércio e prestação de serviços utilizam largamente esses procedimentos.

As etapas a serem seguidas para um correto estudo de tempos e movimentos são:

- expor aos envolvidos o trabalho a ser executado, buscando-se a colaboração de todos;
- definir o método de trabalho e planejar os elementos da operação a ser cronometrada;
- treinar o operador para que a atividade seja executada no ritmo e no método esperados;
- anotar todos os dados adicionais observados;
- fotografar o posto de trabalho e a peça a ser produzida e analisada;
- executar uma cronometragem preliminar para obter os dados necessários à determinação do número necessário de cronometragens (n);

- realizar n cronometragens previstas e determinar o **tempo médio (TM)** das operações;
- avaliar o F_R do operador e determinar o **tempo normal (TN)**;
- determinar as tolerâncias de fadiga e de necessidades pessoais;
- avaliar graficamente a validade dos dados obtidos;
- determinar o **TP**, nosso objeto de estudo.

De acordo com os dados mostrados, há um conjunto de informações a serem obtidas e/ou definidas antes de estabelecer o tempo padrão. Esse conjunto de informações depende de muitos conceitos e técnicas. Iniciaremos nossa análise com a definição do número necessário de cronometragens.

2.1 Definição do número necessário de cronometragens

Quando iniciamos um trabalho de cronometragem, a primeira questão é definir a quantidade de cronometragens a serem executadas. O ideal é que esse número seja definido de modo matemático e determinístico, sem qualquer definição executada de modo empírico ou que resulte de escolha aleatória por parte do executor da tarefa.

Há alguns métodos de determinação do número de cronometragens, que detalharemos a seguir.

2.1.1 Método da distribuição da média amostral $\bar{x}$

O objetivo final de um estudo de cronometragem é a determinação do tempo de execução de uma atividade, ou seja, a **média** de todos esses tempos. Evidentemente, cronometrar todos os tempos de execução de uma atividade para calcular sua média pode ser uma tarefa inviável quando se trata de um trabalho repetitivo realizado por longos períodos. Nesse caso, vamos considerar as cronometragens executadas como amostras do tempo de execução da atividade. De modo análogo, podemos entender que o valor da duração média da atividade obtida com esse cálculo corresponde à média da duração do universo de medidas de tempo.

Adicionalmente, poderemos considerar, estatisticamente, o estudo da cronometragem como uma amostragem com reposição, visto que as atividades cronometradas permanecem na população. De acordo com Costa Neto (2002), como a amostragem é feita com reposição, cada valor cronometrado será considerado uma variável aleatória independente, cuja distribuição de probabilidades será igual à distribuição populacional. Isso nos leva a concluir que a média da amostra ($\bar{x}$) será equivalente à média populacional (μ), conforme gráfico a seguir.

Gráfico 2.1 – Distribuição amostral e populacional de uma variável aleatória

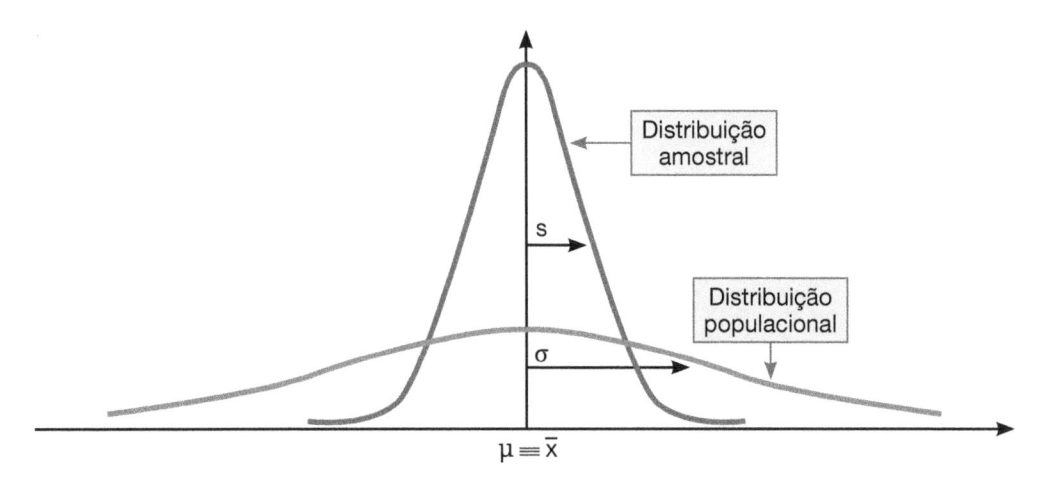

No Gráfico 2.1, observamos também que o desvio padrão amostral (s) é menor que o desvio padrão da população (σ). A relação entre eles é dada pela equação a seguir, sendo n o número de elementos da amostra, ou o número de cronometragens necessárias que iremos definir para o estudo.

$$s = \frac{\sigma}{\sqrt{n}} \quad \text{Equação 2.1}$$

Para determinar o número de cronometragens necessárias, devemos adotar arbitrariamente o **intervalo de confiança da análise** (aqui identificado como probabilidade p de acerto e também denominado *grau de atendimento* – GA) e o **erro relativo** (E_R), associados à execução da atividade que será cronometrada. Se escolhermos 90% para o intervalo de confiança e 8% para o erro relativo, isso significa que o resultado do estudo de cronometragem tem 90% de probabilidade de apresentar um valor médio, diferindo, no máximo, 8% em relação à média real do processo.

Faremos, agora, algumas considerações a respeito da probabilidade de acerto p. Conforme o Gráfico 2.2, a porcentagem da população está associada à quantidade de desvios padrão (σ) adotados na análise. Assim, 1σ a partir da média corresponde a uma porcentagem de 68,26% da população. Esse valor corresponde à probabilidade de acerto adotado na análise. De modo similar, para 2σ e para 3σ teremos probabilidades de acerto de 95,44% e 99,73%, respectivamente. Esses dados podem ser confirmados na tabela normal reduzida (veja o Anexo 1).

Gráfico 2.2 – Áreas da curva normal associadas ao desvio padrão

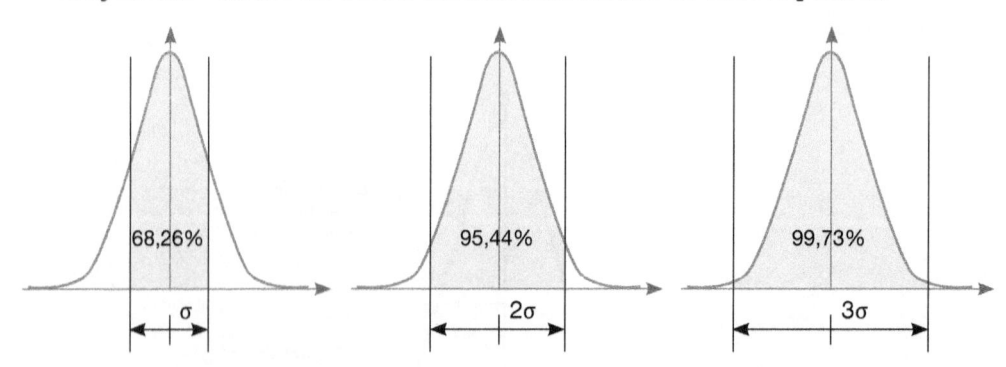

[Três curvas normais mostrando: 68,26% com σ; 95,44% com 2σ; 99,73% com 3σ]

Como o estudo é iniciado a partir da definição de uma probabilidade de acerto *p*, associada a um erro relativo E_R – lembrando que *p* é a probabilidade de a média amostral variar no máximo ± E_R em relação à média populacional (dos valores de duração da atividade) –, estabelecemos a seguinte relação:

$$E_R \cdot \bar{x} = p \quad \text{Equação 2.2}$$

Entretanto, como a probabilidade (GA) adotada na análise está diretamente associada ao desvio padrão *s*, seu valor estará associado à quantidade *z* de desvios padrão adotados[1]. Portanto, a equação anterior poder ser reescrita como segue:

$$E_R \cdot \bar{x} = z \cdot s \quad \text{Equação 2.3}$$

[1] Quando se trata de desvio padrão amostral, utilizamos caracteres romanos como notação (z). quando se trata de desvio padrão populacional, utilizamos caracteres gregos (σ)

Ao substituirmos o desvio padrão amostral *s* da Equação 2.1 na Equação 2.3, temos:

$$E_R \cdot \bar{x} = z \cdot \frac{\sigma}{\sqrt{n}} \quad \text{Equação 2.4}$$

O desvio padrão populacional σ é estimado por:

$$\sigma = \sqrt{\frac{\sum_{i=1}^{n} x_i^2 - \frac{(\sum_{i=1}^{n} x_i)^2}{n_{pre}}}{n_{pre}-1}} \quad \text{Equação 2.5}$$

em que n_{pre} é a quantidade de amostras coletadas na cronometragem preliminar. Para detalhamento da Equação 2.5, leia o apêndice deste livro, no qual essa equação é discutida.

Ao substituirmos a expressão de σ da Equação 2.5 na Equação 2.4, temos:

$$E_R \cdot \bar{x} = z \cdot \sqrt{\dfrac{\sqrt{\dfrac{\sum_{i=1}^{n} x_i^2 - \dfrac{(\sum_{i=1}^{n} x_i)^2}{n_{pre}}}{n_{pre}-1}}}{\sqrt{n}}} \qquad \text{Equação 2.6}$$

Ou seja:

$$n = \left(z \cdot \dfrac{\sqrt{\dfrac{\sum_{i=1}^{n} x_i^2 - \dfrac{(\sum_{i=1}^{n} x_i)^2}{n_{pre}}}{n_{pre}-1}}}{E_R \cdot \bar{x}} \right)^2 \qquad \text{Equação 2.7}$$

Vale salientar que, se $n \leq n_{pre}$, a amostra preliminar será considerada suficiente para o estudo da cronometragem.

2.1.2 Método do intervalo de confiança e resíduo populacional

Segundo Costa Neto (2002), podemos determinar o intervalo de confiança da estimativa do número de amostras (cronometragens) necessárias partindo da expressão correspondente ao intervalo de confiança da média, conforme o erro relativo, adotado tal qual mostramos a seguir:

$$e_0 = z_{\alpha/2} \cdot \dfrac{\sigma}{\sqrt{n}} \qquad \text{Equação 2.8}$$

Nosso objetivo é precisar a quantidade de amostras preliminares, por isso reescrevemos a equação isolando n, como segue:

$$n = \left(\dfrac{z_{\alpha/2} \cdot \sigma}{e_0} \right)^2 \qquad \text{Equação 2.9}$$

Como o valor do desvio padrão populacional (σ) é desconhecido, ele será estimado pelo desvio padrão amostral (s) corrigido pelo fator t de Student (consulte o Anexo 4), ao mesmo tempo que e_0 (amplitude do erro intrínseco à análise) será substituído pelo produto do erro relativo adotado pela média amostral, como segue:

$$n = \left(\dfrac{t_{n_{pre}-1,\alpha/2} \cdot s}{E_R \cdot \bar{x}} \right)^2 \qquad \text{Equação 2.10}$$

sendo $t_{n-1,\alpha/2}$ o valor de t de Student obtido na tabela do Anexo 4, em função da quantidade de elementos da amostra preliminar, menos 1 ($n_{pre}-1$) e da área caudal de curva normal ($\alpha/2$), que representa o residual da probabilidade de acerto definida arbitrariamente para a análise, como indicado no gráfico a seguir.

Gráfico 2.3 – Indicação das áreas caudais da curva normal

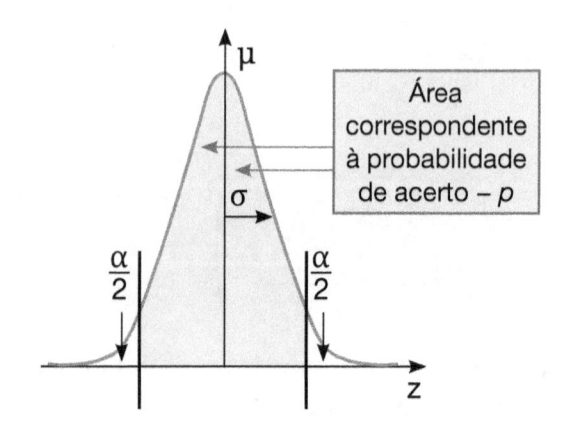

O cálculo do desvio padrão amostral (s) será feito igualmente ao modelo anterior, tal qual a Equação 2.5. Vale ressaltar que não devemos confundir α/2 com o erro relativo. De fato, estatisticamente, α/2 ou *(1 – p)/2* é denominado *erro*, visto que corresponde a cada uma das áreas residuais sob a curva normal, externa à área de interesse à análise (p), como indicado no gráfico anterior. Porém, o erro relativo é a porcentagem que define o intervalo de variação da média amostral ou populacional. Para detalhamento conceitual, recomendamos a leitura do Apêndice 2.

2.1.3 Método da distribuição normal reduzida

A determinação do número adequado de cronometragens é feita por meio do conceito da distribuição normal (distribuição de Gauss). Nesse método, também devemos estimar arbitrariamente uma probabilidade de acerto e um erro relativo. A probabilidade *p* representará o percentual da população (de tempos de operação) considerado na análise, enquanto o erro relativo terá o mesmo significado do método anterior: representa o desvio máximo da médias das cronometragens (amostrais) em relação à média populacional, ou seja, de todas as durações da atividade ao longo do tempo.

Devemos observar que essa análise de tempos é um fenômeno estatisticamente bicaudal[1] com os valores cronometrados, bem como os dados populacionais, distribuídos igualmente em torno da média populacional. Ao estabelecermos arbitrariamente a porcentagem da população a ser incluída na análise, restará uma porcentagem residual da população, acima e abaixo da média. Em termos práticos, podemos raciocinar que existem tempos de duração da atividade muito acima e muito abaixo da média populacional, os quais extrapolam a parcela

---

1 Denomina-se *fenômeno bicaucal* a distribuição de probabilidade de uma população na qual se observa a probabilidade de ocorrência de erros acima do intervalo +3σ e abaixo do intervalo –3σ, tal como no Gráfico 2.3.

populacional escolhida e cujo resultado apresenta distorções muito grandes em relação ao esperado, ou seja, poderiam ser considerados erros operacionais, como indicado no Gráfico 2.4, mais adiante. Entretanto, vale lembrar que esse resíduo populacional complementar à porcentagem da população em análise não se refere ao erro relativo adotado na análise. Por essa razão, também nesse caso, a probabilidade e o erro relativo arbitrados não serão complementares, não sendo necessariamente iguais a 100% quando somados. A expressão utilizada nesta análise está indicada na Equação 2.11:

$$n = \left(\frac{z \cdot R}{E_R \cdot d_2 \cdot \bar{x}}\right)^2 \quad \text{Equação 2.11}$$

em que:

- z: coeficiente da distribuição normal reduzida, associado a uma dada probabilidade.
- R: amplitude da amostra, ou seja, a diferença entre o maior e o menor valor observado.
- E_R: erro relativo arbitrado, geralmente entre 5% e 10%. É um dado predeterminado.
- d_2: constante estatística tabelada (consulte o Anexo 3), em função do número de cronometragens.
- $\bar{x}$: média dos valores observados na amostra de tempos.

Ao analisarmos a equação para determinação de n, observamos que um de seus fatores é o valor de $\bar{x}$, correspondente à média dos valores da cronometragem. Isso pode parecer estranho, visto que estamos exatamente buscando a determinação do número de cronometragens a serem feitas em um estudo. Mas esse componente da equação se refere às cronometragens preliminares, fundamentais ao estudo. Nesse caso, qual seria a quantidade de cronometragens preliminares?

De acordo com Costa Neto (2002), quanto mais o fenômeno em estudo apresentar dados simétricos e aderentes a uma distribuição normal, que é o caso do tempo de operação de uma atividade repetitiva, mais uma amostra de quatro a cinco elementos será considerada suficiente. Entretanto, é evidente que podemos coletar um número maior de cronometragens preliminares, o que melhora a qualidade do estudo.

Gráfico 2.4 – Curva normal (Gauss) padrão

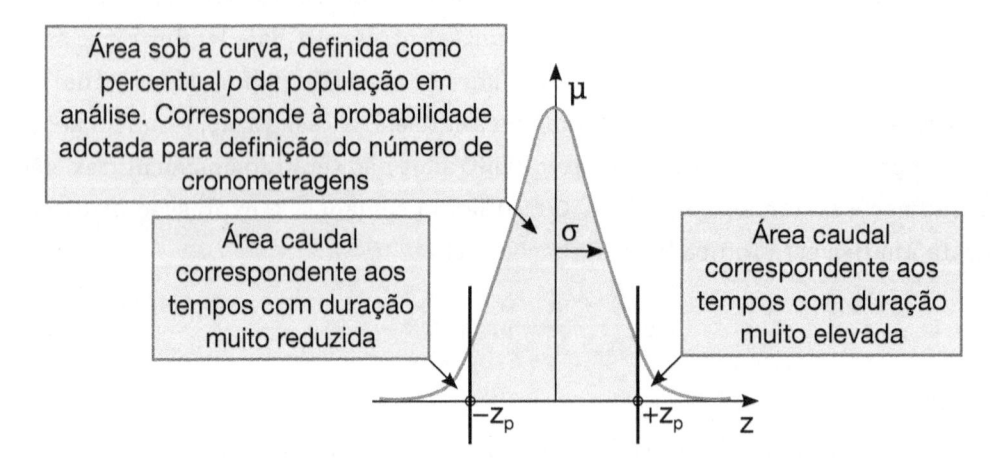

[Diagrama da curva normal padrão, com as seguintes legendas:
- Área sob a curva, definida como percentual *p* da população em análise. Corresponde à probabilidade adotada para definição do número de cronometragens
- Área caudal correspondente aos tempos com duração muito reduzida
- Área caudal correspondente aos tempos com duração muito elevada
Eixos: μ, σ, $-z_p$, $+z_p$, z]

O valor de *z* será identificado na tabela de distribuição normal (consulte os Anexos 1 e 2) em função do valor da probabilidade adotada no estudo. É importante lembrar que, no caso de se determinar um número de cronometragens necessárias igual ou inferior ao número de cronometragens preliminares, estas serão suficientes para a análise. Caso o número de cronometragens necessárias seja maior que o número de cronometragens preliminares, podemos apenas complementar as cronometragens faltantes. O resultado da fórmula deve sempre ser arredondado para o inteiro imediatamente superior.

2.1.4 Método gráfico: uso de nomogramas ou ábacos

Esse método de determinação do número de cronometragens foi amplamente utilizado no passado; porém, sua aplicação está mais restrita, em virtude de suas limitações e dos recursos de tecnologia da informação (TI) disponíveis atualmente. Demonstraremos um modelo de nomograma apenas para exemplificar, visto que os métodos quantitativos demonstrados anteriormente atendem plenamente às necessidades, com precisão matemática.

Para determinarmos o número de cronometragens com o nomograma ou ábaco, devemos coletar uma amostra preliminar maior do que a necessária à aplicação dos métodos anteriores. Essa cronometragem preliminar deve ser agrupada em subgrupos de quatro leituras cada um, determinando-se a amplitude de cada grupo. Posteriormente, calculamos a amplitude média amostral a partir da média das amplitudes de cada grupo. Calculamos também a média amostral e, finalmente, definimos o erro relativo escolhido para a análise.

Figura 2.1 – Nomograma (ábaco) para determinação do número de cronometragens

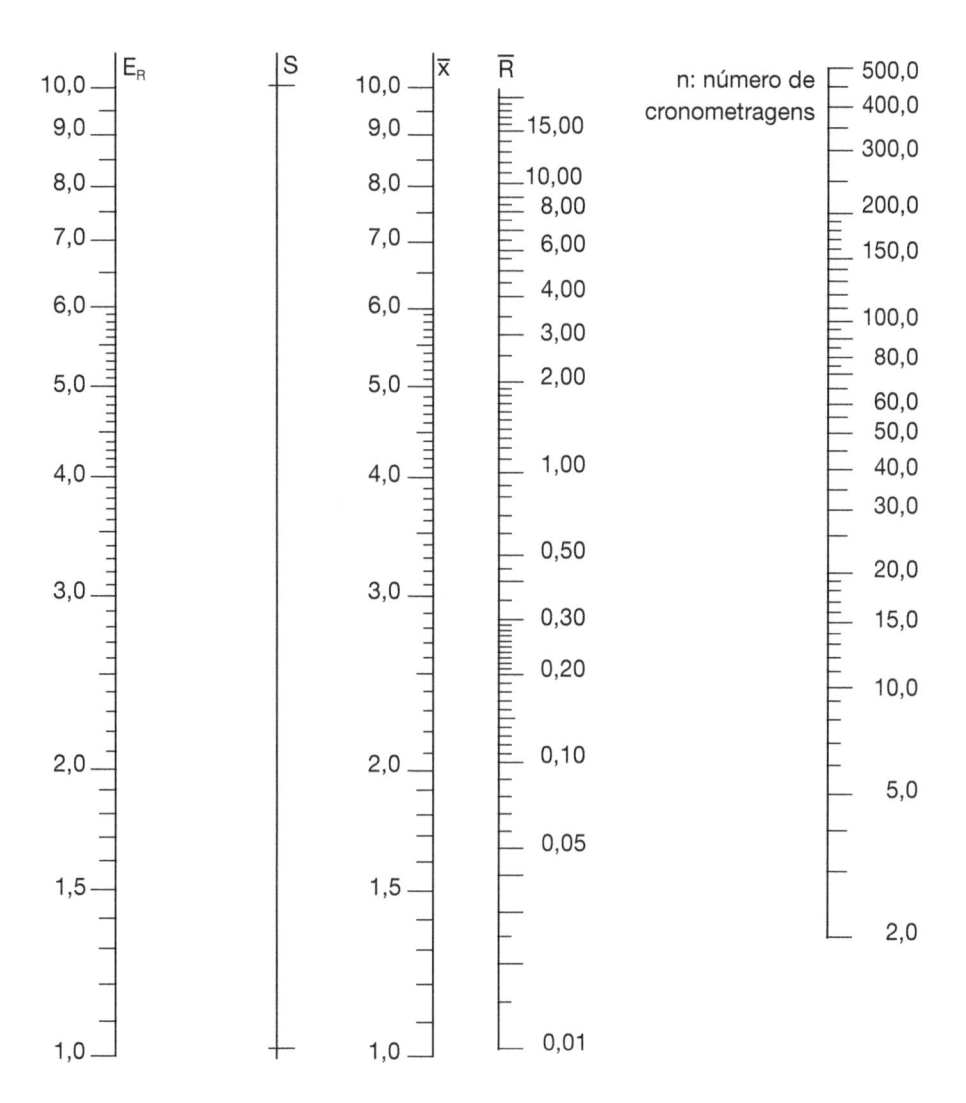

Fonte: Elaborado com base em Barnes, 1977.

Traçamos uma reta definida pelos valores de E_R e de $\bar{x}$. A intersecção da reta – definida por E_R e $\bar{x}$ – com a reta S definirá um ponto. Com o ponto de intersecção na reta S e o valor da amplitude amostral ($\bar{R}$), definimos outra reta que, prolongada até o eixo no número de cronometragens, definirá a amostra adequada.

Exercício resolvido 2.1

a. Determine o número de cronometragens necessário à análise pelo método da distribuição da média amostral, conforme os dados a seguir. Considere uma probabilidade de acerto de 93% e um erro relativo de 6%.

Cronometragem	1	2	3	4	5	6	7	8	9
Tempo cronometrado (segundos)	35	42	40	48	39	53	45	37	47

Solução

Calculamos a média amostral $\bar{x}$ = 42,89 segundos – e determinamos o valor de z na tabela normal reduzida, por meio da área correspondente a 93% da população, como indicado a seguir, obtendo-se z = 1,81.

Tabela 2.1 – Fragmento da tabela da distribuição normal reduzida

z	0,00	0,01	0,02	0,03	0,04	0,05	0,06	0,07	0,08	0,09
0,0	0,0000	0,0040	0,0080	0,0120	0,0160	0,0199	0,0239	0,0279	0,0319	0,0359
0,1	0,0398	0,0438	0,0478	0,0517	0,0557	0,0598	0,0636	0,0675	0,0714	0,0753
0,2	0,0793	0,0832	0,0871	0,0910	0,0948	0,0987	0,1026	0,1064	0,1103	0,1141
0,3	0,1179	0,1217	0,1255	0,1293	0,1331	0,1368	0,1406	0,1443	0,1480	0,1517
0,4	0,1554	0,1591	0,1628	0,1664	0,1700	0,1736	0,1772	0,1808	0,1844	0,1879
0,5	0,1915	0,1950	0,1985	0,2019	0,2054	0,2088	0,2123	0,2157	0,2190	0,2224
0,6	0,2257	0,2291	0,2324	0,2357	0,2389	0,2422	0,2454	0,2486	0,2517	0,2549
0,7	0,2580	0,2611	0,2642	0,2673	0,2704	0,2734	0,2764	0,2794	0,2823	0,2852
0,8	0,2881	0,2910	0,2939	0,2967	0,2995	0,3023	0,3051	0,3078	0,3106	0,3133
0,9	0,3159	0,3186	0,3212	0,3238	0,3264	0,3289	0,3315	0,3340	0,3365	0,3389
1,0	0,3413	0,3438	0,3461	0,3485	0,3508	0,3531	0,3554	0,3577	0,3599	0,3621
1,1	0,3643	0,3665	0,3686	0,3708	0,3729	0,3749	0,3770	0,3790	0,3810	0,3830
1,2	0,3849	0,3869	0,3888	0,3907	0,3925	0,3944	0,3962	0,3980	0,3997	0,4015
1,3	0,4032	0,4049	0,4066	0,4082	0,4099	0,4115	0,4131	0,4147	0,4162	0,4177
1,4	0,4192	0,4207	0,4222	0,4236	0,4251	0,4265	0,4279	0,4292	0,4306	0,4319
1,5	0,4332	0,4345	0,4357	0,4370	0,4382	0,4382	0,4394	0,4406	0,4429	0,4441
1,6	0,4452	0,4463	0,4474	0,4484	0,4495	0,4505	0,4515	0,4525	0,4535	0,4545
1,7	0,4554	0,4564	0,4574	0,4582	0,4591	0,4599	0,4608	0,4616	0,4625	0,4633
1,8	0,4641	0,4649	0,4656	0,4664	0,4671	0,4678	0,4686	0,4693	0,4699	0,4706
1,9	0,4713	0,4719	0,4726	0,4732	0,4738	0,4744	0,4750	0,4756	0,4761	0,4767
2,0	0,4772	0,4778	0,4783	0,4788	0,4793	0,4798	0,4803	0,4808	0,4812	0,4817

Calculamos o desvio padrão segundo a Equação 2.5, obtendo s = 5,819.
Substituímos esses dados na Equação 2.7, obtendo n = 16,79.

Sempre arredondamos o resultado para o inteiro imediatamente superior, o que resulta em 17 cronometragens necessárias. Como a cronometragem preliminar coletou 9 valores, devemos complementar o estudo com mais 8 cronometragens.

    b. Uma cronometragem preliminar forneceu os dados a seguir. Determine o número de cronometragens necessárias para um intervalo de confiança de 95%, com um erro relativo de 8%, utilizando o método do intervalo de confiança ($t_{Student}$ e $\alpha/2$).

Cronometragem	1	2	3	4	5	6	7
Tempo cronometrado (segundos)	90	106	97	78	88	95	78

Solução

Determinamos o valor do coeficiente $t_{Student}$ no Anexo 4, em função de 6 (número de cronometragens preliminares menos 1) e 0,025 (correspondente a $\alpha/2$). Conforme a tabela a seguir, encontramos $t_{6;0,025} = 2,447$. Calculamos o desvio padrão amostral por meio da Equação 2.5, obtendo s = 10,18.

Tabela 2.2 – Fragmento da tabela de distribuição $t_{Student}$

$n_{pre}-1$ \ $\alpha/2$	0,45	0,40	0,35	0,30	0,25	0,20	0,15	0,10	0,05	0,025	0,01	0,005	0,0005
01	0,158	0,325	0,510	0,727	1,000	1,376	1,963	3,078	6,314	12,706	31,821	63,657	636,619
02	0,142	0,289	0,445	0,617	0,816	1,061	1,386	1,886	2,920	4,303	6,965	9,925	31,598
03	0,137	0,277	0,424	0,584	0,765	0,978	1,250	1,638	2,353	3,182	4,541	5,541	12,924
04	0,134	0,271	0,414	0,569	0,741	0,941	1,190	1,533	2,132	2,776	3,747	4,604	8,610
05	0,132	0,267	0,408	0,559	0,727	0,920	1,156	1,476	2,015	2,571	3,365	4,032	6,869
06	0,131	0,265	0,404	0,553	0,718	0,906	1,134	1,440	1,943	2,447	3,143	3,707	5,959
07	0,130	0,263	0,402	0,549	0,711	0,896	1,119	1,415	1,895	2,365	2,365	3,499	5,408
08	0,130	0,262	0,399	0,546	0,706	0,889	1,108	1,397	1,860	2,306	2,896	3,355	5,041
09	0,129	0,261	0,398	0,543	0,703	0,883	1,100	1,383	1,833	2,262	2,821	3,250	4,781

Substituindo os valores, temos: $n = \left(\dfrac{t_{n_{pre}-1,\alpha/2} \cdot s}{E_R \cdot \overline{x}}\right)^2 = \left(\dfrac{2,447 \cdot 10,18}{0,08 \cdot 90,29}\right)^2 = 11,89$

Ou seja, são 12 amostras. Como a amostragem preliminar contém 7 amostras, basta coletar mais 5 amostras de tempo.

    c. Uma cronometragem preliminar forneceu os dados a seguir. Determine o número de cronometragens necessárias para um intervalo de confiança de 90%, com um erro relativo de 5%, utilizando o método da distribuição normal reduzida.

Cronometragem	1	2	3	4	5	6
Tempo cronometrado (segundos)	87	106	96	74	83	92

Solução

Calculamos a média amostral ($\bar{x}$ = 89,67 segundos) e a amplitude (R = 32). Determinamos o valor de z na tabela de distribuição normal reduzida (Tabela 2.3), por meio da área correspondente a 90% da população, obtendo z = 1,64. Obtemos, por fim, o valor de d_2 no Anexo 3, em função do número de elementos da amostra preliminar, resultando d_2 = 2,534. Utilizando a Equação 2.11: $n = \left(\dfrac{z \cdot R}{E_R \cdot d_2 \cdot \bar{x}}\right)^2$, obtemos 21,47, ou seja, 22 cronometragens.

Tabela 2.3 – Fragmento da tabela da distribuição normal reduzida

z	0,00	0,01	0,02	0,03	0,04	0,05	0,06	0,07	0,08	0,09
0,0	0,0000	0,0040	0,0080	0,0120	0,0160	0,0199	0,0239	0,0279	0,0319	0,0359
0,1	0,0398	0,0438	0,0478	0,0517	0,0557	0,0598	0,0636	0,0675	0,0714	0,0753
0,2	0,0793	0,0832	0,0871	0,0910	0,0948	0,0987	0,1026	0,1064	0,1103	0,1141
0,3	0,1179	0,1217	0,1255	0,1293	0,1331	0,1368	0,1406	0,1443	0,1480	0,1517
0,4	0,1554	0,1591	0,1628	0,1664	0,1700	0,1736	0,1772	0,1808	0,1844	0,1879
0,5	0,1915	0,1950	0,1985	0,2019	0,2054	0,2088	0,2123	0,2157	0,2190	0,2224
0,6	0,2257	0,2291	0,2324	0,2357	0,2389	0,2422	0,2454	0,2486	0,2517	0,2549
0,7	0,2580	0,2611	0,2642	0,2673	0,2704	0,2734	0,2764	0,2794	0,2823	0,2852
0,8	0,2881	0,2910	0,2939	0,2967	0,2995	0,3023	0,3051	0,3078	0,3106	0,3133
0,9	0,3159	0,3186	0,3212	0,3238	0,3264	0,3289	0,3315	0,3340	0,3365	0,3389
1,0	0,3413	0,3438	0,3461	0,3485	0,3508	0,3531	0,3554	0,3577	0,3599	0,3621
1,1	0,3643	0,3665	0,3686	0,3708	0,3729	0,3749	0,3770	0,3790	0,3810	0,3830
1,2	0,3849	0,3869	0,3888	0,3907	0,3925	0,3944	0,3962	0,3980	0,3997	0,4015
1,3	0,4032	0,4049	0,4066	0,4082	0,4099	0,4115	0,4131	0,4147	0,4162	0,4177
1,4	0,4192	0,4207	0,4222	0,4236	0,4251	0,4265	0,4279	0,4292	0,4306	0,4319
1,5	0,4332	0,4345	0,4357	0,4370	0,4382	0,4382	0,4394	0,4406	0,4429	0,4441
1,6	0,4452	0,4463	0,4474	0,4484	0,4495	0,4505	0,4515	0,4525	0,4535	0,4545
1,7	0,4554	0,4564	0,4574	0,4582	0,4591	0,4599	0,4608	0,4616	0,4625	0,4633
1,8	0,4641	0,4649	0,4656	0,4664	0,4671	0,4678	0,4686	0,4693	0,4699	0,4706
1,9	0,4713	0,4719	0,4726	0,4732	0,4738	0,4744	0,4750	0,4756	0,4761	0,4767
2,0	0,4772	0,4778	0,4783	0,4788	0,4793	0,4798	0,4803	0,4808	0,4812	0,4817

d. Uma cronometragem preliminar forneceu os dados a seguir. Adotamos para essa análise um erro relativo de 5%. Vamos, agora, determinar o número adequado de cronometragens para esse estudo por meio do uso do nomograma.

Solução

Estando a amostra agrupada em subgrupos de quatro valores, calculamos a amplitude de cada subgrupo, como indicado na última linha da tabela.

	Cronometragens preliminares (minutos)				
	3,20	3,20	2,90	3,00	2,80
	2,90	3,20	2,80	2,60	3,00
	3,00	2,70	3,20	2,90	3,10
	3,10	3,00	3,20	3,10	3,10
Amplitude de cada grupo de quatro elementos	0,30	0,50	0,40	0,50	0,30

Em seguida, determinamos o valor da amplitude média e da média amostral, sendo $\overline{R} = 0,4$ minuto e $\overline{x} = 3,0$ minutos.

Utilizamos esses dados e o erro relativo no nomograma, como demonstrado a seguir.

Figura 2.2 – Resolução com o nomograma

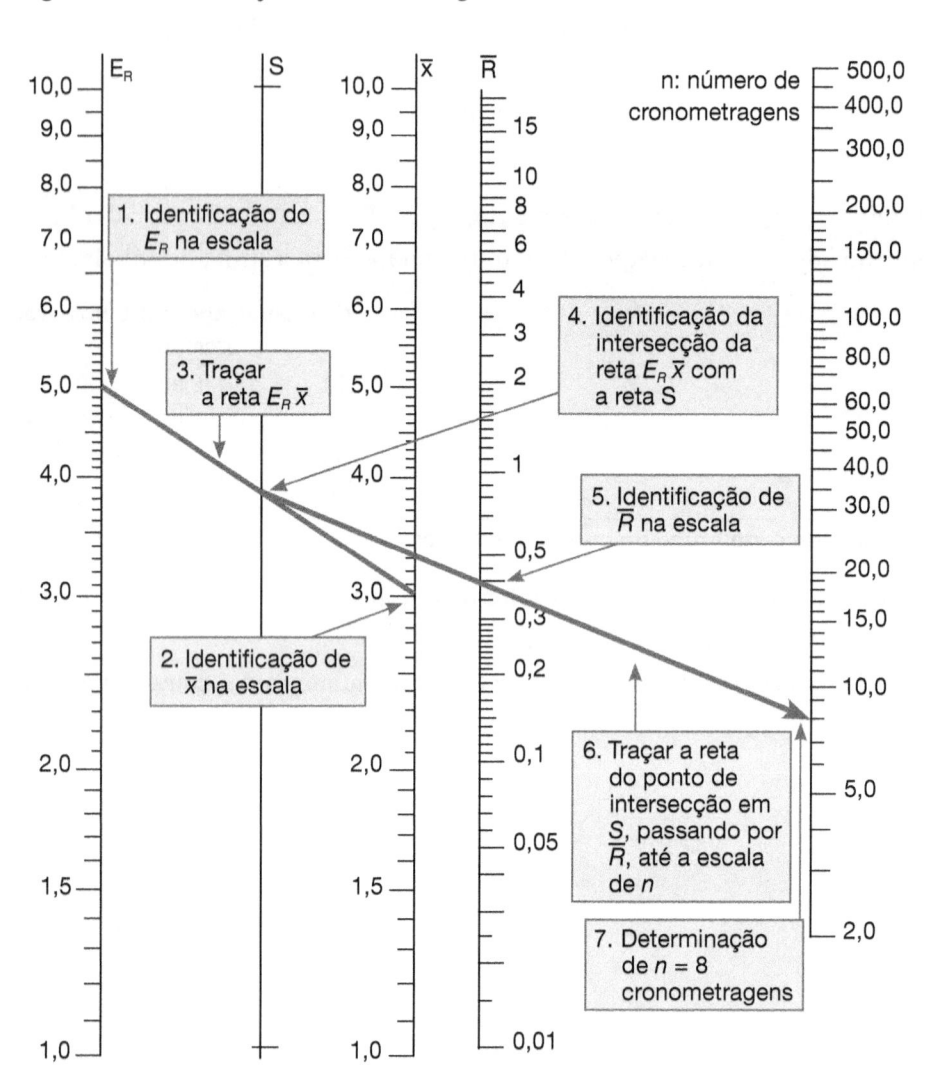

Nesse caso, como o número de cronometragens preliminares excede o número de cronometragens necessárias, consideramos a amostra inicial satisfatória para a análise.

Comentários

Por meio desse exemplo, podemos perceber que o método de utilização do nomograma se restringe aos casos em que a média das cronometragens preliminares está na faixa de 1,0 a 10,0 e a amplitude entre 0,01 e 15. Para faixas de valores diferentes, devemos construir outro(s) nomograma(s), o que nem sempre é prático.

Exercícios propostos

1. Um estudo preliminar de cronometragem forneceu os dados a seguir:

Cronometragem	1	2	3	4	5	6	7	8
Tempo cronometrado (segundos)	17	23	15	25	33	18	24	18

Considerando uma probabilidade de acerto de 92% e um erro relativo de 5%, determine o número de cronometragens necessárias através do método da distribuição normal reduzida.

2. Uma cronometragem preliminar forneceu os seguintes valores:

Cronometragem	1	2	3	4	5
Tempo cronometrado (segundos)	102	113	89	94	108

Determine a faixa de variação do valor do erro relativo de tal forma que seja suficiente um total entre 30 e 35 cronometragens para o estudo, considerando $p = 90\%$, conforme o método da distribuição normal reduzida.

3. Uma cronometragem preliminar forneceu os dados a seguir. Para essa análise, adotamos um erro relativo de 5,4%. Determine o número adequado de cronometragens para esse estudo, com o uso do ábaco ou nomograma.

Cronometragens preliminares (minutos)				
7,3	6,8	7,0	7,3	6,5
6,9	7,7	6,8	7,6	7,9
7,4	6,7	7,2	6,7	6,3
7,0	7,0	7,1	7,1	6,6
Amplitude de cada grupo de quatro elementos				

2.2 Elementos da operação

É importante a análise prévia da operação a ser cronometrada para que ela seja dividida em seus diversos elementos, ou seja, as pequenas etapas e os movimentos que formam a operação. Os elementos são as partes que formam uma operação completa, por exemplo: um operador pega um *blank*, posiciona-o dentro da prensa, estampa a peça, retira o retalho, joga o retalho em uma caixa de sucata e acondiciona a peça dentro de uma caixa. Os elementos dessa operação poderiam ser:

1. pegar o *blank*;
2. colocar o *blank* na prensa;
3. acionar a prensa com as duas mãos;
4. retirar o retalho;
5. jogar o retalho na caixa de sucata;
6. retirar a peça;
7. acondicionar a peça na caixa de transporte.

Assim, o elemento de uma operação é uma porção elementar do trabalho, na qual são executados movimentos e atividades exclusivos dessa etapa do processo. É a subdivisão do ciclo completo de trabalho em suas partes fundamentais e distintas.

Para a execução de um estudo de tempos, é importante que os elementos integrantes da operação sejam bem definidos, pois a cronometragem da operação como um todo não fornece o detalhamento necessário ao trabalho, além de, eventualmente, incorporar erros ou ineficiências que fazem parte da atividade no tempo da atividade. Um exemplo disso pode ser: cronometrar a queda de uma ferramenta e o tempo gasto pelo operador para pegá-la, o que compreende atividades não repetitivas nem integrantes do processo, mas que seriam incorporadas a ele. O objetivo da divisão da operação em elementos é identificar atividades, inspeções, transportes, esperas, armazenagens e eventuais ociosidades, redundâncias ou erros no trabalho.

Como esse conceito é fundamental ao estudo de tempos e movimentos, ele já foi, de certo modo, tratado neste livro no Capítulo 1. Se observarmos qualquer um dos quadros analisados nos exercícios resolvidos desse capítulo, como a sequência de atividades do operador ao executar o produto aprovado no processo novo (Item 6 do exercício resolvido 1.2, Quadro 1.11), verificamos que a operação foi dividida em elementos.

Quadro 2.1 – Etapas e elementos da operação

Etapa	Elementos da operação
2.1	Retira caixas vazias
2.2	Retorna ao posto de trabalho com as caixas vazias
2.3	Fabrica 1 caixa de peças
2.4	Inspeciona com calibrador P/NP – passa/não passa
2.5	Registra a qualidade do produto na carta de CEP por atributos
2.6	Empilha a caixa no carrinho de transporte
2.7	Transporta as 25 caixas ao estoque
2.8	Aguarda manutenção preditiva

Notemos que, sem essa divisão, reproduzida no Quadro 2.1, dificilmente nossa análise poderia ser concluída. Do mesmo modo, podemos perceber que algumas operações poderiam ser ainda mais subdivididas, caso houvesse necessidade de detalhamento. Por exemplo, a Etapa 2.4, mais detalhada no quadro a seguir.

Quadro 2.2 – Etapas e elementos detalhados da operação

Etapa	Elementos da operação
2.1	Retira caixas vazias
2.2	Retorna ao posto de trabalho com as caixas vazias
2.3	Fabrica 1 caixa de peças
2.4	Inspeciona com calibrador P/NP – passa/não passa
2.4.1	Pega o calibrador com a mão direita
2.4.2	Pega a primeira peça da caixa com a mão esquerda
2.4.3	Posiciona o calibrador na peça e avalia o resultado
2.4.5	Recoloca a peça na caixa
2.4.6	Pega a segunda peça da caixa com a mão esquerda
2.4.6	Posiciona o calibrador na peça e avalia o resultado
2.4.6	Recoloca a peça na caixa
2.4.7	Pega a terceira peça da caixa com a mão esquerda
2.4.8	Posiciona o calibrador na peça e avalia o resultado
2.4.8	Recoloca a peça na caixa
2.5	Registra a qualidade do produto na carta de CEP por atributos

Observemos que a divisão da operação em elementos deve ser executada de acordo com o grau de detalhamento desejado. Para a cronometragem da operação como um todo, conforme foi feito no Capítulo 1, o detalhamento realizado seria desnecessário. Entretanto, para uma cronometragem da atividade "inspeção" em particular, é fundamental o detalhamento, como já exemplificamos.

É importante dividir a operação – seja a atividade como um todo, seja uma parte da atividade – em elementos compostos de movimentos homogêneos, periódicos, de curta duração, com um mínimo ao redor de 2,5 segundos, de modo a possibilitar a cronometragem. É fundamental que os elementos sejam estabelecidos com uma divisão muito clara, não deixando dúvidas sobre onde começa e onde termina cada um deles, de modo a armazenar dados suficientes para reconstituir o ciclo de trabalho completo. A definição dos elementos de uma operação é fundamental para:

- avaliar e comparar o ritmo de diferentes operadores na mesma atividade;
- verificar o balanceamento de linhas de montagem e células de manufatura;
- identificar atividades executadas irregularmente;
- obter a descrição detalhada e sistemática do método cronometrado;
- padronizar o tempo de uma sequência de movimentos;
- possibilitar uma reconstituição precisa da sequência de trabalho;
- verificar a regularidade da duração de cada elemento da operação.

Os procedimentos mais comuns para a identificação do elemento de uma operação são:

- identificar a atividade com princípio e fim definidos e que apresente o menor tempo mensurável;
- observar se o elemento definido tem duração mínima, porém passível de cronometragem;
- verificar se o elemento da operação é compatível com o processo em análise, ou seja, a análise de processos mais complexos admite elementos de maior duração; a análise de processos de menor duração – ou mais detalhados – exige o estabelecimento de elementos de curta duração, permitindo o detalhamento desejado;
- analisar se o elemento é reprodutível por qualquer pessoa envolvida no processo produtivo ou no estudo de tempos e movimentos;
- confirmar se os elementos manuais são separados dos elementos de máquina, bem como os constantes das variáveis, o que deve ocorrer sempre que possível, como definido por Toledo (2004).

Uma vez estabelecidos os procedimentos mais comuns para identificação dos elementos de uma operação, veremos, a seguir, os tipos de elementos que podemos encontrar em um processo fabril.

2.2.1 Classificação dos elementos da operação

Os elementos da operação apresentam características peculiares e podem se enquadrar em diversas classificações. Cada elemento da operação pode ser:

- **Cíclico** – É o elemento que se repete sempre que o ciclo da operação é realizado. É o caso do operador que insere manualmente um componente eletrônico em uma placa de circuito impresso. Toda vez que a placa é montada, a operação de inserção desse componente se repete.

- **Acíclico** – É o elemento da operação que está fora do ciclo repetitivo, mas é parte integrante da operação. O elemento acíclico pode ser de natureza regular ou irregular. Ele é **regular** quando o operador o executa em intervalos regulares e predefinidos – por exemplo, ao executar um teste elétrico a cada quantidade predefinida de unidades produzidas. O elemento acíclico é de natureza **irregular** quando a execução ocorre apenas em eventos não repetitivos e não previstos. É o caso, por exemplo, da segregação de um produto – esse elemento da operação é executado pelo operador apenas nos casos da rejeição do produto. Nos dois exercícios resolvidos no Capítulo 1, a inspeção das três unidades de produto de cada caixa completa é um exemplo de elemento acíclico regular. A segregação da caixa de peças rejeitada é o elemento acíclico irregular.

- **Constante** – Sua execução tem duração constante, o que torna o tempo padrão (como veremos a seguir) também constante. É o caso do tempo de acionamento de uma prensa semiautomática ou da execução de um ensaio em equipamento automático, com monitoramento do operador. Caso ocorram variações de tempo, serão desprezíveis.

- **Estranho** – É o elemento geralmente associado ao erro ou a situações não previstas. É o caso, por exemplo, da quebra de um parafuso por falha de ajuste pneumático de uma parafusadeira. Mesmo não havendo segregação da contrapeça do parafuso ou aumento anormal do tempo de operação, o operador deverá sair de seu ritmo repetitivo de trabalho.

- **Normal** – Sua duração está aderente ao tempo cronometrado, e suas variações estão dentro dos padrões normais de execução. É o caso de uma operação manual que foi cronometrada para vários operadores diferentes.

A cadência de cada operador é considerada na análise, o que amplia a margem de variação permitida.

- **Anormal** – Sua duração apresenta valores muito acima ou muito abaixo do tempo cronometrado, mesmo que as etapas de trabalho tenham sido executadas corretamente. É o caso do operador que executa um processo de estampagem e que deve retirar a peça da ferramenta de estampagem e acondicioná-la na caixa de embalagem. Pode ocorrer, eventualmente, de a peça "enroscar" na ferramenta, dificultando sua retirada. Nesse caso, a duração da atividade apresentará duração superior ao definido no estudo de tempos, mesmo com o operador executando as etapas de trabalho conforme o planejado. De modo análogo ao exemplo citado, pode eventualmente ocorrer a situação em que a prensa, por falha mecânica, não executa a estampagem de forma completa, o que reduzirá de modo anormal o tempo de execução desse elemento, bem como da própria operação. Também podemos mencionar situações em que a cronometragem não foi executada corretamente, conforme cita Toledo (2004). Erros no processo de cronometragem também se enquadram nessa classificação.

- **Variável** – Apresenta duração variável, apesar de sua execução mostrar a mesma sequência de atividades. Como exemplo, podemos citar as atividades do atendente de um telecentro ou do caixa de um banco ao executarem os mesmos procedimentos de atendimento a diferentes clientes. Em casos como esses, parte da duração da atividade estará vinculada ao próprio cliente, não dependendo unicamente do operador. Mesmo que este execute todas as atividades e movimentos corretamente e dentro do padrão, podem ocorrer variações de duração.

2.3 Fator de ritmo do operador

O F_R é o elemento matemático utilizado para determinar o tempo de execução de alguma atividade em análise. Esse fator tem relação com a velocidade dos participantes envolvidos em um mesmo processo.

É muito comum confundir-se F_R com velocidade. São definições estreitamente relacionadas quando executamos estudos de **tempos**, mas guardam diferenças entre si. O F_R é o dado que nos conduzirá ao fator tempo, associado à execução de alguma atividade padronizada, mas não é a velocidade de execução desta, e sim o tempo para execução da atividade. Apesar da simplicidade, estes dados podem levar a equívocos gerados pelo senso comum. Se um operador A tem F_R de 120% e um operador B de 70%, é evidente que o operador B seja mais rápido, apesar de o senso comum conduzir erradamente à conclusão de que A é mais rápido, dado o valor percentual mais alto.

Vejamos um exemplo comparativo para interpretação desses dados que relacionam F_R, velocidade e tempo de execução.

Suponhamos três indivíduos (A, B e C) executando um percurso a pé. Há um padrão de velocidade estabelecido para percorrer esse percurso, caminhando, de 3 km por hora. Cada um dos três indivíduos tem velocidades diferentes de caminhada, conforme exposto na Tabela 2.4.

Tabela 2.4 – Dados do percurso de A, B e C

Indivíduo	A	B	C
Velocidade de percurso do indivíduo (km/h)	3,0	2,0	4,0
Velocidade padrão definida para o percurso (km/h)		3,0	
Relação "velocidade de cada indivíduo e velocidade padrão" (Vel.$_{ind.}$/Vel.$_{padrão}$) %	100,00	66,667	133,34
TP de percurso definido por unidade de distância (h/km)		0,334	
Tempo de percurso de cada indivíduo (Ti) por unidade de distância (h/km)	0,334	0,500	0,250
F_R (Ti/TP)	100%	150%	75%

Podemos observar que a velocidade de execução de uma tarefa tem relação inversa com o F_R, o qual expressa a porcentagem do TP que um indivíduo demanda para executar uma atividade. O indivíduo A demanda 100% do TP (0,334 h/km) para percorrer o trecho estabelecido; o indivíduo B, mais lento, demanda 150% do TP (1,5 × 0,334) para cumprir o mesmo trajeto, ou seja, 0,5 h/km; já o indivíduo C, mais rápido, demanda apenas 75% do TP (0,75 × 0,334) ou 0,25 h/km.

Esse padrão de expressão do F_R em porcentagem é o mais usado desde o início dos estudos de tempos e movimentos na indústria, portanto é o padrão que utilizaremos nos demais capítulos deste livro.

2.3.1 Avaliação de ritmo

A avaliação de ritmo é a atividade que estabelece a relação entre o ritmo de trabalho de cada uma das diversas pessoas que participam de uma atividade e um dado considerado padrão. De fato, quando temos uma mesma atividade executada por diversas pessoas diferentes, como a montagem de um subconjunto, o atendimento de um caixa bancário ou o atendimento de telecentro, temos pessoas que apresentam diferenças inevitáveis em termos de porte, aptidão, força e resistência física, resultando em diferentes velocidades ou cadências de trabalho.

Cronometrar a atividade executada por um operador exímio e muito rápido e padronizar essa duração para os demais operadores pode não ser adequado, pois o estabelecimento de um tempo de atividade reduzido para a maioria das pessoas pode ocasionar fadigas excessivas, lesões e perda de qualidade, o que acabaria se revelando improdutivo. De modo oposto, cronometrar o tempo de atividade de um operador lento e estabelecer esse tempo como o padrão pode ocasionar monotonia, desmotivação, cansaço, perda de produtividade e até prejuízos à qualidade.

2.3.2 Como exprimir o fator de ritmo

Em *Estudo de movimentos e de tempos*, Barnes (1977) descreve uma série de sistemas para avaliação de ritmo, todos referentes ao momento da elaboração de seu livro, denominados:

- avaliação do ritmo por meio da habilidade e do esforço;
- sistema Westinghouse para avaliação do ritmo;
- avaliação sintética do ritmo;
- avaliação objetiva do ritmo;
- avaliação fisiológica do nível de desempenho;
- desempenho do ritmo.

O aumento exagerado do ritmo de trabalho, mesmo voluntariamente e por estímulo financeiro, aumenta a probabilidade de erros e a ocultação de falhas de forma significativa.

Alguns desses métodos caíram em desuso, talvez por sua complexidade, talvez por inadequação aos processos atuais, talvez pela dificuldade de aplicação ou até mesmo pela convergência natural a um modelo único. É importante observarmos que um dado associado fortemente a esses modelos era o incentivo financeiro como instrumento de aceleração do ritmo de trabalho, por meio do pagamento por produção adicional. Esse sistema não é mais recomendado e é muito pouco utilizado atualmente por estabelecer uma forma de armadilha para a empresa: ao premiar financeiramente o funcionário pela produção, ela, de fato, estimula o aumento da produção, mas compromete seriamente a qualidade do produto, que passa a ser relegada a um plano inferior. A prática nas linhas de montagem demonstrou que o aumento exagerado do ritmo de trabalho, mesmo voluntariamente e por estímulo financeiro, aumenta a probabilidade de erros e a ocultação de falhas de forma significativa. Quando trabalhamos em ritmo acelerado, sem preocupação com a qualidade, aumentamos a velocidade de produção de produtos rejeitados.

Segundo Barnes (1977), o sistema mais adotado era fundamentado na avaliação objetiva do ritmo. Tanto na indústria quanto na área de serviços do Brasil, esse sistema é o mais utilizado e, por essa razão, será um dos sistemas abordados. Conceitualmente, é o mesmo critério adotado no exemplo dos três indivíduos que percorrem um mesmo trajeto, conforme detalharemos.

2.3.3 Fator de ritmo e distribuição normal ou de Gauss

O modelo matemático mais aderente à avaliação objetiva do ritmo é a **distribuição normal ou de Gauss**. De fato, a duração de uma atividade executada por diferentes pessoas tende à distribuição normal, com grande parte dos trabalhadores executando o trabalho com duração ao redor da média e uma pequena parte de operadores altamente exímios contrapondo-se aos operadores com maior dificuldade de trabalho, estabelecendo-se as caudas residuais da curva normal, segundo Gráfico 2.5, mais adiante. De acordo com Barnes (1977, p. 307),

> Há considerável evidência mostrando que, se as velocidades de trabalho de cada membro de um grupo com grande número de pessoas, tal como encontraríamos em uma fábrica, fossem dispostas em uma linha horizontal de acordo com sua magnitude expressa em porcentagem da normal, e se a escala vertical indicasse a frequência e ocorrência, a forma da curva se aproximaria bastante da **curva normal**. [grifo nosso]

O estabelecimento de um padrão básico para determinarmos o ritmo é feito pelo cálculo da média das durações das atividades, obtidas pela cronometragem do trabalho dos colaboradores envolvidos em uma mesma tarefa, avaliando-se um mesmo elemento da operação. O padrão básico é a própria média das cronometragens e, como nesse caso não há razão para o estabelecimento de uma probabilidade de acerto ou uma área predefinida sob a curva, adotamos todos os valores coletados. De fato, não há sentido em estabelecermos uma área predefinida sob a curva normal, visto que desejamos estabelecer o F_R para todos os operadores envolvidos na análise, sem que haja áreas residuais.

Gráfico 2.5 – Distribuição do número de operadores em função do tempo cronometrado

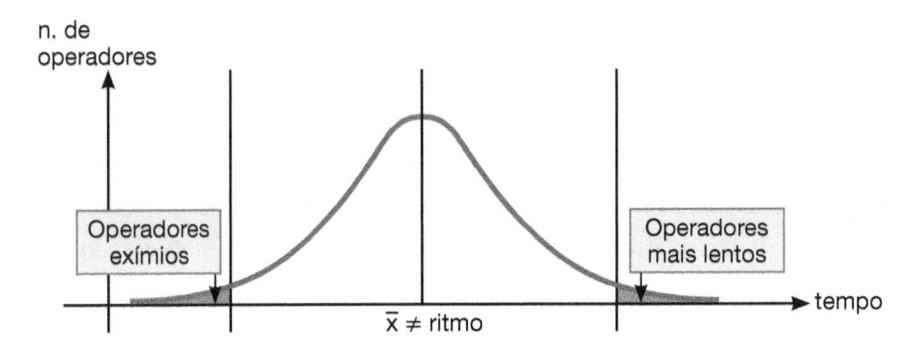

Com esse método determinamos o TM cronometrado de cada operador envolvido na análise para um mesmo elemento da operação. Em seguida, determinamos a média das cronometragens de cada operador, definindo a média global, ou seja, o ritmo da operação. Em seguida, determinamos o F_R individual de cada operador por meio do tempo médio cronometrado de cada profissional em relação à média global, ou seja, o ritmo da operação. Finalmente, determinamos o F_R da operação pelas médias dos fatores de ritmo individuais.

2.3.4 Avaliação sintética de ritmo

É o método no qual se estabelece a relação entre a velocidade média do operador – obtida pela cronometragem de um mesmo elemento em diversas operações – e o tempo obtido nas tabelas de tempos sintéticos (expressos em minutos), conforme veremos com mais detalhes ao tratarmos do método da medida de tempo (MMT).

O cálculo do F_R é feito de acordo com a equação a seguir:

$$F_R = \frac{\text{Tempo médio cronometrado}}{\text{Tempo sintético}} \cdot 100\% \quad \text{Equação 2.12}$$

2.3.5 Avaliação objetiva de ritmo

É o sistema de avaliação mais utilizado internacionalmente e nas empresas brasileiras, no qual definimos a velocidade (ou o ritmo) do operador por meio de um fator único. Esse F_R é expresso em porcentagem, atribuindo-se o valor de 100% à execução normal, e é determinado pela relação entre a duração da atividade individual e a execução normal.

Desse modo, o primeiro passo é a determinação do TM, ou seja, o tempo correspondente a um operador bem treinado trabalhando em ritmo normal ao executar a tarefa em análise. Para isso, devemos identificar um colaborador que trabalhe dentro de uma cadência normal (nem muito rápido, nem muito lento) e, preferencialmente, que não apresente histórico de falhas que possam redundar em refugos de material ou perda de tempo. Essa identificação pode ser feita por observação direta ou pela filmagem do processo, o que possibilita a análise das imagens com mais detalhes.

Após a identificação do colaborador mais adequado à análise – aquele que pode ser considerado o padrão –, devemos avaliar seu ritmo elaborando tarefas padronizadas. Entre as tarefas mais comuns, destacamos:

- caminhar uma distância padrão (por exemplo, 1 km);
- distribuir as 52 cartas de um baralho em quatro montes;
- separar as peças de um jogo de dominó;
- executar a própria operação em análise.

É importante frisar que não há uma tarefa única e obrigatória: convém à empresa definir uma tarefa para essa atividade, conforme seus critérios e a natureza da operação. É conveniente a empresa filmar e arquivar essa execução, de modo a poder avaliar os métodos de trabalho utilizados pelos integrantes, sempre buscando melhorias nos movimentos executados e nos métodos aplicados na operação.

Independentemente da atividade executada, determinamos o tempo gasto pelo profissional pré-selecionado, estabelecendo o correspondente a 100%. Os demais integrantes da equipe de trabalho devem executar a mesma atividade, anotando-se o tempo de cada um. Com todos os tempos definidos, estabelecemos o F_R de cada integrante e calculamos suas médias, estipulando o F_R para a empresa nessa atividade específica e nesse elemento da operação, conforme a expressão a seguir:

$$F_R = \frac{\text{Tempo de execução do operador em análise}}{\text{Tempo de execução do operador "referência"}} \qquad \text{Equação 2.13}$$

Isso está exemplificado na Tabela 2.5.

Tabela 2.5 – F_R de operadores em relação à atividade

Atividade executada	Operador	Ritmo observado	Relação	F_R
Conectar fios de um circuito elétrico até acender a lâmpada	Selecionado para definir o padrão	75 segundos	Padrão	100%
	A (rápido)	60 segundos	$\frac{60}{75} \cdot 100$	80%
	B (lento)	90 segundos	$\frac{90}{75} \cdot 100$	120%
	C (muito lento)	120 segundos	$\frac{120}{75} \cdot 100$	160%
F_R para a empresa nesta atividade e elemento (média)				120%

Exercício resolvido 2.2

a. Sete operadores executando a montagem de um mesmo conjunto foram cronometrados em três horários diferentes, sendo coletadas três amostras de tempo em cada horário, como indicado a seguir. Determine o F_R de cada operador associado a essa atividade.

Tabela 2.6 – Amostras de tempo por operador

Operador	Horário	Cron. 1	Cron. 2	Cron. 3
A	7h30	27	29	31
	10h30	32	30	33
	13h30	30	32	32
B	7h45	26	25	27
	10h45	26	27	28
	13h45	26	29	27
C	8h	27	26	26
	11h	28	27	27
	14h	25	26	26
D	8h15	32	30	30
	11h15	34	35	33
	14h15	33	36	34
E	8h30	28	28	27
	11h30	31	31	32
	14h30	32	32	33
F	8h45	25	25	26
	11h45	26	27	26
	14h45	27	28	25
G	9h	33	32	34
	12h	33	31	33
	15h	32	33	35

Solução

Pelo enunciado, observamos que a empresa não estabeleceu um padrão de tempo para a atividade. Nesse caso, esse padrão básico de ritmo, ou o 100%, será definido pela média global das leituras, conforme o modelo descrito na Seção 2.3.3.

Tabela 2.7 – F_R médio

Operador	Horário	Cronometragem			1° passo	Média	2° passo	Ritmo	3° passo	F_R indiv. %	4° passo	F_R médio %
		1	2	3								
A	7h30	27	29	31		30,67				107,5%		
	10h30	32	30	33								
	13h30	30	32	32								
B	7h45	26	25	27		26,78				93,57%		
	10h45	26	27	28								
	13h45	26	29	27								
C	8h	27	26	26	Calcular a média das leituras de cada operador.	26,44	Calcular a média global de todas as leituras. Esse valor corresponde ao tempo médio global da empresa.	29,48	Calcular o ritmo de cada operador em relação ao ritmo global.	92,40%	Calcular a média de todos os fatores de ritmo. Esse valor será o fator de ritmo global da empresa.	103,00%
	11h	28	27	27								
	14h	25	26	26								
D	8h15	32	30	30		33,00				115,31%		
	11h15	34	35	33								
	14h15	33	36	34								
E	8h30	28	28	27		30,44				106,38%		
	11h30	31	31	32								
	14h30	32	32	33								
F	8h45	25	25	26		26,11				91,24%		
	11h45	26	27	26								
	14h45	27	28	25								
G	9h	33	32	34		32,89				114,92%		
	12h	33	31	33								
	15h	32	33	35								

Ao expressarmos de maneira gráfica esses valores, calculando-se o desvio padrão amostral com todos os valores das cronometragens (com s = 3,1768), teremos:

Gráfico 2.6 – Distribuição do número de operadores em função do tempo cronometrado

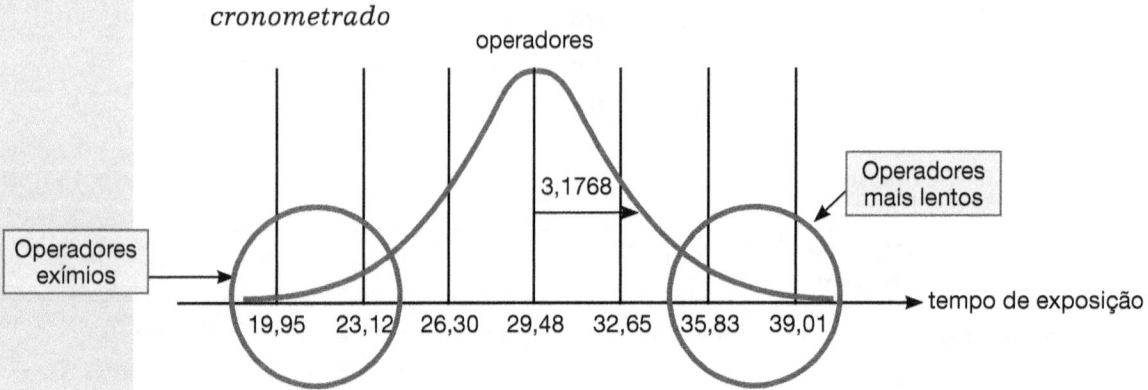

operadores

Operadores exímios

3,1768

Operadores mais lentos

19,95   23,12   26,30   29,48   32,65   35,83   39,01   tempo de exposição

b. Considerando os mesmos dados do exercício anterior – porém, admitindo que a empresa estabeleceu um padrão de ritmo de 27 segundos para a atividade –, determine o F_R associado a essa atividade.

Tabela 2.8 – F_R médio com ritmo padrão definido

Operador	Horário	Cronometragem 1	2	3	1º passo	Média	2º passo	Ritmo padrão	3º passo	F_R indiv. %	F_R médio %
A	7h30	27	29	31	Calcular a média das leituras de cada operador.	30,67	Calcular a média global de todas as leituras. Esse valor corresponde ao tempo médio global da empresa.	Neste caso, adotamos o ritmo padrão definido pela empresa: 27 segundos.	Calcular o fator de ritmo de cada operador em relação ao novo ritmo global.	113,58%	109.17%
A	10h30	32	30	33							
A	13h30	30	32	32							
B	7h45	26	25	27		26,78				99,18%	
B	10h45	26	27	28							
B	13h45	26	29	27							
C	8h	27	26	26		26,44				97,94%	
C	11h	28	27	27							
C	14h	25	26	26							
D	8h15	32	30	30		33,00				122,22%	
D	11h15	34	35	33							
D	14h15	33	36	34							
E	8h30	28	28	27		30,44				112,76%	
E	11h30	31	31	32							
E	14h30	32	32	33							
F	8h45	25	25	26		26,11				96,71%	
F	11h45	26	27	26							
F	14h45	27	28	25							
G	9h	33	32	34		32,89				121,81%	
G	12h	33	31	33							
G	15h	32	33	35							

Verificamos, assim, que, ao reduzir o valor do ritmo – ou seja, reduzir a expectativa do tempo de execução da atividade –, a empresa aumentou o percentual correspondente ao F_R, indicando que a maioria dos operadores demora mais que o novo valor esperado na execução das atividades. Portanto, será necessário retreinar o pessoal para reduzir o tempo de execução.

2.4 Fator de tolerância da atividade

Como vimos anteriormente, devemos estabelecer o ritmo de um trabalho com o objetivo de chegar ao tempo normal de um produto ou serviço. Entretanto, ainda nos resta definir o conceito de folgas ou tolerâncias de uma operação para definição do tempo padrão, o tempo efetivamente válido para efeito de planejamento empresarial. Assim, discutiremos aqui o conceito de folgas ou tolerâncias de operação e suas modalidades. Isso é importante porque toda atividade apresenta folgas intrínsecas; não podemos imaginar que uma pessoa possa trabalhar ininterruptamente, por horas seguidas, sem algum momento de intervalo.

As folgas ou tolerâncias no trabalho apresentam características particulares que as diferenciam. Vamos abordá-las da seguinte maneira: 1) **tolerância pessoal**; 2) **tolerância para fadiga**; e 3) **tolerância para espera**. Ao abordar esse aspecto, Barnes (1977) se refere essencialmente ao trabalho no chão de fábrica, analisando cada uma das tolerâncias conforme o contexto empresarial e temporal da época de edição seu livro, inclusive atrelando esses conceitos ao aspecto "estímulo financeiro", pouco utilizado atualmente. Porém, partiremos de seus conceitos.

Nas últimas décadas ocorreram mudanças significativas nas relações de trabalho; a evolução tecnológica vivenciada pela humanidade, a partir dos anos 1970, trouxe várias novas profissões, novas formas de trabalho para profissões tradicionais, além de expandir de forma espetacular a área de serviços. Quando comparamos as relações de trabalho existentes até as décadas de 1960/1970 com as observadas hoje em dia, notamos grandes diferenças. Se, até a década de 1980, um protótipo de plástico era produzido a partir da confecção de uma ferramenta de injeção, processo extremamente caro e de grande impacto ambiental, com todos os processos de usinagem pertinentes, hoje em dia um protótipo similar é produzido em alguns minutos pela impressão em 3D. Esse exemplo nos mostra que toda uma gama de profissionais de ferramentaria e de chão de fábrica foi substituída por especialistas em TI. Isso trouxe alterações muito grandes nas relações empresariais e na legislação trabalhista.

Aspectos associados ao processo produtivo, não muito importantes no passado, ganharam *status* maior, enquanto aspectos fundamentais no passado passaram para um plano inferior atualmente. Vamos abordar as modalidades de folgas/tolerâncias no trabalho, procurando uma releitura associada a esses aspectos. Em seguida, discutiremos rapidamente cada tipo de tolerância de trabalho.

2.4.1 Tolerância pessoal

É toda folga/tolerância associada a necessidades pessoais do trabalhador, como as paradas para necessidades fisiológicas (tomar água, tomar café, ir ao banheiro etc.). Pode parecer estranho imaginar que, em uma linha de montagem, na qual se trabalha continuamente, seja necessário calcular o tempo desse tipo de folga para os operadores. Porém, devemos lembrar que ocorrem rodízios em postos de trabalho, justamente para permitir ao trabalhador a ausência momentânea para a satisfação dessas necessidades, e tais ausências, mesmo que pequenas, devem ser contabilizadas. O próprio sistema Toyota de produção prevê operadores não alocados diretamente nos postos de trabalho, para que eles possam se dedicar às atividades de melhoria e de ajuda aos colegas que não estão conseguindo cumprir suas operações dentro do padrão estabelecido, bem como substituí-los em curtos espaços de tempo para que eles possam realizar tarefas não previstas ou para atendimento às suas necessidades pessoais.

Também não podemos esquecer que, no passado, se esse aspecto era fundamental no planejamento dos processos, atualmente a automação e a robótica relativizaram-no bastante. Contudo, em processos manuais e semiautomáticos, esse conceito permanece vivo. Do mesmo modo, no passado, se a duração das folgas/tolerâncias deveria ser cronometrada para avaliação de sua duração, atualmente esse dado passou a ser regido pela legislação trabalhista e por acordos sindicais, mas sem deixar de ser influenciado pela herança histórica.

Normalmente, esse tipo de folga/tolerância se situa na faixa de 2% a 5% da jornada diária completa de trabalho, conforme adotado há mais de 50 anos. Entretanto, sempre é conveniente levantarmos dados trabalhistas relativos a sindicatos e à legislação para verificar valores em uso. Atualmente, aspectos relacionados a tipo físico do trabalhador pouco influem nesse processo, mas ainda permanece a influência das condições ambientais do trabalho (carga, temperatura, umidade, ruídos, vibrações etc.).

2.4.2 Tolerância para fadiga

Esse tipo de tolerância/fadiga apresentou uma evolução interessante. Barnes (1977) afirma que a tolerância para fadiga tem pouca ou até nenhuma importância, embasando seu argumento na redução da quantidade de dias trabalhados na semana e na redução da jornada diária de trabalho, além da evolução técnica de máquinas e equipamentos. Mas devemos ter em mente o contexto histórico. De fato, Barnes indica essas evoluções, porém em relação às condições de trabalho do fim do século XIX e início do século XX, quando então se trabalhava de 6 a 7 dias por semana, com jornadas diárias de 12 a 14 horas, sem direito a férias.

Quando Barnes escreveu a primeira edição de seu livro, em 1937, as condições de trabalho à época, comparadas às condições de três ou quatro décadas antes, realmente haviam apresentado uma evolução social estupenda. Houve redução da quantidade de dias trabalhados na semana, redução da jornada diária de trabalho e instituição de direitos sociais, além do significativo desenvolvimento técnico do próprio processo produtivo. Por essa razão, comparando as condições de trabalho no fim da década de 1930 com as anteriores, ele considerou desnecessária a adoção de tolerância para fadiga.

No entanto, a mudança radical observada na forma de trabalho ao longo do século XX e início do século XXI mudou essa abordagem, e a tolerância para fadiga voltou a ganhar importância, em função de novos aspectos críticos. Foi a mesma evolução tecnológica citada por Barnes (1977), na primeira edição de seu livro (em 1937), que alterou esse aspecto, principalmente quando associado às atividades de serviços.

Com a rápida disseminação da TI, houve larga expansão dos mercados financeiros, dos serviços bancários e dos centros de teleatendimento e *telemarketing*, que passaram a exercer importância estratégica para bancos, governos, comércio varejista e mesmo para empresas de transformação, o que alterou significativamente a visão sobre a fadiga. A tolerância para fadiga, atualmente, é objeto de estudos e de rigorosa legislação[1]. Se, antigamente, o esforço físico pesado era o aspecto de maior importância para definição dessa folga/tolerância, hoje em dia são mais importantes os aspectos relacionados a lesões, postura, socialização de conflitos e psique. Como o usual nessas atividades é uma jornada contínua (geralmente de 6 horas) e sem pausas, todas as folgas (sobrecarga psíquica, muscular e estática de partes do corpo, pausas de descanso e intervalos para repouso e alimentação) devem estar incluídas na jornada completa, sem prejuízo dos rendimentos do colaborador.

2.4.3 Tolerância para espera

Essa modalidade de folga/tolerância é descrita como a interrupção não prevista do trabalho, causando parada do operador, e também passou por revisões. Ela continua a ser classificada como folga/tolerância evitável ou inevitável, mas não mais se restringe a problemas de máquinas ou processos produtivos. Hoje em dia, outros aspectos são considerados.

---

1 Consulte a aprovação do Anexo II da NR-17 – Trabalho em Teleatendimento/Telemarketing (Brasil, 2007).

As folgas/tolerâncias **evitáveis** ainda se relacionam ao comportamento do colaborador em face de suas atividades. Elas estão associadas a situações propositais de atraso e redução de ritmo por parte dos colaboradores e não serão objeto de nossa análise. Já as folgas/tolerâncias **inevitáveis** passaram por ampliação de foco. Elas continuam sendo causadas por agentes externos ao processo de trabalho, foco da análise.

Um fornecedor que atrasa a entrega de materiais, a interrupção do fornecimento de energia ou água por parte de uma concessionária, a quebra de uma máquina, entre outros aspectos, continuam sendo agentes de folgas/tolerâncias inevitáveis, mas outros aspectos foram agregados a essa análise, ampliando o leque de causas externas. Voltando-se ao exemplo das centrais de teleatendimento e *telemarketing*, existem folgas/tolerâncias previstas após atendimentos nos quais tenham ocorrido ameaças, abuso verbal, agressões ou desgaste emocional, de modo que o operador possa se recuperar emocionalmente. Mesmo quando se trata de uma legislação específica, é importante observar como a evolução nos meios de trabalho incorporam aspectos geradores de dados imprevistos. Nesses casos, amostragens de trabalho de longa duração são ideais para fornecer dados confiáveis.

2.4.4 Cálculo do fator de tolerância

Quaisquer que sejam as folgas/tolerâncias a serem aplicadas, isoladamente ou somadas, devemos usar o mesmo tipo de cálculo. Como estão associadas a parcelas da jornada de trabalho, as folgas/tolerâncias podem ser expressas tanto como uma porcentagem da jornada de trabalho quanto pelo próprio tempo de duração da folga/tolerância. Desse ponto em diante, denominaremos a folga/tolerância como **fator de tolerância (F_T)**. Em cada uma das situações devemos adotar expressões diferentes; porém, na realidade, uma deriva da outra:

a. Caso a folga/tolerância seja expressa como porcentagem da jornada de trabalho, o F_T é calculado por:

$$F_T = \frac{1}{1-p} \quad \text{Equação 2.14}$$

b. Caso a folga/tolerância seja expressa como um tempo da jornada de trabalho, o F_T é calculado por:

$$F_T = \frac{\text{Jornada total}}{\text{Jornada útil}} = \frac{\text{Jornada total}}{\text{Jornada total} - \text{folga}} \quad \text{Equação 2.1}$$

Exercício resolvido 2.3

Um atendente de serviço telefônico bancário trabalha 6 horas por dia em ritmo contínuo e conta com 20 minutos de folga para necessidades pessoais, 20 minutos de folga por fadiga e mais uma média de 5 minutos ao dia por conta de tolerância para espera por eventuais problemas psíquicos decorrentes de atendimentos críticos. Assim, suas folgas totalizam 45 minutos e correspondem a 12,5% de sua jornada total. Determine o F_T dessa atividade.

Solução

a. Determinação do F_T por meio da porcentagem da jornada atribuída a folgas:

$$F_T = \frac{1}{1-p} = \frac{1}{1-0,125} = \frac{1}{0,875} = 1,14$$

b. Determinação do F_T por meio da jornada total e útil:

$$F_T = \frac{\text{Jornada total}}{\text{Jornada útil}} = \frac{360 \text{ minutos}}{(360-45) \text{ minutos}} = \frac{360}{315} = 1,143$$

■ Síntese

Neste capítulo, vimos como determinar o número estatisticamente correto de cronometragens, tanto matemática quanto empiricamente por meio dos nomogramas, e a importância de dividir uma atividade em seus diversos elementos. Definimos o que é o fator de ritmo a ser aplicado ao tempo de duração da atividade de diferentes operadores e o fator de tolerância correspondente às folgas estabelecidas pela empresa, a serem aplicados na determinação da duração de uma atividade.

■ Questões para revisão

1. Nos estudos de tempo, denominamos a parcela α/2 ou *(1 − p)/2* de uma distribuição normal de *erro*; ao mesmo tempo, adotamos também o erro relativo (E_R). A que estamos nos referindo? Explique.

2. O que é fator de tolerância e qual é sua aplicação?

3. Considerando o nomograma da Figura 2.1, suponhamos um estudo de tempos em que se adotou um erro relativo de 7% e em que foram determinados $\bar{x}$ = 4,0 minutos e $\bar{R}$ = 1,2 minutos. Por esse método, indique a amostra recomendada para o estudo:
   a. 30 elementos.
   b. 25 elementos.

c. 15 elementos.

d. 20 elementos.

e. Nenhuma das respostas anteriores.

4. Uma empresa tem jornada diária total de trabalho de 8,3 horas e utiliza um F_T de 1,145. Indique a folga diária concedida pela empresa, arredondada para o inteiro imediatamente superior:

   a. 58 minutos.
   b. 64 minutos.
   c. 68 minutos.
   d. 52 minutos.
   e. 72 minutos.

5. Seis operadores de um mesmo tipo de equipamento e executando o mesmo produto foram cronometrados, obtendo-se os tempos médios de execução, como consta a seguir:

Operador	A	B	C	D	E	F
Tempo médio (segundos)	87	92	104	98	80	101

   Como a empresa não estabeleceu um ritmo para a atividade, este será determinado conforme o conceito da distribuição normal. Com esses dados, indique o ritmo padrão a ser adotado pela empresa, bem como o F_R de cada operador, respectivamente:

   a. 92,87 segundos; 91,78%; 98,62%; 111,03%; 104,63%; 85,41%; 107,83%.
   b. 93,97 segundos; 92,88%; 98,22%; 110,03%; 104,63%; 85,41%; 107,83%.
   c. 93,67 segundos; 92,88%; 98,22%; 111,23%; 104,63%; 85,41%; 107,83%.
   d. 93,97 segundos; 92,68%; 98,22%; 111,03%; 104,83%; 86,41%; 107,83%.
   e. 93,67 segundos; 92,88%; 98,22%; 111,03%; 104,63%; 85,41%; 107,83%.

■ Questões para reflexão ────────────────────────

1. Consideremos dois operadores de um processo produtivo: o F_R do operador A é de 91% e o do operador B 105%. Qual dos dois é mais rápido? Justifique sua resposta.

2. Qual é a mudança observada na abordagem do fator de tolerância no decorrer do século XX e no início do século XXI?

3
Determinação do tempo padrão

Conteúdos do capítulo
- *Tempo padrão de um produto.*
- *Tempos acíclicos.*
- *Validade de uma cronometragem.*
- *Tempo padrão total de uma peça e de um lote de peças.*

Após o estudo deste capítulo, você será capaz de:
1. *inferir como se obtém o tempo padrão a partir do tempo médio e do tempo normal;*
2. *aplicar o fator de ritmo e o fator de tolerância em situações práticas;*
3. *avaliar a validade estatística de uma cronometragem, o que dará maior confiabilidade aos seus estudos de tempo;*
4. *calcular o tempo padrão total de uma peça, incluindo paradas de processo não previstas nos fatores de ritmo e de tolerância, e extrapolar essa análise para um lote de peças.*

Neste capítulo, veremos a aplicação dos fatores de ritmo e de tolerância nas etapas de cálculo necessárias à obtenção do tempo padrão, bem como veremos algumas rotinas e formas de cálculo aplicadas à sua determinação e às análises usadas para verificação da validade estatística das coletas de tempo.

O **tempo padrão (TP)** é o mais importante indicador a ser determinado. É por meio do tempo padrão que a empresa efetua balanceamento de linhas de montagem, dimensiona sua mão de obra e estabelece seus custos fabris, entre outros aspectos. Sua aplicação se ampliou para todas as áreas econômicas, tornando-se um dado fundamental para o planejamento empresarial. Sua determinação é feita em três etapas, abrangendo todos os conceitos vistos nos capítulos anteriores.

3.1 Tempo padrão de uma operação

A **primeira etapa** do cálculo do TP é a determinação do tempo médio (TM) da operação, que é o próprio tempo obtido no processo de cronometragem, conforme vimos anteriormente: determinamos o número de cronometragens necessárias e dividimos a operação em análise pelos elementos dela própria. Após a obtenção dos tempos cronometrados para cada elemento, somamos os tempos de cada elemento cronometrado, calculamos as médias das cronometragens executadas e a média global do estudo, estabelecendo o tempo médio da operação.

A **segunda etapa** da análise é o cálculo do tempo normal (TN). É o tempo necessário para um trabalhador qualificado executar uma operação trabalhando em ritmo normal, com sua cadência estabelecida em relação a um padrão de trabalho, como vimos anteriormente. Sua determinação é feita a partir do tempo médio cronometrado, sobre o qual é aplicado o fator de ritmo (F_R) do operador, calculado por meio de um dos métodos detalhados anteriormente:

- avaliação de ritmo de acordo com a distribuição normal ou de Gauss;
- avaliação sintética de ritmo; ou
- desempenho de ritmo.

Uma vez estabelecido o F_R e tendo o TM resultante das cronometragens, calculamos o TN:

$$TN = TM \cdot F_R \quad \text{Equação 3.1}$$

A **terceira e última etapa** da análise é o cálculo do tempo padrão. Tendo sido determinado o tempo normal, aplicamos a ele o fator de tolerância (F_T), também já descrito anteriormente. Como não podemos esperar que uma pessoa trabalhe continuamente sem algumas interrupções, são estabelecidos os fatores de tolerância, que são definidos como:

- tolerância pessoal;
- tolerância para fadiga; e
- tolerância para espera.

Desse modo, o tempo padrão deve conter a duração de todos os elementos da operação, incluir o F_R do operador e incluir o tempo para todas as tolerâncias necessárias. O TP é determinado da seguinte maneira:

$$TP = TN \cdot F_T \quad \text{Equação 3.2}$$

ou

$$TP = TM \cdot F_R \cdot F_T \quad \text{Equação 3.3}$$

Exercício resolvido 3.1

A montagem de um produto foi previamente analisada e dividida em 5 elementos de operação. Foi executada uma cronometragem preliminar, com 6 amostras de tempo, conforme mostramos na tabela a seguir, com valores expressos em segundos.

Elemento \ Cronometragem	1	2	3	4	5	6
1	15	17	12	19	16	18
2	7	7	5	9	8	6
3	22	25	20	26	21	22
4	12	12	10	11	14	9
5	5	5	4	7	7	8
Total	61	66	51	72	66	63

O cronoanalista estabeleceu como parâmetros do estudo uma probabilidade de acerto (p) de 90% e um erro relativo (E_R) de 7%. O operador considerado como referência para essa operação a executou em 54,5 segundos. A empresa tem uma jornada de trabalho diária de 8 horas e concede 20 minutos de folga para tolerância pessoal, 20 minutos de folga para tolerância de fadiga e 8 minutos de folga para esperas não previstas (queda de energia, quebra de máquinas etc.). Com esses dados, determine o TP da operação.

Solução

O primeiro passo será a determinação do número de cronometragens necessárias, com a Equação 2.11. Por meio do número de cronometragens executadas ($n = 6$), identificamos o fator estatístico d_2 (consulte o Anexo 3) no valor de 2,534.

Determinamos a média $\bar{x}$ das cronometragens preliminares, calculada com a soma dos tempos de cada um dos elementos em cada cronometragem realizada, e obtemos o valor de 63,167 segundos. Com os mesmos dados, determinamos a amplitude R das cronometragens, obtendo o valor de 21 segundos.

Finalmente, determinamos o fator da distribuição normal reduzida (z) por meio da probabilidade de acerto (p = 90%), com o valor de 45%, ou 0,45 (como observado no Anexo 1), e obtemos o valor de 1,64. Para essa determinação, também poderíamos ter usado o Anexo 2, porém com valor de 0,05.

Com esses dados, determinamos o número de cronometragens necessárias:

$$n = \left(\frac{1,64 \cdot 21}{0,07 \cdot 2,534 \cdot 63,167}\right)^2 = 9,504 \text{ ou 10 cronometragens}$$

Como a amostra preliminar foi composta de 6 cronometragens, devemos apenas complementar as cronometragens com mais 4 coletas de tempo.

Suponhamos que a análise tenha sido completada com as 4 cronometragens adicionais, como mostrado na tabela a seguir.

Elemento \ Cronometragem	1	2	3	4	5	6	7	8	9	10
1	15	17	12	19	16	18	17	14	16	17
2	7	7	5	9	8	6	7	8	7	7
3	22	25	20	26	21	22	22	21	21	20
4	12	12	10	11	14	9	10	11	12	10
5	5	5	4	7	7	8	6	6	7	6
Total	61	66	51	72	66	63	62	60	63	60

Com os dados adicionais, calculamos o TM, no valor de 62,40 segundos. Como o operador de referência executa essa atividade em 54,5 segundos, calculamos o F_R por meio da Equação 2.13 do método de desempenho de ritmo:

$$F_R = \frac{62,40}{54,5} = 1,145 \text{ ou } 114,5\%$$

Com esse dado, calculamos o TN por meio da Equação 3.1:

TN = 62,40 · 1,145 = 71,45 segundos

Ao longo da jornada total de trabalho (480 minutos) e das tolerâncias indicadas, no total de 48 minutos, chegamos ao valor do fator de tolerância por meio das Equações 2.14 ou 2.15. Observe que o cálculo pode ser feito tanto com a soma dos termos de tolerância quanto com o percentual que esses tempos representam em relação à jornada total, de 10%. Assim, o fator de tolerância será:

$$F_T = \frac{480 \text{ minutos}}{(480 - 20 - 20 - 8) \text{ minutos}} = 1,111 \text{ ou } F_T = \frac{1}{1 - 0,1} = 1,111$$

Finalmente, determinamos o TP por meio das Equações 3.2 ou 3.3:

TP = 71,45 · 1,111 = 79,38 segundos

ou

TP = 62,40 · 1,145,1,111 = 79,38 segundos

Exercícios propostos

1. Uma operação é constituída de 3 elementos e foi cronometrada 5 vezes. A empresa concede 45 minutos por fadiga e 30 minutos para necessidades pessoais em uma jornada de 8 horas. Determine o TM, o TN e o TP. Quantas peças podem ser produzidas por dia?

Elementos \ Cronometragem (minutos)	1	2	3	4	5
1	1,03	1,04	1,02	1,02	1,04
2	2,07	2,02	2,04	2,03	2,04
3	0,72	0,80	0,75	0,76	0,72
F_R do operador	105%	100%	95%	95%	90%

2. Uma operação é constituída de 3 elementos e foi cronometrada 5 vezes. Em todas as medições, o F_R foi de 110%. A empresa concede 30 minutos para fadiga e 30 minutos para necessidades pessoais, em uma jornada de 8,3 horas. Determine o TM, o TN e o TP. Quantas peças podem ser produzidas por dia?

Elementos \ Cronometragem (minutos)	1	2	3	4	5
1	0,23	0,24	0,22	0,22	0,24
2	1,07	1,02	1,04	1,03	1,04
3	0,72	0,80	0,75	0,76	0,72

3. Uma operação foi cronometrada 3 vezes em 5 dias diferentes, sendo obtidos os dados a seguir. Calcule o TP, considerando que a empresa concede 30 minutos para lanche e 40 minutos para atrasos inevitáveis em um dia de 8 horas de trabalho.

Cronometragem (minutos) \ Dia	1	2	3	F_R do operador (%)
1	11,0	12,2	10,7	95%
2	10,5	10,3	11,2	100%
3	9,0	9,5	9,8	108%
4	11,2	11,4	10,9	100%
5	10,7	10,9	10,3	105%

4. Uma operação de montagem em análise, executada por um operador, foi dividida em elementos e estes foram cronometrados, conforme os dados do quadro a seguir. Cada cronometragem foi feita em momentos diferentes e de forma independente uma da outra. Determine o TP. Considere o F_R do operador de 105% e uma jornada útil de 450 minutos, em uma jornada total de 8 horas de trabalho.

Cronometragem (segundos) \ Elementos	1	2	3	4	5
1. Posicionar peça plástica no suporte	5	7	5	5	4
2. Quebrar canal de injeção	7	7	9	7	6
3. Posicionar o conjunto de corte no furo central	11	13	12	14	12
4. Acionar a prensa e retirar o conjunto montado	4	4	5	4	4
5. Embalar o conjunto e colocar no aramado	5	6	4	5	5
Tempo total de cada cronometragem	32	37	35	35	31
Tempo médio ou tempo cronometrado	$\dfrac{32 + 37 + 35 + 35 + 31}{5} = 34$ segundos				

5. Uma empresa tem uma jornada de trabalho das 7h30min às 17h30min, com uma hora para almoço e 25 minutos destinados às necessidades pessoais. Foi feita a cronometragem de uma operação, obtendo-se um tempo médio de 55 segundos. Considerando que o operador cronometrado tem um F_R de 105%, determine o TP dessa operação.

6. Uma empresa tem uma jornada de trabalho de 8,5 horas e concede 15% do tempo para necessidades pessoais e refeições. Uma operação de montagem foi cronometrada e determinou-se um tempo médio de 84 segundos. Considerando que o operador cronometrado tem um F_R de 93%, determine o TP dessa operação.

3.2 Elementos acíclicos

Elementos acíclicos são os elementos integrantes de uma operação (montagem, atendimento ao público etc.) que ocorrem a intervalos regulares ou não, na operação completa. Entre esses elementos, podemos destacar processos de embalagem, inspeção, *setup* de máquina, manutenção preditiva etc.

Um operador monta um pequeno módulo eletrônico, composto de uma placa de circuito impresso, alguns componentes eletrônicos e um pequeno cabo de fiação. A instrução de montagem que o operador recebe é a seguinte:

- A cada 10 módulos montados, ele deve testar o último deles em um equipamento de teste localizado à sua frente.
- Os módulos devem ser colocados em uma caixa contendo separadores para 40 peças, de modo que, ao completar 40 módulos, ele deve fechar e lacrar a caixa e colar uma etiqueta autoadesiva de identificação.

Podemos observar que os tempos de teste eletrônico e de embalagem são tempos acíclicos que devem ser cronometrados normalmente, seguindo o padrão descrito anteriormente.

O detalhe importante associado ao tempo acíclico é que este deve ser rateado para o número de operações para as quais ele é válido. Assim, de acordo com o exemplo anterior, o tempo de teste deve ser distribuído entre 10 módulos, enquanto o tempo de embalagem deve ser distribuído por 40 módulos, de modo que o tempo padrão final de uma unidade do produto tenha incluído os tempos de teste e de embalamento.

3.3 Validade de uma cronometragem

No estudo de tempos de qualquer operação, devemos considerar apenas as **cronometragens válidas**, ou seja, aquelas que representem, de modo global, a duração de cada elemento da operação. Entretanto, nem sempre os desvios de tempo são detectáveis facilmente.

Se um operador vai retirar uma peça da ferramenta de uma prensa após a estampagem e a peça enrosca, apresentando dificuldade para ser retirada, certamente o tempo dessa operação, se for cronometrado, será maior que o real. Do mesmo modo, se estivermos cronometrando uma operação de estampagem e, por um motivo qualquer, a peça não tiver sido totalmente prensada, é possível que o tempo de cronometragem obtido seja menor que o real.

Com o objetivo de eliminar esses tipos de falhas, faremos a **verificação da validade dos tempos cronometrados** por meio de um gráfico de controle.

O procedimento e o conceito utilizados, inclusive os parâmetros estatísticos, são idênticos aos usados na construção das cartas de controle estatístico de processo (CEP) por variáveis. A validade das cronometragens é feita como demonstramos na sequência.

Podemos determinar os limites de controle das médias dos tempos cronometrados ($LSC_{\bar{x}}$ e $LIC_{\bar{x}}$, respectivamente) por meio das seguintes expressões:

$$LSC_{\bar{x}} = \bar{\bar{x}} + A_2 \cdot \bar{R} \quad \text{Equação 3.4}$$

$$LIC_{\bar{x}} = \bar{\bar{x}} - A_2 \cdot \bar{R} \quad \text{Equação 3.5}$$

em que:

- $\bar{R}$: amplitude média observada entre a maior e a menor cronometragem.
- $\bar{\bar{x}}$: média global de todas as cronometragens.
- A_2: fator estatístico obtido no Anexo 3, em função do número de cronometragens.

Podemos determinar o limite superior de controle das amplitudes (LSC_R) como indicado a seguir:

$$LSC_R = D_4 \cdot \bar{R} \quad \text{Equação 3.6}$$

Entendemos aqui D_4 como sendo o fator estatístico obtido no Anexo 3, em função do número de cronometragens. O limite inferior de controle da amplitude (LIC_R) existe conceitualmente, mas não é utilizado pois não há sentido em se estabelecer um valor mínimo para a variação entre os valores (tempos) medidos. O ideal é a amplitude ser a mais próxima possível de zero.

Exercício resolvido 3.2

Uma operação foi cronometrada em 4 horários distintos, coletando-se 3 leituras (elementos amostrais, ou seja, $n = 3$) de tempo em cada amostra e cada horário, como indicado na tabela a seguir, com os tempos em segundos.

Horário / Elemento \ Cronometragem	8h30			11h			14h			17h30		
	1	2	3	1	2	3	1	2	3	1	2	3
1. Apoiar a chapa na prensa	5	5	5	8	6	7	5	5	4	5	4	5
2. Acionar a prensa e aguardar	5	7	5	8	7	8	6	6	7	6	5	5
3. Retirar a peça da prensa	10	10	11	12	11	12	10	10	11	10	11	11
4. Rebarbar o furo central	3	4	4	6	4	4	3	4	4	5	4	5
Total dos tempos	23	26	25	34	28	31	24	25	26	26	24	26

Verifique a validade das cronometragens.

Solução

Calculamos a amplitude (R) de cada leitura. Com esses dados, calculamos a amplitude média ($\overline{R}$). Em seguida, calculamos o TM de cada leitura e, com essas médias, descobrimos o TM da cronometragem, como é mostrado a seguir.

Horário	8h30	11h	14h	17h30
Amplitude de cada amostra	3	6	2	2
Amplitude média das amostras ($\overline{R}$)	3,25			
Tempo médio de cada horário	24,67	31,00	25,00	25,33
TM	26,50			

Com esses dados, calculamos os limites superior e inferior de controle da média, com as Equações 3.4 e 3.5, como mostrado a seguir (com $n = 3$ e $A_2 = 1{,}023$), e plotamos o gráfico das médias:

$LSC_{\bar{x}} = 26{,}50 + 1{,}023 \cdot 3{,}25 = 29{,}82$

$LIC_{\bar{x}} = 26{,}50 - 1{,}023 \cdot 3{,}25 = 23{,}18$

Gráfico 3.1 – Controle das médias

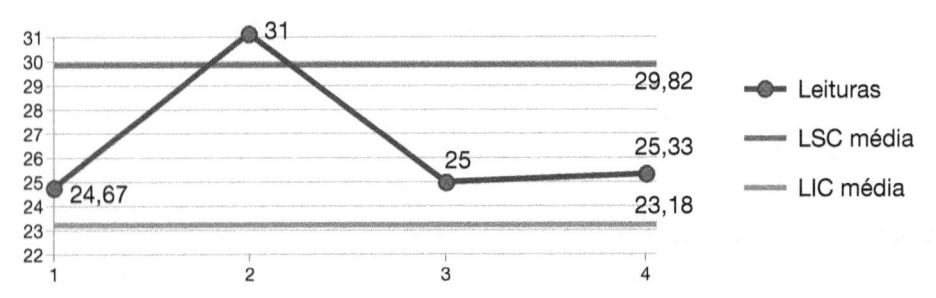

[Gráfico de linhas mostrando: Leituras nos pontos 1 a 4 com valores 24,67; 31; 25; 25,33. LSC média = 29,82 (linha superior a 30). LIC média = 23,18.]

Em seguida, calculamos o limite superior de controle das amplitudes, com a Equação 3.6, conforme mostramos a seguir (com $n = 3$ e $D_4 = 2{,}574$), e plotamos o gráfico da amplitude:

$$LSC_R = 2{,}574 \cdot 3{,}25 = 8{,}366$$

Gráfico 3.2 – Controle das amplitudes

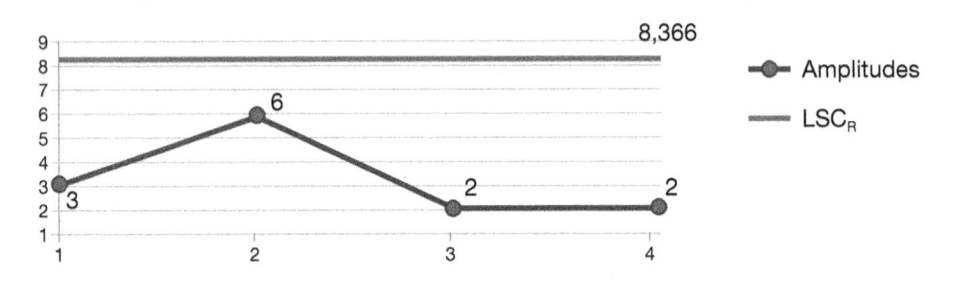

[Gráfico de linhas mostrando: Amplitudes nos pontos 1 a 4 com valores 3; 6; 2; 2. LSC_R = 8,366.]

Uma leitura só é considerada válida se seus valores (média e amplitude), estiverem dentro dos limites de controle em ambos os gráficos.

A validade de uma cronometragem deve ser verificada em ambos os gráficos, o das médias e o das amplitudes. Se algum ponto correspondente à média ou à amplitude de uma cronometragem se situar além dos limites de tolerância – ou seja, acima do limite superior de controle da média, abaixo do limite inferior de controle da média ou acima do limite superior de controle da amplitude –, então a leitura não será considerada válida. Uma leitura só é considerada válida se seus valores (média e amplitude) estiverem dentro dos limites de controle em ambos os gráficos. Notamos que a segunda leitura não é válida, e ela deve ser descartada. É importante observar que a exclusão da amostra de tempo efetuada às 11 horas se deve a algum dado irregular no estudo, tal como a ocorrência de algum elemento anormal ou estranho.

Outro dado a ser observado é que estamos analisando amostras de tempo e cada uma delas foi composta de 3 elementos amostrais (nada a ver com elemento da operação). Por essa razão, utilizamos $n = 3$ elementos para coleta dos fatores estatísticos no Anexo 3.

Exercício proposto

7. Dada a cronometragem a seguir, efetuada 7 vezes, verifique se o número de cronometragens foi suficiente e se todas as cronometragens são válidas. Determine o TM, o TN e o TP, considerando o F_R do operador em 103%, com uma jornada de trabalho de 8 horas e 45 minutos, na qual a empresa concede 1,6 hora para necessidades pessoais e descanso. Considere um grau de acerto de 95%, com erro relativo de 8%.

Elementos	Cronometragens (segundos)						
	1	2	3	4	5	6	7
1	3	4	4	5	3	3	4
2	12	12	15	14	18	15	15
3	22	22	25	25	24	21	22
4	17	16	16	15	18	14	14
5	5	5	4	4	7	5	5
Total							
TM							
TN							
TP							

3.4 Tempo padrão total de peças e lotes

Como vimos anteriormente, por meio da cronometragem ou dos tempos sintéticos, chegamos ao valor do TP de uma peça. Porém, devemos observar que esse TP se refere à peça isoladamente e durante o processo de produção normal, ou seja, não levamos em conta ainda os *setups* de máquina ou os processos de finalização (embalagens).

Veremos, a seguir, como levar em conta os *setups* e as finalizações para a determinação do TP total de uma peça e de um lote.

3.4.1 Determinação do tempo padrão total de uma peça

A fabricação de uma peça depende, normalmente, da execução de uma sequência de elementos da operação junto à execução dos elementos acíclicos, tais como um *setup* de máquina, uma embalagem, um teste por amostragem e a manutenção de um equipamento. Todos os elementos acíclicos fazem parte da manufatura da peça ou da execução de um serviço e devem ser incorporados ao TP.

Adotamos, nesses casos, o seguinte procedimento:

- Determinamos o TP de cada elemento do processamento da peça/prestação de um serviço, no ciclo normal, tal como exemplificamos anteriormente.

- Determinamos o TP do elemento acíclico por meio dos mesmos procedimentos adotados para a determinação do tempo padrão de um elemento normal do processamento.

- Dividimos o TP do elemento acíclico pela quantidade de peças/serviços para os quais ele é válido; ou seja, se um processo de embalagem de uma peça é executado para grupos de 40 unidades, dividimos o TP determinado para o processo de embalamento pelas 40 unidades para as quais ele é válido.

- Somamos todos os valores de TP correspondentes aos elementos acíclicos ao TP determinado para o produto em análise.

Vale lembrar que o *setup* é toda atividade executada para colocar um equipamento em condições de produção. O tempo de *setup* deve ser contado desde o início da preparação da máquina ou do processo até a obtenção da primeira peça aprovada, com a consequente liberação da produção.

Exercício resolvido 3.3

Um produto industrial é processado em 3 elementos, e a soma dos tempos cronometrados resultou em 3,50 minutos. O *setup* do processo é executado pelo próprio operador e teve um tempo cronometrado de 50 minutos para cada grupo de 1.000 peças. As peças produzidas são embaladas em caixas com capacidade para 10 peças, e o tempo cronometrado nesse embalamento é de 1,50 minuto. A empresa concede uma tolerância total de 37 minutos em uma jornada de 8 horas diárias. O F_R do operador nessas atividades foi definido em 95%. Determine o TP total da peça.

Solução

Inicialmente, devemos lembrar que é o operador quem executa o *setup* e o embalamento, e essas operações foram cronometradas. Portanto, o TP dessas operações deve ser acrescido do F_R do operador e do fator de tolerância (F_T) do processo, conforme as folgas dadas pela empresa. Assim, o TP da operação de uma peça é calculado como segue:

$$TP_{peça} = TM_{processo} \cdot F_R \cdot F_T + TM_{setup} \cdot F_R \cdot F_T + TM_{embalagem} \cdot F_R \cdot F_T$$

$$TP_{peça} = 3{,}5 \cdot 0{,}95 \cdot \frac{480}{480 - 37} + \frac{50 \cdot 0{,}95 \cdot \frac{480}{480 - 37}}{1000} + \frac{1{,}5 \cdot 0{,}95 \cdot \frac{480}{480 - 37}}{10} = 3{,}81 \frac{\text{minutos}}{\text{peça}}$$

3.4.2 Determinação do tempo padrão de um lote de peças

A execução de um lote de peças envolve, normalmente, atividades de ajuste de processo, inspeções, manutenções preditivas etc. Para a determinação do tempo padrão de um lote, devemos identificar os tipos de intervenção (os elementos acíclicos do lote) e a frequência com que cada uma ocorre no lote.

Cada elemento acíclico deve ser cronometrado separadamente, além de se identificar o fator de ritmo associado a cada um. Essa determinação se refere à contabilização dos valores de tempo padrão de cada elemento acíclico, além do tempo padrão de operação do produto, que devem ser somados. Por essa razão, não há uma fórmula específica para a determinação do tempo padrão de um lote. O procedimento é o mesmo para a determinação do tempo padrão de uma peça; porém, são consideradas as quantidades de peças no lote, bem como as quantidades de elementos acíclicos.

Exercício resolvido 3.4

A fabricação de um produto foi analisada e dividida em 4 elementos. A folha de processo define uma inspeção a cada 10 peças e um embalamento a cada 100 peças produzidas. Além disso, a folha de processo estabelece um ajuste de máquina a cada 7 mil peças produzidas, executado por outra pessoa que não seja o operador. A empresa concede 38 minutos para tolerâncias pessoais e para fadiga dentro de uma jornada de 8 horas diárias. Um conjunto de cronometragens foi executado, conforme a tabela a seguir, na qual estão indicadas as cronometragens dos elementos acíclicos (inspeção e embalagem). O F_R do operador foi definido em 107%, e o ajuste de máquina, feito por uma pessoa da manutenção, resultou em um TM cronometrado de 57 minutos, com F_R de 96%. Com esses dados, determine o TP para um lote de 22 mil unidades.

Elemento	Cronometragens (segundos)															Validade (peças)
	1			2			3			4			5			
1	12	10	9	10	10	12	12	10	11	11	12	12	12	10	11	
2	27	26	27	24	28	27	27	30	29	20	19	21	28	29	27	
3	30	30	30	30	31	32	31	30	30	31	29	27	31	29	30	
4	7	7	8	9	8	8	7	7	6	6	6	5	7	7	7	
Inspeção	42									48						10
Embalagem		78					70				80					100

Solução

Inicialmente, vamos tratar os dados do processo de fabricação da peça em regime, de acordo com o que detalhamos na tabela a seguir.

Elemento	Cronometragens (segundos)														
	1			2			3			4			5		
1	12	10	9	10	10	12	12	10	11	11	12	12	12	10	11
2	27	26	27	24	28	27	27	30	29	20	19	21	28	29	27
3	30	30	30	30	31	32	31	30	30	31	29	27	31	29	30
4	7	7	8	9	8	8	7	7	6	6	6	5	7	7	7
Total	76,00	73,00	74,00	73,00	77,00	79,00	77,00	77,00	76,00	68,00	66,00	65,00	78,00	75,00	75,00
R		3,00			6,00			1,00			3,00			3,00	
$\overline{R}$	3,20														
TM	74,33			76,33			76,67			66,33			76,00		
$\overline{TM}$	73,93														
TN	79,54			81,68			82,03			70,98			81,32		
TP															

Devemos avaliar, primeiramente, se todas as amostras são válidas por meio do cálculo dos limites superior e inferior de controle da média, com $n = 3$ e $A_2 = 1,023$:

$\text{LSC}_{\bar{x}} = 73,93 + 1,023 \cdot 3,2 = 77,21$

$\text{LIC}_{\bar{x}} = 73,93 - 1,023 \cdot 3,2 = 70,66$

Gráfico 3.3 – Controle das médias

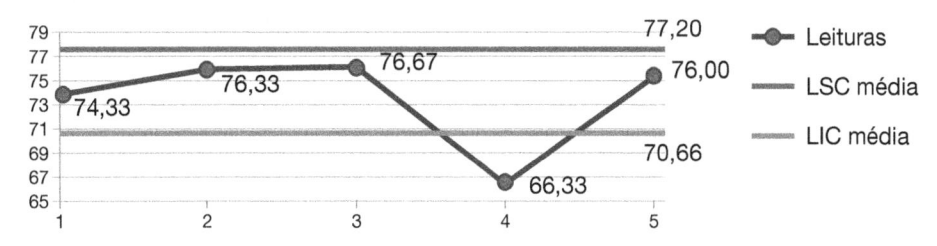

Em seguida, construímos o gráfico do limite superior de controle da amplitude.
$D_4 = 2,574$ e $\bar{R} = 3,20$
Portanto, $\text{LSC}_R = 8,237$

Gráfico 3.4 – Controle das amplitudes

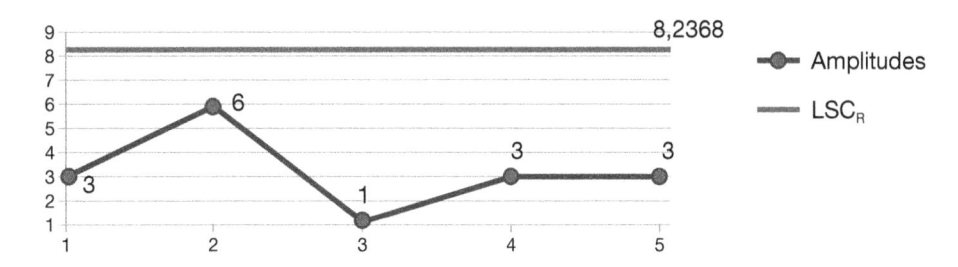

De acordo com os gráficos, devemos descartar a amostra n. 4 e calcular o TP com as demais amostras válidas:

$$\text{TP}_{\text{peça}} = \left(\frac{79,54 + 81,68 + 825,03 + 81,32}{4}\right) \cdot \frac{480}{480 - 38} = 88,12 \text{ segundos}$$

Analisaremos agora os tempos dos elementos acíclicos. Podemos notar que estes, por serem acíclicos, não foram cronometrados em todas as coletas de tempo. Nesse caso, calculamos a média dos tempos acíclicos cronometrados utilizando o resultado como TM.

Assim, o TM da inspeção será:

$$\text{TM}_{\text{inspeção}} = \frac{42 + 48}{2} = 45 \text{ segundos}$$

Do mesmo modo, para a embalagem:

$$TM_{embalagem} = \frac{78 + 70 + 80}{3} = 76 \text{ segundos}$$

Finalmente, calculamos o TP do lote, partindo da premissa de que o primeiro ajuste de máquina é feito antes do início da produção. Teremos 2.200 inspeções, 220 embalamentos e 4 ajustes de máquina. Assim, o TP do lote será:

$$TP_{lote} = n_{\cdot peças} \cdot TP_{peça} + n_{\cdot insp.} \cdot TP_{insp.} + n_{\cdot emb.} \cdot TP_{emb.} + n_{\cdot ajustes} \cdot TP_{ajuste}$$

Temos como o F_T da empresa:

$$F_T = \frac{\text{Jornada total}}{\text{Jornada útil}} = 1{,}086 \text{ ou } 108{,}60\%$$

Assim:

$$TP_{peças} = \frac{22.000 \frac{\text{peças}}{\text{lote}} \cdot 88{,}12 \frac{\text{segundos}}{\text{peça}}}{60 \frac{\text{segundos}}{\text{minutos}}} = 32.309{,}80 \frac{\text{minutos}}{\text{lote}}$$

$$TP_{inspeção} = \frac{2.200 \frac{\text{inspeções}}{\text{lote}} \cdot 45 \frac{\text{segundos}}{\text{inspeção}} \cdot 1{,}07 \cdot 1{,}086}{60 \frac{\text{segundos}}{\text{minuto}}} = 1.917{,}29 \frac{\text{minutos}}{\text{lote}}$$

$$TP_{embalagem} = \frac{220 \frac{\text{embalagens}}{\text{lote}} \cdot 76 \frac{\text{segundos}}{\text{embalagem}} \cdot 1{,}07 \cdot 1{,}086}{60 \frac{\text{segundos}}{\text{minuto}}} = 323{,}81 \frac{\text{minutos}}{\text{lote}}$$

$$TP_{ajuste} = 4 \frac{\text{ajustes}}{\text{lote}} \cdot 57 \frac{\text{minutos}}{\text{ajuste}} \cdot 0{,}96 \cdot 1{,}086 = 237{,}70 \frac{\text{minutos}}{\text{lote}}$$

$$TP_{lote} = (32.309{,}80 + 1.917{,}29 + 323{,}81 + 237{,}70) \frac{\text{minutos}}{\text{lote}} = 34.788{,}59 \frac{\text{minutos}}{\text{lote}}$$

Uma alternativa para a determinação do TP do lote seria ratear os tempos de inspeção e de embalagem para todas as peças, incluindo esses tempos no TP da peça, conforme a tabela a seguir, já excluindo a cronometragem n. 4.

Rateamos o TM da inspeção para as 10 peças:

$$TP_{inspeção} = \frac{45}{10} = 4{,}5 \text{ segundos}$$

O mesmo raciocínio é utilizado para a embalagem, que resulta no $TM_{embalagem} = 0{,}76$ segundo.

Elemento	Cronometragens (segundos)														
	1			2			3			4			5		
1	12	10	9	10	10	12	12	10	11	11	12	12	12	10	11
2	27	26	27	24	28	27	27	30	29	20	19	21	28	29	27
3	30	30	30	30	31	32	31	30	30	31	29	27	31	29	30
4	7	7	8	9	8	8	7	7	6	6	6	5	7	7	7
Inspeção	4,5	4,5	4,5	4,5	4,5	4,5	4,5	4,5	4,5	4,5	4,5	4,5	4,5	4,5	4,5
Embalagem	0,76	0,76	0,76	0,76	0,76	0,76	0,76	0,76	0,76	0,76	0,76	0,76	0,76	0,76	0,76
Total	81,26	78,26	79,26	78,26	82,26	84,26	82,26	82,26	81,26	73,26	71,26	70,26	83,26	80,26	80,26
R		3,00			6,00			1,00			3,00			3,00	
TM		79,59			81,59			81,93			71,59			81,26	
TN		85,16			87,30			87,66			76,60			86,95	
TP	94,23														

Assim, o TP do lote é calculado como mostramos a seguir:

$$TP_{lote} = \frac{22.000 \frac{peças}{lote} \cdot 94{,}23 \frac{segundos}{peça}}{60 \frac{segundos}{minuto}} + 4 \frac{ajustes}{lote} \cdot 57 \frac{minutos}{ajuste} \cdot 0{,}96 \cdot 1{,}086$$

$$= 34.788{,}59 \frac{minutos}{lote}$$

Exercícios proposto

8. Durante a cronometragem de uma peça em regime normal de produção, obteve-se um TP de 4,30 minutos. O *setup* dessa peça foi cronometrado e estabeleceu um TP de 6 horas, adequado para a produção de 1.000 unidades. Calcule o TP de um lote de 1.800 peças.

9. O *setup* do processo produtivo semiautomático de uma peça tem um TP de 15 minutos e deve ser refeito a cada grupo de 5 mil peças fabricadas. O tempo cronometrado na fabricação de cada peça foi de 4,09 segundos, e o operador embala o produto em caixas padronizadas para 1.000 unidades. A cronometragem da operação de embalamento forneceu um tempo cronometrado de 4,8 minutos, tanto na fabricação quanto no embalamento. O F_R do operador é de 105%. Calcule o TP de um lote de 3 mil peças, considerando que a empresa tem um fator de tolerância de 1,25.

10. Um operador produz peças em um torno semiautomático e deve trocar a ferramenta de usinagem a cada 100 unidades produzidas. O processo de parada do equipamento e troca da ferramenta foi analisado, resultando em um tempo cronometrado de 10 minutos. A operação de usinagem foi cronometrada 10 vezes, obtendo-se um tempo médio de 10,7 segundos. O F_R do operador foi calculado em 110% na operação de troca da ferramenta e 97% no processo de usinagem das peças. Considerando um fator de tolerância da empresa de 1,20, determine o TP:

    a. por peça.
    b. por peça incluindo o *setup*.
    c. de um lote de 1.550 peças.

11. O TP de ajuste de processo de uma operação de estampagem é de 40 minutos, válido para cada 10 mil peças produzidas. O TN da estampagem é de 4 segundos e o fator de tolerância da empresa é de 1,3. Determine o TP de um lote de 25.500 peças.

12. Um operador estampa uma peça em uma prensa de bancada, executa a inspeção e faz o escareamento de um furo central. Essa operação foi cronometrada em 27 segundos. A prensa passa por manutenção da punção e matriz a cada 1.200 peças, e o tempo cronometrado dessa operação é de 35 minutos. O operador executa a embalagem a cada 200 peças, e o TM dessa operação é de 3 minutos. O F_R do operador é 120% e o F_T da operação é 1,1. Determine:

    a. o TP por peça.
    b. o TP total por peça.
    c. o TP de um lote de 17 mil peças.

13. Dada a cronometragem sintetizada na tabela a seguir, determine:

    a. o número necessário de cronometragens pelo método da distribuição normal reduzida.
    b. se todas as cronometragens são válidas.
    c. o TM, o TN e o TP.
    d. o TP de um lote de 12 mil peças.

Considere:

- Grau de acerto de 96%, com erro relativo de 5%.
- Tempo acíclico do elemento 3 válido para 20 operações.
- Jornada de trabalho de 8,3 horas, concedendo-se 75 minutos para folgas.

- TM do *setup* de 50 minutos, válido para 800 peças, com a velocidade do operador de 90%.
- TM da finalização de 12 minutos, válido para 500 peças, com o F_R do operador de 90%.

Elemento	Cronometragens (segundos)																								
	1				2				3				4				5				6				
1	12	10	9	11	10	10	12	14	12	10	11	11	11	12	12	10	12	10	11	9	12	12	13	12	
2	27	26	27	25	24	28	27	28	27	30	31	30	20	19	21	29	28	29	27	29	25	26	29	27	
3	20						19							21											
4	30	30	30	32	30	31	32	30	31	30	30	30	31	29	27	30	31	29	30	30	29	29	30	31	
5	11	10	12	12	11	11	10	9	10	12	12	12	11	11	12	12	9	10	11	11	12	12	12	12	
Total																									
$F_{R \cdot operador}$	110%				120%				100%				90%				100%				95%				
R																									R\=
TM																									TM\=
TN																									TN\=
TP																									

Gráfico das médias

Gráfico das amplitudes

14. O TP de produção de uma peça é 4,30 minutos. Considerando o tempo de ajuste de processo, cronometrado em 6 horas, a cada 1.000 peças, o F_R do ajustador do processo é de 98% e a empresa tem um F_T de 1,08. Determine o TP de um lote de 1.800 peças.

15. Vejamos o estudo de cronometragem sintetizado na tabela a seguir.

Elemento	Cronometragens (segundos)														
	1			2			3			4			5		
1	12	10	9	10	10	12	12	10	11	11	12	12	12	10	11
2	27	26	27	24	28	27	27	30	29	20	19	21	28	29	27
3	42											48			
4	30	30	30	30	31	32	31	30	30	31	29	27	31	29	30
Total															
$F_{R \cdot operador}$	110%			120%			100%			90%			100%		
R															
TM															
TN															
TP															

R\=
TM\=
TN\=

O tempo acíclico correspondente ao elemento 3 é válido para 15 peças. A jornada de trabalho da empresa é de 8,3 horas, com 75 minutos para descanso e folgas. Considerando um objetivo de 90% de certeza e um erro relativo de 5%, determine:

a. se todas as cronometragens podem ser consideradas válidas.

b. o TM, o TN e o TP de uma peça.

c. o TP de um lote com 8.500 peças, sendo a regulagem de máquina a cada 1.000 peças, com TM de 37 minutos, e embalagem a cada 100 peças, com TP de 14 minutos. Considere o F_R do operador de 110% para os três processos.

d. o TP da peça.

e. se o número de cronometragens está adequado e quais são as providências necessárias.

Gráfico das médias

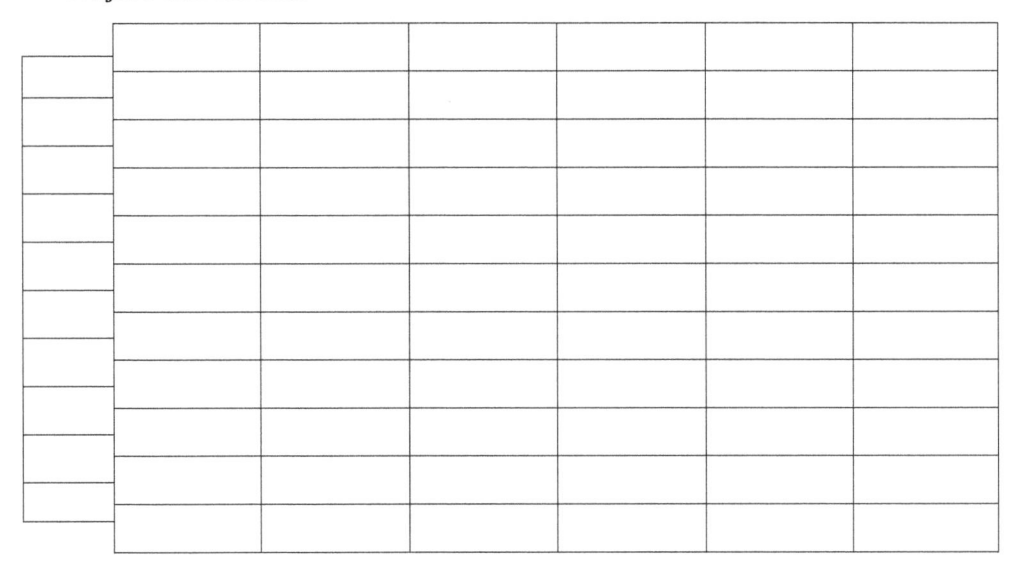

Gráfico das amplitudes

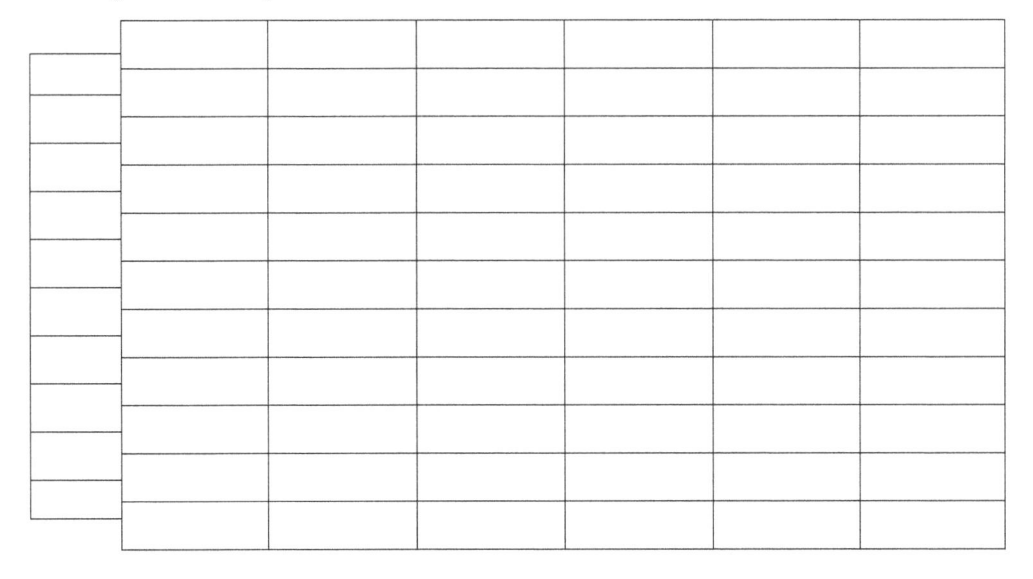

16. Dada a cronometragem a seguir, efetuada em 4 horários e expressa em segundos, verifique se as cronometragens são válidas e determine o TP dessa operação, considerando o F_R do operador em 125% e folgas de 20 minutos em jornada de 8 horas diárias.

Horário			8h30			11h			14h			17h30		
Cronometragem (segundos) Elemento			1	2	3	1	2	3	1	2	3	1	2	3
1. Apoiar a chapa na prensa			5	7	5	6	5	8	5	6	7	6	5	8
2. Acionar a prensa e aguardar			10	10	11	11	10	12	11	10	11	10	11	11
3. Retirar a peça da prensa			5	4	4	5	4	5	4	5	5	5	4	3
4. Rebarbar o furo central			5	5	5	6	4	7	5	5	4	5	4	4
Total dos tempos			25	26	25	28	23	32	25	26	27	26	23	26
Amplitude de cada amostra			1			9			1			3		
Tempo médio de cada horário			25,33			27,67			26,00			25,33		
TM			26,08											

Gráfico das médias

Gráfico das amplitudes

17. Uma operação foi cronometrada 8 vezes, sendo obtida a tabela a seguir. A empresa concede 45 minutos de folgas e 10 minutos para necessidades pessoais, em uma jornada de 8,3 horas. O elemento 3 é uma operação acíclica aplicada a cada 12 peças.

Elemento	Cronometragens (segundos)																								
	1			2			3			4			5			6			7			8		
1	12	10	9	11	10	10	12	14	12	10	11	11	11	12	12	10	12	10	11	9	12	12	13	12
2	27	26	27	25	24	28	27	28	27	30	31	30	20	19	21	29	28	29	27	29	25	26	29	27
3	16						17						15											
4	30	30	30	32	30	31	32	30	31	30	30	30	31	29	27	30	31	29	30	30	29	29	30	31
5	7	7	6	7	6	5	8	7	6	6	7	5	3	5	3	7	7	7	5	7	6	7	7	7
Total																								
$F_{R \cdot operador}$	110%			110%			95%			100%			90%			110%			110%			95%		

Considerando um objetivo de 90% de certeza e um erro relativo de 5%, determine:

a. se o número de cronometragens está adequado. Comente.
b. se todas as cronometragens podem ser consideradas válidas.
c. o TM, o TN e o TP de uma peça.
d. o TP de um lote com 8.500 peças, sendo o ajuste de máquina a cada 1.000 peças, com TM de 37 minutos, e finalização a cada 100 peças, com TP de 14 minutos. O F_R do operador, nesses dois elementos acíclicos, é de 110%.
e. o TP total de uma peça.

Gráfico das médias

Gráfico das amplitudes

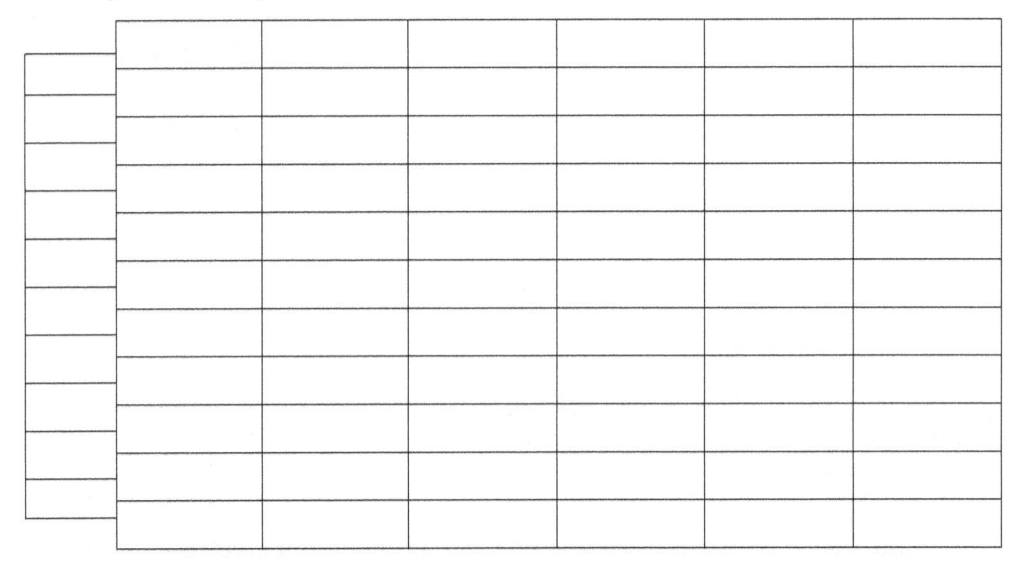

18. A produção de uma peça exige ajuste de processo a cada 3.500 unidades. O TM do ajuste é de 30 minutos. O operador embala as peças a cada 500 unidades, com TM de 5 minutos. O F_R do operador no ajuste e na finalização é 110%. Um estudo de cronometragem forneceu os dados a seguir.

Elemento \ Cronometragens (segundos)	1			2			3			4			5		
1	32	40	39	40	40	42	42	40	41	41	40	40	42	40	40
2	17	16	17	14	18	17	17	20	21	20	19	21	18	18	17
3	52											48			
4	20	20	20	20	22	22	21	20	20	21	19	17	21	19	20
Total															
$F_{R \cdot operador}$	110%			120%			100%			90%			100%		
TM															
TN															
TN															
TP															

O elemento 3 é acíclico e válido para 25 operações. A empresa tem uma jornada de trabalho de 8 horas e concede 50 minutos para café e necessidades pessoais. Determine:

a. se todas as cronometragens são válidas.
b. o TP da peça em regime contínuo de trabalho.
c. o TP de um lote de 20 mil peças.
d. o número de cronometragens para o estudo com probabilidade de 78% e erro relativo de 8%.

Gráfico das médias

Gráfico das amplitudes

19. Os dados a seguir se referem a tempos cronometrados da montagem de um subconjunto.

Elemento \ Cron. (min.)	1				2				3				4				5				6				7			
1	21	22	20	19	22	23	23	21	19	18	22	23	21	20	19	22	22	21	20	20	19	19	19	18	20	20	22	21
2	6	6	7	5	8	7	8	9	7	6	7	9	8	5	8	9	7	6	8	8	9	11	9	9	8	7	9	10
3	32												28								30							
4	14	14	13	14	15	16	14	13	15	15	13	15	15	16	16	16	17	14	14	13	15	15	15	15	16	16	15	16
$F_{R \cdot operador}$	100%				105%				110%				110%				95%				90%				100%			
TM																												
R																												
TN																												

O elemento 3 é acíclico e válido para 15 operações. A empresa tem uma jornada diária de trabalho de 8,6 horas e concede 45 minutos para lanche e 30 minutos para descanso a cada dia. Nessas condições, determine:

a. se todas as cronometragens são estatisticamente válidas.
b. o TM, o TN e o TP.
c. se as cronometragens efetuadas foram suficientes, considerando uma probabilidade *p* de acerto (também denominada *grau de atendimento* – GA – veja as Seções 2.1.1 e 2.1.3) de 98% e erro relativo de 8%.

Gráfico das médias

Gráfico das amplitudes

■ Síntese

Neste capítulo, vimos a aplicação dos fatores de ritmo e de tolerância para determinação do tempo padrão de uma peça. Pudemos observar que, nesse cálculo, ainda ocorrem folgas e tempos adicionais no processo, não incluídos nos fatores citados, mas que devem ser considerados no tempo padrão total de uma peça.

Adicionalmente, vimos que – tal como em todo estudo estatístico – há o risco de utilizarmos amostras (no caso, amostras de tempo) não válidas estatisticamente. Também vimos como proceder para identificar essas amostras não válidas por meio dos limites de tolerância da média e da amplitude dos tempos cronometrados. Tais amostras são identificadas e desconsideradas de tal forma que – extrapolando-se o tempo padrão total de uma peça para um lote de peças – temos resultados válidos para uma base de cálculo confiável da empresa em suas análises de custo e ocupação de máquinas.

■ Questões para revisão

1. Explique como são identificadas as cronometragens não válidas em um estudo de tempos.

2. Por que a amplitude dos tempos cronometrados é avaliada somente em termos do limite superior de controle, desconsiderando-se o limite inferior de controle da amplitude?

3. Um produto industrial é processado em 3 operações cujos tempos médios cronometrados resultaram em 3,50 minutos. O tempo médio de *setup* do equipamento foi cronometrado em 5 minutos, válido para cada 1.000 peças. As peças produzidas são embaladas em caixas com capacidade para 100 unidades, que, ao serem completadas, são fechadas e lacradas; o TM desse embalamento é de 1,50 minuto. O operador executa tanto a produção das peças quanto o *setup* e a embalagem, e seu F_R foi estipulado em 102%. Determine o TP total da peça e de um lote de 2.150 peças, considerando que a empresa adota um F_T de 109%. Trabalhe com duas casas decimais.

   a. $TP_{unidade}$ = 3,78 minutos e $TP_{lote\ de\ 2.150}$ = 8.348,67 minutos, ou 139,14 horas.

   b. $TP_{unidade}$ = 3,91 minutos e $TP_{lote\ de\ 2.150}$ = 8.430,47 minutos, ou 140,51 horas.

   c. $TP_{unidade}$ = 3,93 minutos e $TP_{lote\ de\ 2.150}$ = 8.448,67 minutos, ou 140,81 horas.

   d. $TP_{unidade}$ = 3,91 minutos e $TP_{lote\ 2.150}$ = 8.467,47 minutos, ou 141,12 horas.

   e. $TP_{unidade}$ = 3,65 minutos e $TP_{lote\ de\ 2.150}$ = 8.103,67 minutos, ou 135,06 horas.

4. Os dados a seguir se referem ao estudo do tempo de montagem de um produto, no qual foram coletadas 4 amostras de tempo, em 3 horários diferentes, para cada um dos 3 diferentes operadores produzindo o mesmo produto.

Leitura	Operador	Horário	Cronometragem			
			1	2	3	4
1		8h	27	29	31	30
2	A	9h30	32	30	29	31
3		11h	30	30	31	31
4		8h30	25	27	33	28
5	B	10h	26	30	28	30
6		11h30	28	26	28	29
7		9h	27	26	26	28
8	C	10h30	28	27	27	27
9		12h	31	27	30	29

Considerando o F_T da empresa de 1,12 e que todas as amostras de tempo são válidas, indique a alternativa correta:

a. TM = 28,67; TN = 29,60; TP = 30,03.
b. TM = 28,67; TN = 28,70; TP = 32,15.
c. TM = 28,67; TN = 28,60; TP = 30,03.
d. TM = 28,60; TN = 29,67; TP = 32,03.
e. TM = 29,60; TN = 28,67; TP = 31,03.

5. Os dados a seguir se referem ao estudo do tempo de montagem de um produto, no qual foram coletadas 4 amostras de tempo, em 3 horários diferentes, para cada um dos 3 diferentes operadores produzindo o mesmo produto.

Leitura	Operador	Horário	Cronometragem			
			1	2	3	4
1		8h	27	29	31	30
2	A	9h30	32	30	32	31
3		11h	30	30	31	31
4		8h30	24	27	32	28
5	B	10h	26	30	28	30
6		11h30	28	26	28	29
7		9h	27	26	26	28
8	C	10h30	28	27	27	27
9		12h	31	27	30	29

Ao avaliar os dados, o analista verificou que alguns pontos não são estatisticamente válidos. Indique a alternativa correspondente aos pontos que devem ser desconsiderados da análise:

a. Leitura 1 do gráfico das médias e leitura 5 do gráfico das amplitudes.
b. Leitura 4 do gráfico das médias e leitura 6 do gráfico das amplitudes.
c. Leitura 9 do gráfico das médias e leitura 8 do gráfico das amplitudes.
d. Leitura 5 do gráfico das médias e leitura 7 do gráfico das amplitudes.
e. Leitura 2 do gráfico das médias e leitura 4 do gráfico das amplitudes.

■ Questões para reflexão

1. Descreva as etapas de cálculo para determinação conceitual de um TP desde a determinação do F_R.
2. A determinação do TP é aplicável em processos automatizados/robotizados?

■ Para saber mais

GRANDJEAN, E. **Manual de ergonomia**: adaptando o trabalho ao homem. 4. ed. Porto Alegre: Bookman, 1998.

Os leitores interessados em aprofundar-se nos estudos sobre TP, bem como sobre análises para determinação do F_R e do F_T, podem consultar o Manual de ergonomia, escrito por Etienne Grandjean. Nessa obra, o leitor encontrará abordagens complementares aos conceitos vistos neste capítulo.

4 Tempos sintéticos

Conteúdos do capítulo
- *Estudo dos tempos sintéticos.*
- *Método da medida de tempo no cálculo de tempos de operação.*

Após o estudo deste capítulo, você será capaz de:
1. *calcular o tempo padrão de uma operação ou atividade ainda não existente, que está em fase de planejamento;*
2. *determinar o tempo padrão de uma operação mais complexa;*
3. *planejar a implantação de células de manufatura e linhas de montagem.*

Neste capítulo, trataremos do estudo de tempos sintéticos, uma alternativa para o cálculo do tempo padrão (TP) sem o uso de cronometragens, aplicada principalmente em análises de sequências operacionais mais complexas, como em postos de trabalho e células de manufatura.

Com o uso de tempos sintéticos, é possível determinar previamente o TP de uma operação, mesmo que esta ainda esteja em fase de planejamento. Um dos sistemas de tempos sintéticos mais utilizados é o método da medida de tempo (MMT), que se fundamenta no estudo dos micromovimentos realizados pelo operador na execução de uma operação. Para cada micromovimento, são associados tempos tabelados – obtidos por meio de observações e análises –, considerando-se a distância do objeto em relação ao operador e a dificuldade de manuseio que o objeto apresenta.

No estudo de tempos sintéticos, seleciona-se inicialmente a operação a ser executada. Na sequência, é desenvolvido um projeto-piloto do posto de trabalho e realizado o treinamento do operador. A operação, então, é filmada, de modo que seja possível identificar todos os micromovimentos realizados pelo operador e caracterizá-los de acordo com suas dificuldades. Aliando-se essas informações à medição das distâncias, obtém-se o TP.

Existem dois sistemas para a determinação dos valores de tempo padrão através de tempos sintéticos:

- fator de trabalho (FT);
- método da medida de tempo (MMT).

Ambos os sistemas identificam inicialmente todos os micromovimentos envolvidos numa operação executada por um operador. Para cada micromovimento são associados tempos tabelados em função da distância do objeto em relação ao operador e da dificuldade de manuseio que o objeto apresenta. Esses tempos tabelados foram obtidos por meio de observações e de análises ao longo do tempo.

No caso da determinação do tempo padrão de uma operação por meio de tempos sintéticos, dividimos essa operação em micromovimentos, determinamos o tempo associado a cada um deles e somamos todos os tempos, obtendo o tempo padrão final. O sistema MMT é uma alternativa interessante ao sistema de fator de trabalho, além de ser o método mais utilizado.

O estudo de tempos sintéticos apresenta a seguinte sequência:

1. Selecionar a operação a ser executada.
2. Desenvolver um posto de trabalho piloto e treinar o operador.
3. Filmar a operação, de modo que nenhum micromovimento seja perdido.
4. Identificar todos os micromovimentos e caracterizá-los de acordo com suas dificuldades.
5. Medir as distâncias de modo genérico, ou seja, com precisão de centímetros.
6. Selecionar os tempos das tabelas.
7. Obter o tempo padrão.

A seguir, analisaremos mais detalhadamente o sistema MMT.

4.1 Método da medida de tempo (MMT)

No sistema MMT, os micromovimentos são classificados em oito categorias:

1. alcançar;
2. movimentar;
3. girar;
4. pegar;
5. posicionar;
6. soltar;
7. desmontar;
8. olhar.

A unidade de tempo de cada micromovimento é chamada de *unidade de medida de tempo* (UMT) e equivale a um centésimo de milésimo de hora, ou seja, 0,00001 hora, 0,0006 minuto ou 0,036 segundo.

Veremos, a seguir, as tabelas de tempos sintéticos de cada categoria, bem como alguns exemplos práticos, fundamentais à compreensão desse sistema, essencialmente empírico.

Alcançar
Elemento básico usado quando a finalidade principal é transportar a mão ou os dedos a um determinado objetivo. O tempo de alcançar está associado aos fatores relacionados à natureza, ao destino, à distância percorrida e ao tipo de alcance.

Para sua classificação, de A a E, considera-se a natureza do objeto a ser atingido pela mão:

- **A**: quando o objeto está em posição definida, está na outra mão ou está em repouso sob a outra mão.
- **B**: quando o objeto está em uma localização genérica, sendo que a localização pode variar de ciclo para ciclo.
- **C**: quando o objeto se situa em um grupo de objetos.
- **D**: para objetos muito pequenos, exigindo precisão para a coleta.
- **E**: quando o objeto está em localização indefinida e exige que o operador se movimente para se preparar para um próximo movimento ou tenha de desimpedir o caminho.

A distância percorrida é medida por meio da trajetória da mão a partir de sua posição inicial até o fim do movimento (Tabela 4.1). Há três situações a serem consideradas:

1. A mão **não está em movimento** no início e no fim do alcançar. Parte do repouso e volta ao repouso.

2. A mão **está em movimento** no início **ou** no fim do alcançar.
3. A mão **está em movimento** tanto no início quanto no fim do alcançar.

Tabela 4.1 – Tempos sintéticos: alcançar

Distância percorrida (mm)	A mão não está em movimento tanto no início quanto no final				Mãos em movimento		Caso e descrição
	A	B	C ou D	E	A	B	
< 19	2,0	2,0	2,0	2,0	1,6	1,6	**A.** Alcançar o objeto em localização fixa, em outra mão ou com a mão sobre ele.
19 a 25	2,5	2,5	3,6	2,4	2,3	2,3	
25 a 50	4,0	4,0	5,9	3,8	3,5	2,7	Região intermediária entre A e B.
51 a 76	5,3	5,3	7,3	5,3	4,5	3,6	**B.** Alcançar apenas um objeto, cuja posição pode variar entre cada ciclo.
77 a 100	6,1	6,4	8,4	6,8	4,9	4,3	
101 a 127	6,5	7,8	9,4	7,4	5,3	5,0	Região intermediária entre B e C.
128 a 152	7,0	8,6	10,1	8,0	5,7	5,7	**C.** Alcançar o objeto misturado a outros, podendo ocorrer procura e seleção.
153 a 178	7,4	9,3	10,8	8,7	6,1	6,5	
179 a 203	7,9	10,1	11,5	9,3	6,5	7,2	Região intermediária entre C e D.
203 a 228	8,3	10,8	12,2	9,9	6,9	7,9	**D.** Alcançar objeto muito pequeno, devendo ser segurado com cuidado.
229 a 254	8,7	11,5	12,9	10,5	7,3	8,6	
255 a 305	9,6	12,9	14,2	11,8	8,1	10,1	Região intermediária entre D e E.
305 a 355	10,5	14,4	15,6	13,0	8,9	11,5	
355 a 406	11,4	15,8	17,0	14,2	9,7	12,9	
406 a 457	12,3	17,2	18,4	15,5	10,5	14,4	**E.** Alcançar o objeto em posição não definida para se colocar a mão, em posição que exija o movimento do corpo tanto para o próximo movimento quanto para desimpedir o caminho.
458 a 508	13,1	18,6	19,8	16,7	11,3	15,8	
509 a 559	14,0	20,1	21,2	18,0	12,1	17,3	
560 a 610	14,9	21,5	22,5	19,2	12,9	18,8	
611 a 660	15,8	22,9	23,9	20,4	13,7	20,2	
661 a 711	16,7	24,4	25,3	21,7	14,5	21,7	
712 a 762	17,5	25,8	26,7	22,9	15,3	23,2	
Obs.: Todos os valores se referem a unidades de medida de tempo (UMTs), equivalentes a 0,00001 hora, ou 0,0006 minuto, ou 0,036 segundo.							

Fonte: Elaborado com base em Barnes, 1977.

Movimentar

Elemento básico usado quando a finalidade predominante é o transporte de um objeto ao seu destino. Existem três classes de movimentar:

- **A**: quando o objeto vai de uma mão para a outra ou de encontro a um batente.

- **B**: quando o objeto vai para uma localização aproximada ou indefinida.
- **C**: quando o objeto vai para uma localização exata.

Tabela 4.2 – Tempos sintéticos: movimentar

Distância percorrida (mm)	UMT				Peso permitido			Caso e descrição
	A	B	C	Mãos em movimento B	Peso (em kgf)	Fator	Constante UMT	
< 19	2,0	2,0	2,0	1,7	< 1,15	1,0	0	**A.** Mover o objeto para a outra mão ou contra um anteparo.
20 a 25	2,5	2,9	3,4	2,3				
26 a 50	3,6	4,6	5,2	2,9	1,15 a 3,4	1,06	2,2	
51 a 76	4,9	5,7	6,7	3,6				
77 a 100	6,1	6,9	8,0	4,3	3,4 a 5,7	1,11	3,9	
101 a 127	7,3	8,0	9,2	5,0				
128 a 152	8,1	8,9	10,3	5,7				
153 a 178	8,9	9,7	11,1	6,5	5,7 a 8,0	1,17	5,6	
179 a 203	9,7	10,6	11,8	7,2				**B.** Mover o objeto para local aproximado ou indefinido.
203 a 228	10,5	11,5	12,7	7,9	8,0 a 10,2	1,22	7,4	
229 a 254	11,3	12,2	13,5	8,6				
255 a 305	12,9	13,4	15,2	10,0	10,2 a 12,5	1,28	9,1	
305 a 355	14,4	14,6	16,9	11,4				
355 a 406	16,0	15,8	18,7	12,8	12,5 a 14,8	1,33	10,8	
406 a 457	17,6	17,0	20,4	14,2				
458 a 508	19,2	18,2	22,1	15,6	14,8 a 17,0	1,39	12,5	**C.** Mover o objeto para local exato.
509 a 559	20,8	19,4	23,8	17,0				
560 a 610	22,4	20,6	25,5	18,4				
611 a 660	24,0	21,8	27,3	19,8	17,0 a 19,3	1,44	14,3	
661 a 711	25,5	23,1	29,0	21,2				
712 a 762	27,1	24,3	30,7	22,7	19,3 a 21,6	1,50	16,0	

Fonte: Elaborado com base em Barnes, 1977.

O tempo para movimentar sofre interferência das seguintes variáveis:

- **condição** (natureza ou destino);
- **distância percorrida** (durante o movimento);
- **tipo de movimento**;
- **fator de peso** (estático ou dinâmico).

O tempo de movimentar também sofre influência da distância, a exemplo do que ocorre com o alcançar. Os três tipos de movimentar são os mesmos que os descritos para o alcançar. Quando se movimenta um objeto ou se aplica uma força acima de 1,15 kg, deve-se aplicar um tempo adicional por meio dos fatores indicados na Tabela 4.2.

Girar

Elemento usado para girar a mão, vazia ou carregada, com um movimento que cause a rotação do pulso e do antebraço, tendo como eixo de rotação o próprio antebraço. O tempo de girar depende de duas variáveis: **grau de giro** e **fator de peso**.

Tabela 4.3 – Tempos sintéticos: girar

Peso	UMT para o grau de giro										
	30°	45°	60°	75°	90°	105°	120°	135°	150°	165°	180°
Pequeno: 0 a 900 g	2,8	3,5	4,1	4,8	5,4	6,1	6,8	7,4	8,1	8,7	9,4
Médio: 901 a 4.500 g	4,4	5,5	6,5	7,5	8,5	9,6	10,6	11,6	12,7	13,7	14,8
Grande: 4.501 a 16 000 g	8,4	10,5	12,3	14,4	16,2	18,3	20,4	22,2	24,3	26,1	28,2
Aplicar pressão – caso I: 16,2 UMT							Aplicar pressão – caso II: 10,6 UMT				

Fonte: Elaborado com base em Barnes, 1977.

Pegar

Elemento básico empregado quando a finalidade predominante é assegurar-se do controle eficiente de um ou mais objetos com os dedos ou com a mão. As respectivas UMTs para pegar estão indicadas a seguir.

Tabela 4.4 – Tempos sintéticos: pegar

Caso	Descrição	UMT
1A	Pegar e erguer um objeto pequeno, médio ou grande, facilmente táctil.	2,0
1B	Objetos muito pequenos ou objetos em repouso sobre uma superfície plana.	3,5
1C1	Interferência ao pegar objetos pela base ou por um dos cantos. Objetos quase cilíndricos. Diâmetro maior que 12,0 mm.	7,3
1C2	Interferência ao pegar objetos pela base ou por um dos cantos. Objetos quase cilíndricos. Diâmetro entre 6,0 mm e 12,0 mm.	8,7

(continua)

(Tabela 4.4 – conclusão)

Caso	Descrição	UMT
1C3	Interferência ao pegar objetos pela base ou por um dos cantos. Objetos quase cilíndricos. Diâmetro menor que 6,0 mm.	10,8
2	Pegar um objeto seguidamente, por duas vezes.	5,6
3	Pegar um objeto e transferir.	5,6
4A	Necessidade de procurar e selecionar o objeto em meio a outros. Maiores que 25 × 25 × 25 mm.	7,3
4B	Necessidade de procurar e selecionar o objeto em meio a outros. Medidas do objeto entre 6 × 6 × 3,5 mm, até 25 × 25 × 25 mm.	9,1
4C	Necessidade de procurar e selecionar o objeto em meio a outros. Menores que 6 × 6 × 3,5 mm.	12,9
5	Pegar e encaixar, com possibilidade de escorregamento.	0

Fonte: Elaborado com base em Barnes, 1977.

Posicionar

Elemento utilizado para alinhamento, orientação ou montagem de uma peça em relação a sua contrapeça ou à área de encaixe, em situações nas quais o movimento de posicionamento tenha um percurso inferior a 25 milímetros. O tempo de duração desse movimento depende do ajuste, do tipo de manuseio e da simetria das peças envolvidas.

A tabela de tempo de posicionamento, a seguir, indica alguns exemplos genéricos de cada classe de ajuste, mas sem levar em conta se a peça é simétrica (S), semissimétrica (SS) ou assimétrica (NS).

Tabela 4.5 – Tempos sintéticos: posicionar

Classe de ajuste		Simetria	Manuseio	
			Fácil	Difícil
1. Folgado	Não requer precisão	S	5,6	11,2
		SS	9,1	14,7
		NS	10,4	16,0
2. Justo	Requer pouca precisão	S	16,2	21,8
		SS	19,7	25,3
		NS	21,0	26,6
3. Preciso	Requer muita precisão	S	43,0	48,6
		SS	46,5	52,1
		NS	47,8	53,4

Fonte: Elaborado com base em Barnes, 1977.

Soltar

Classe de movimentos usados para liberação de um objeto das mãos.

Tabela 4.6 – Tempos sintéticos: soltar

Caso	UMT	Descrição
1	2,0	Soltar normalmente dos dedos, por movimento natural e independente.
2	0	Liberar por contato, quando se percebe que o objeto tocou o anteparo.

Fonte: Elaborado com base em Barnes, 1977.

Desmontar

Categoria de movimentos necessários para soltar um objeto de sua contrapeça ou de seu receptáculo. Esse elemento, normalmente, é iniciado com o esforço para vencer uma resistência, que desaparece de maneira repentina.

Tabela 4.7 – Tempos sintéticos: desmontar

Classe de ajuste	Manuseio Fácil	Difícil
1. Frouxo: pouco esforço, encaixe com movimento subsequente.	4,0	5,7
2. Justo: esforço normal com pouco recuo.	7,5	11,8
3. Apertado: esforço considerável e acentuado recuo da mão.	22,9	34,7

Fonte: Elaborado com base em Barnes, 1977.

Olhar

No estudo da movimentação dos olhos, são considerados dois tempos:

1. tempo de focalização;
2. tempo de movimentação dos olhos.

O tempo de focalização é o tempo necessário para os olhos focarem um objeto de modo a distingui-lo por meio de certas características da área que o circunda. No caso do tempo de focalização, é admitido um tempo único de 7,3 UMT.

O tempo de movimentação dos olhos é determinado pela distância (D) entre os pontos pelos quais os olhos se deslocam e pela distância (P), medida perpendicularmente do olho até a linha de deslocamento, conforme indicado a seguir (Barnes, 1977):

$$\text{Tempo de movimentação dos olhos} = 15{,}2 \cdot \frac{D}{P} \text{ UMT} \qquad \text{Equação 4.1}$$

Convencionalmente, admite-se 20 UMT como o valor **máximo** possível para o tempo de movimentação dos olhos. Devemos adicionar a ele o tempo de focalização (7,3 UMT), o que facilita bastante a análise.

Exercícios propostos

1. Após escrever uma carta, uma pessoa deixa a caneta e a tampa sobre a mesa, distantes 10 cm entre si e cada uma a 30 cm de distância das mãos esquerda e direita, respectivamente. Determine o TP para pegar a caneta, pegar a tampa, tampar a caneta, colocá-la no bolso da camisa e retornar as mãos ao repouso, utilizando o sistema de tempos sintéticos MMT.

2. Um caixa de um banco trabalha dentro da seguinte sequência:

   Permanecendo sentado, ele pega um cheque colocado pelo cliente sobre o guichê à sua frente, na altura de seus olhos. Após pegar o cheque com a mão direita, conferir o valor, o extenso e repassá-lo à mão esquerda, ele digita com a mão direita uma sequência de 11 dígitos em um teclado colocado à sua frente, próximo ao alcance de sua mão. Em seguida, com a mão esquerda, ele passa o cheque por uma leitora ótica, situada à sua esquerda. Aguarda 8 segundos para a impressão do comprovante, destaca-o manualmente com a mão direita e coloca-o sobre o balcão à disposição do cliente. Em seguida, abre uma gaveta à sua frente, coloca o cheque dentro de uma caixa apropriada, fecha a gaveta com as duas mãos e retorna à posição original. Determine o TP necessário para o processamento de:

   a. 1 cheque;
   b. 10 cheques de um mesmo cliente.

3. Um operador está sentado diante de uma bancada, com as mãos sobre ela, e ao lado de uma esteira rolante. Ele deve pegar uma placa de circuito impresso com a mão esquerda, pegar um suporte plástico com a mão direita e montar o conjunto. Em seguida, deve pegar uma embalagem, embalar o produto e colocá-lo embalado na esteira rolante, retornando à posição inicial.

   O suporte, a placa e a embalagem pesam menos de 50 g cada. A distância dos olhos do operador até a área de montagem é de, aproximadamente, 40 cm. Determine o TP dessa operação, em segundos, por meio dos tempos sintéticos, indicando no quadro a seguir todos os movimentos que você identificou.

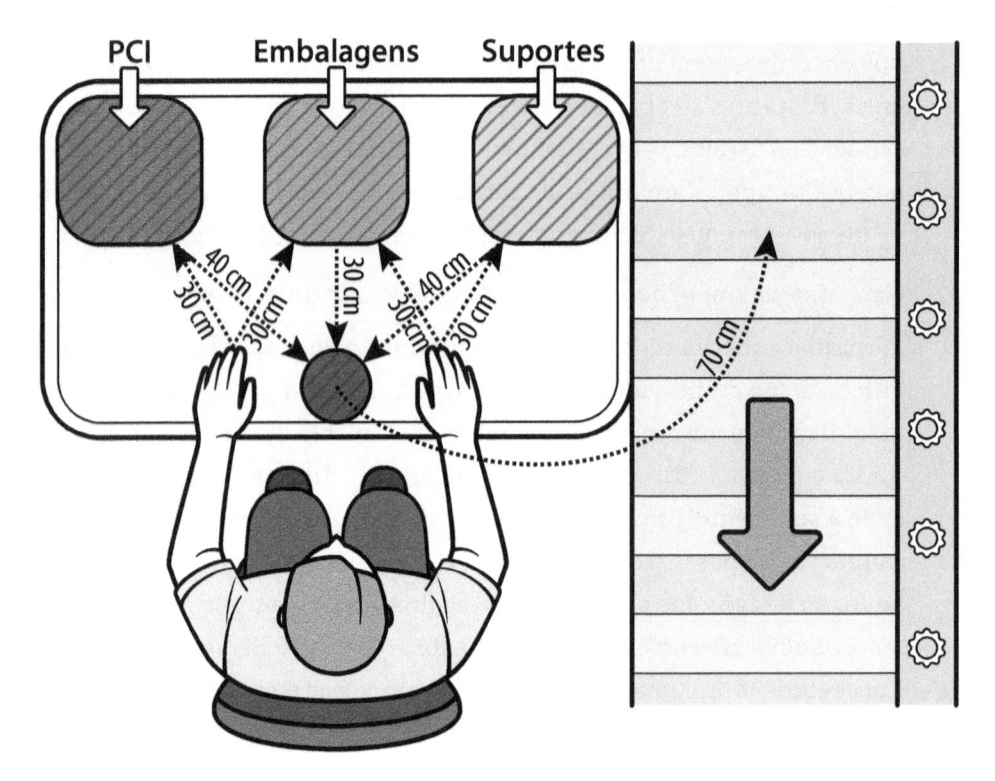

Quadro de atividades e durações em UMT

Item	Descrição	UMT	Duração "
01	Movimentar os olhos	20,0	
02	Focalizar PCI e suporte	7,3	
03	Alcançar PCI e suporte	9,6	
04	Pegar PCI e suporte	3,5	
05	Movimentar PCI e suporte	18,7	
06	Movimentar os olhos	20,0	
07	Focalizar área de montagem	7,3	
08	Montar conjunto PCI e suporte	16,2	
09	Soltar conjunto sobre a mão esquerda	2,0	
10	Movimentar os olhos	20,0	
11	Focalizar embalagem	7,3	
12	Alcançar embalagem	9,6	
13	Pegar embalagem com a mão direita	3,5	
14	Movimentar embalagem	15,2	
15	Movimentar os olhos para área de montagem	20,0	
16	Focalizar esteira na área de montagem	7,3	
17	Embalar conjunto	5,6	
18	Movimentar os olhos para a esteira	20,0	

(continua)

(conclusão)

Item	Descrição	UMT	Duração "
19	Focalizar a esteira	7,3	
20	Movimentar produto embalado para a esteira	23,1	
21	Soltar produto embalado na esteira	2,0	

4. Um operador trabalha em um posto de montagem, conforme mostrado na figura a seguir, executando os seguintes movimentos:

   1. Inicialmente o operador está em repouso, aguardando uma peça na esteira de montagem.
   2. Com a mão esquerda, o operador pega a peça da esteira.
   3. Movimenta a peça até a área de montagem.
   4. Com a mão direita, o operador pega a contrapeça disposta a granel em uma caixa ao seu lado.
   5. Traz a contrapeça até a área de montagem.
   6. Monta o subconjunto. A montagem tem duração de 18 segundos.
   7. Com a mão esquerda, leva o subconjunto até a esteira de montagem e o solta por contato.
   8. Retorna à posição original.

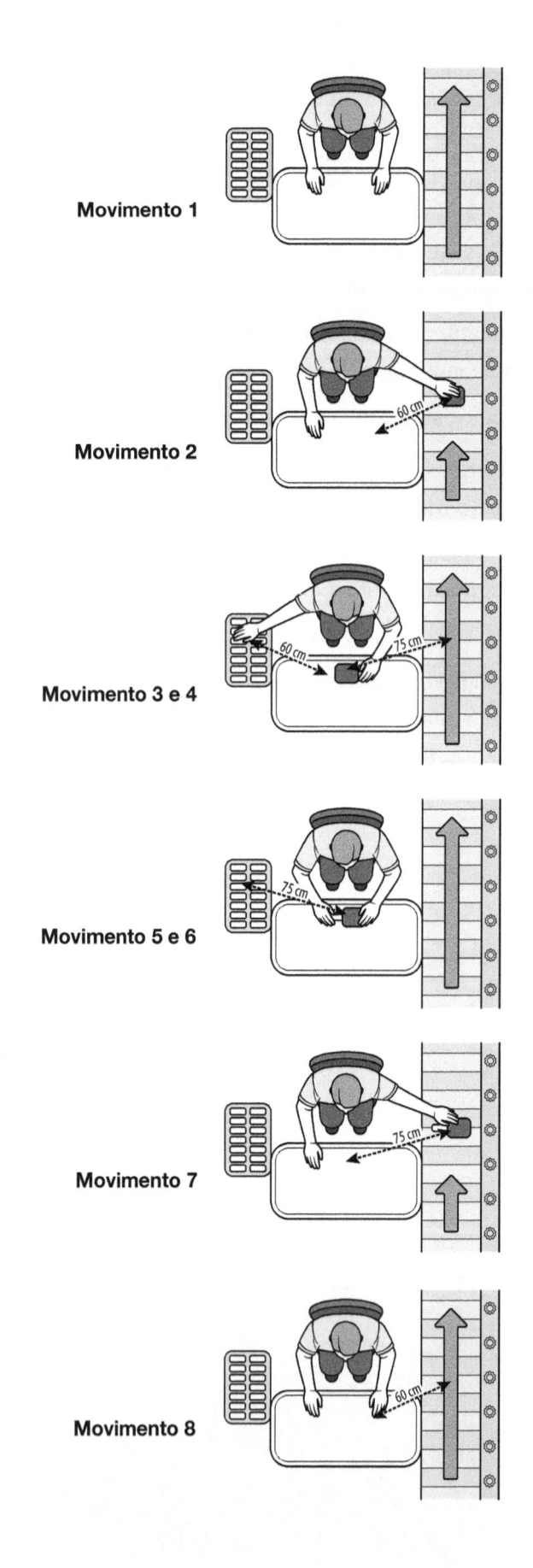

Movimento 1

Movimento 2

60 cm

Movimento 3 e 4

60 cm   75 cm

Movimento 5 e 6

75 cm

Movimento 7

75 cm

Movimento 8

60 cm

Com esses dados, determine o TP dessa operação por meio do conceito de tempos sintéticos.

Quadro de atividades e durações em UMT

Etapa	Descrição do movimento	Duração

5. Um operador de prensa tem uma caixa de *blanks* colocada à sua esquerda, a uma distância horizontal de 30 cm de sua mão em repouso. Cada *blank* pesa, em média, 1,5 kg e tem um diâmetro de 300 mm. O operador pega o *blank* com as duas mãos, leva-o até a ferramenta de estampagem, posiciona o *blank* com pequena interferência, a uma distância de 60 cm de seu corpo. Em seguida, solta o *blank* e aciona dois comandos localizados à sua frente, na altura de cada uma das mãos. Podemos atribuir um tempo de 5 segundos para a estampagem. Após a estampagem, ele retira o retalho com a mão direita e o joga em uma caixa de sucata, localizada a 1,5 m de distância. Retira a peça da máquina com as duas mãos, trazendo-a próxima de seu corpo, e, em seguida, posiciona a peça dentro de uma caixa plástica situada à sua direita. Retorna à sua posição original e reinicia as operações. Determine o TP dessa operação por meio do sistema MMT.

6. Um operador tem uma pilha de *blanks* colocados a sua direita, a uma distância de 40 cm de sua mão direita. Ele pega um *blank* por vez e o coloca na prensa, segurando-o apenas com a mão direita; em seguida, aciona simultaneamente os dois comandos situados sob suas mãos e aguarda 8 segundos pela estampagem. Com a mão esquerda ele retira a peça da cavidade e a coloca em uma caixa localizada à sua esquerda. A peça é armazenada a granel, sem posicionamento predefinido. Retorna à posição inicial, esquematizada na figura a seguir, preparando-se para a próxima operação. Determine o TP dessa operação.

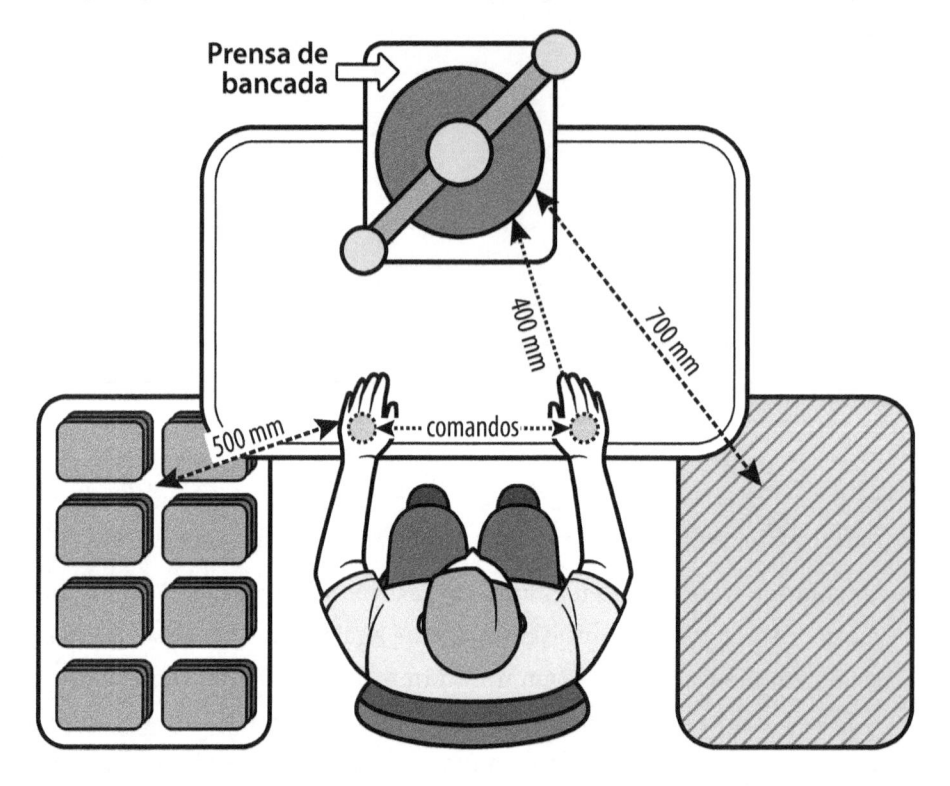

Quadro de atividades e durações em UMT

Etapa	Descrição do movimento	Duração

(continua)

(conclusão)

Etapa	Descrição do movimento	Duração

7. Um operador posiciona a junta de cabeçote (1) e fixa a tampa do cabeçote (2) com oito parafusos de cabeça sextavada, utilizando uma parafusadeira pneumática (3) situada a 40 cm de seu rosto e a 1,20 m de sua mão direita, quando esta está em repouso. Na posição de montagem, o motor fica à altura de sua cintura, a 40 cm de distância.

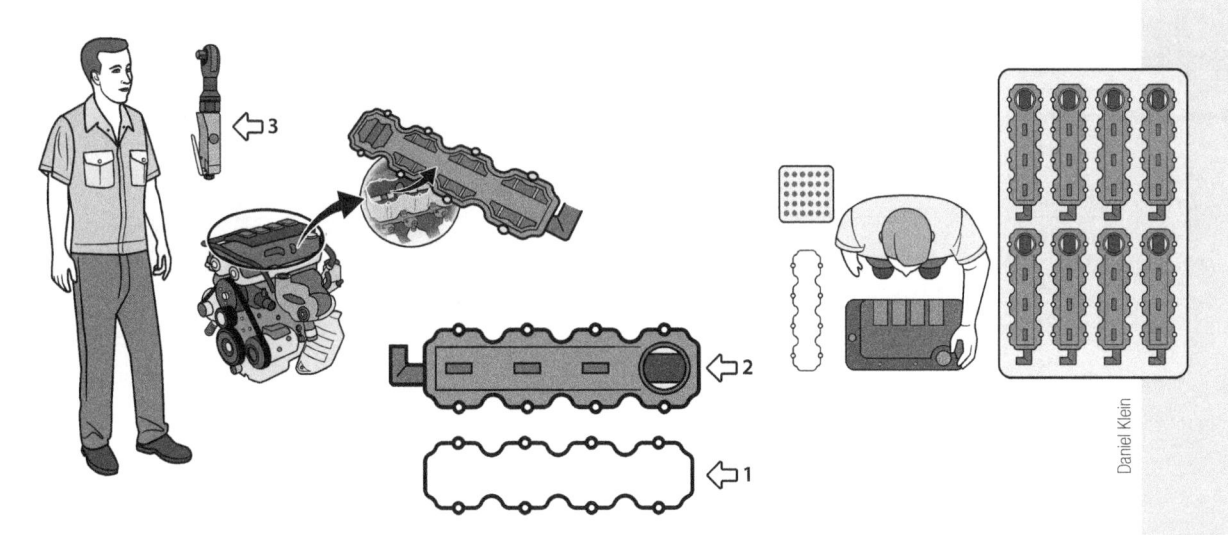

O contêiner com as tampas do cabeçote fica a sua esquerda, a uma distância de 30 cm de sua mão esquerda; as juntas do cabeçote, bem como os parafusos, ficam a uma distância de 30 cm de sua mão direita, como mostrado na figura anterior. Os materiais são abastecidos permanentemente. A tampa pesa aproximadamente 1,5 kg. Com esses dados, determine o TP da operação por meio dos tempos sintéticos.

Quadro de atividades e durações em UMT

Etapa	Operação	Descrição	Classe	Duração
1				
2				
3				
4				
5				
6				
7				
8				
9				
10				
11				
12				
13				
14				
15				
16				
17				
18				
19				
20				
21				
22				
23				
24				
25				
26				
27				
28				
29				
30				
31				
32				
33				
34				
35				

■ Síntese

Neste capítulo, vimos o conceito de tempos sintéticos, um método adicional para a determinação de tempos de operação correspondentes aos tempos de ciclo. A principal aplicação do conceito de tempos sintéticos é para determinar os tempos de operações e atividades ainda não implantadas e que estejam na fase de projeto ou planejamento.

■ Questões para revisão

1. Comente cada uma das tabelas de tempos sintéticos vistas neste capítulo, definindo suas aplicações.

2. Explique o método usado na determinação de tempo do olhar.

3. O sistema MMT conduz sempre:
    a. a uma única resposta consistente.
    b. a várias respostas diferentes, sendo possível que todas sejam consistentes.
    c. a várias respostas diferentes, com apenas uma consistente.
    d. a uma possibilidade ilimitada de respostas.
    e. Nenhuma das alternativas anteriores.

4. Os movimentos analisados no estudo de tempos sintéticos (alcançar, movimentar, girar, pegar, posicionar, soltar, desmontar e olhar):
    a. devem ser avaliados de modo restritivo e exato.
    b. referem-se a estes únicos movimentos, não se aplicando a outras possíveis situações.
    c. devem ser analisados sempre isoladamente, sem levar em conta movimentos simultâneos.
    d. nunca podem ser compostos entre si.
    e. devem ser avaliados de modo abrangente, visto que são apenas oito categorias que abrangem todos os possíveis movimentos.

5. No estudo de tempos sintéticos, a UMT equivale a:
    a. um segundo.
    b. um décimo de segundo.
    c. um milésimo de hora.
    d. um milésimo de minuto.
    e. um minuto.

■ Questões para reflexão

1. Desde o início do livro até este capítulo, vimos dois métodos para a determinação do TP de operações. Esses métodos (cronometragem e tempos sintéticos) são excludentes ou podem ser aplicados em conjunto?

2. Ao se aplicarem as tabelas de tempos sintéticos a uma operação de montagem, observamos que há situações ambíguas e até diferenças de interpretação por parte dos operadores envolvidos na análise. Podemos dizer que o método é consistente, apesar desses fatos?

■ Para saber mais

BARNES, R. M. Sistemas pré-determinados de tempos sintéticos: o sistema fator-trabalho, o sistema MTM e o sistema para estudo de tempos por movimentos básicos. In: BARNES, R. M. **Estudo de movimentos e de tempos**: projeto e medida do trabalho. 6. ed. Tradução de Sérgio Luiz Oliveira Assis, José S. Guedes Azevedo e Arnaldo Pallotta. São Paulo: E. Blucher, 1977. p. 394-415.

O método de determinação de tempos de operação abordado neste capítulo é utilizado desde a década de 1930. Entretanto, pouco mudou em relação a sua proposta inicial, publicada pela primeira vez em 1945. Avalie a abordagem de Ralph M. Barnes no capítulo 31 de seu livro Estudo de movimentos e de tempos. *Observe que há outros sistemas sintéticos citados pelo autor, mas que não se difundiram; o sistema MMT (citado em Barnes como "MTM", sigla do sistema em inglês) permanece como o mais utilizado até hoje.*

5 Tempos complexos

Conteúdos do capítulo
- *Diagrama homem-máquina.*
- *Balanceamento de linhas de montagem.*
- *Takt-time.*

Após o estudo deste capítulo, você será capaz de:
1. *calcular o tempo padrão de atividades mais complexas, conforme a configuração de centros de produção e células de manufatura;*
2. *planejar e balancear uma linha de montagem, de modo a definir a quantidade necessária de operadores e a taxa de ocupação de cada um;*
3. *calcular o takt-time, compreendendo que ele é o próprio tempo padrão, porém adaptado à cadência produtiva de uma cadeia de manufatura.*

Neste capítulo, trataremos da definição de tempos mais abrangentes, envolvendo operações complexas, como uma linha de produção ou célula de manufatura. É importante salientar que os conceitos de estabelecimento de tempo padrão (TP), conforme vimos nos capítulos anteriores, permanecem válidos. Partiremos do princípio de que os valores do TP individual de peças e lotes já estão definidos. Avaliaremos o processo de preenchimento dos diagramas homem-máquina, os quais, por sua natureza essencialmente empírica, são mais bem avaliados por meio de exemplos.

5.1 Diagrama homem-máquina

O diagrama homem-máquina (DHM) é uma ferramenta aplicada à análise de processos nos quais a repetição da atividade – ou o ciclo – é mais extensa e nem sempre facilmente identificada. Nos processos com atividades simples e de curta duração, utilizamos os diagramas de fluxo de processo, conforme os exemplos vistos no exercícios resolvidos 1.1 e 1.2. Porém, é comum nos depararmos com processos cujas atividades exercidas pelo operador são mais extensas ou complexas, como ocorre nos processos intermitentes (Barnes, 1977).

Em processos nos quais uma ou mais máquinas são operadas pela mesma pessoa, envolvendo – além da produção – atividades de ensaios, análise dimensional e embalagens, entre outras, é importante avaliarmos se há ocorrência de tempos ociosos, tanto para o operador quanto para os equipamentos envolvidos. Nesses casos, a aplicação do DHM é a mais adequada. Esses diagramas devem ser elaborados após a cuidadosa observação do processo, identificando suas etapas e atividades.

O DHM deve ser preparado de acordo com a unidade de tempo mais conveniente para a análise (minuto a minuto, 5 em 5 minutos, 30 em 30 segundos etc.), e todas as atividades devem ser registradas, passo a passo, descrevendo-se cada movimento do operador em conexão com as máquinas e equipamentos que ele opera.

Após o registro de uma determinada sequência de atividades, suficiente para a identificação do ciclo operacional, devemos começar a análise do processo, buscando observar a ocorrência ou não de eventuais tempos ociosos – tanto na atividade do operador quanto no funcionamento dos equipamentos. Caso sejam verificadas ociosidades, devemos elaborar alternativas ao processo, de modo a atenuá-las ou eliminá-las.

Na sequência, apresentaremos uma lista de exercícios propostos, com as respostas indicadas na seção correspondente do livro.

Exercícios propostos

1. Um operador trabalha simultaneamente com duas máquinas diferentes, M1 e M2, que fabricam a mesma peça. Os valores do tempo padrão para os elementos das operações de carregar máquina, máquina trabalhando e descarregar máquina, em segundos por unidade, estão indicados a seguir.

	Carga	Operação	Descarga
Máquina 1	15"	60"	10"
Máquina 2	15"	90"	5"

Determine:

a. a duração do ciclo de produção, utilizando o DHM.

b. a ociosidade do operador no ciclo de produção (se existir) para as duas máquinas.

c. a produção das duas máquinas em uma jornada de trabalho de 8 horas.

2. Um processo industrial apresenta um operador que maneja duas máquinas, M1 e M2, independentes entre si. Ambas produzem a mesma peça. Os tempos de operação estão indicados a seguir.

Operação	Duração (minutos)
Carrega e põe em operação a M1	0,5
Descarrega a M1	1,0
Carrega e põe em operação a M2	0,5
Descarrega a M2	0,5
Operação da M1	2,0
Operação da M2	2,5
Inspeciona a peça da M1, denominada P1	0,5
Inspeciona a peça da M2, denominada P2	0,5

Utilizando a carta de atividades múltiplas fornecida a seguir, calcule:

a. a duração do ciclo conjunto para o operador e as máquinas.

b. a quantidade de peças produzidas em um ciclo conjunto homem-máquina (HM).

c. o tempo ocioso do operador como porcentagem do tempo de ciclo repetitivo.

3. Um operador trabalha com duas máquinas simultaneamente, produzindo a mesma peça em ambas as máquinas. As máquinas operam sozinhas e são independentes entre si. As operações efetuadas são as apresentadas a seguir.

Elemento	Descrição	Duração
1	Operador carrega e põe a M1 para trabalhar	0,5'
2	Máquina 1 operando	4'
3	Operador descarrega a M1	0,5'

(continua)

(conclusão)

4	Operador inspeciona peça da M1 (P1)	1'
5	Operador carrega e põe a M2 em operação	0,5'
6	Máquina 2 operando	5'
7	Operador descarrega a M2	0,5'
8	Operador inspeciona peça da M2	1'

Obs.: Os elementos são independentes entre si, e sua numeração é apenas ilustrativa, não representando uma sequência obrigatória de trabalho. Você poderá estabelecer a sequência de trabalho que julgar mais adequada.

Determine:

a. o tempo do ciclo desse processo.

b. a produção diária em um turno de 8 horas trabalhadas.

4. Um operador trabalha com um centro de usinagem e com um equipamento de teste, conforme a seguinte sequência.

Etapa	Operação	Duração
1	Fixar uma peça forjada no centro de usinagem e acionar o equipamento	5"
2	Centro de usinagem em funcionamento automático	35"
3	Retirar a peça do centro de usinagem	10"
4	Colocar a peça usinada no equipamento de teste	10"
5	Operador executa teste não destrutivo. Em execução, o teste não pode ser interrompido	25"
6	Retirar a peça do equipamento de teste e embalá-la	15"

Elabore o DHM dessa operação e determine:

a. a duração do ciclo total da operação.

b. o número de peças fabricadas em cada ciclo.

c. a ociosidade do operador, caso exista.

5. Um processo industrial apresenta um operador que maneja duas máquinas, M1 e M2, independentes entre si. Ambas produzem a mesma peça. Os tempos de operação estão indicados a seguir.

Operação	Duração (segundos)	Minutos decimais
Carrega e põe em operação a M1	15	0,250
Descarrega a M1	10	0,167
Carrega e põe em operação a M2	10	0,167
Descarrega M2	15	0,250
Operação da M1	20	0,334
Operação da M2	25	0,417

Utilizando a carta de atividades múltiplas fornecida a seguir, calcule:

a. a duração do ciclo conjunto para o operador e as máquinas.
b. a quantidade de peças produzidas em um ciclo conjunto HM.
c. o tempo ocioso do operador como porcentagem do tempo de ciclo repetitivo.

Diagrama homem-máquina

Escala		T			T			T		
										01
										02
										03
										04
										05
										06
										07
										08
										09
										10
										11
										12
										13
										14
										15

Nota: Neste exemplo constam apenas 15 linhas; porém, em cada caso, deve haver a extensão necessária para a atividade exigida, podendo ser maior ou menor que este modelo.

5.2 Tempo de ciclo

Definimos tempo de ciclo (TC) como o tempo transcorrido na produção de duas peças ou de dois produtos consecutivos, ou seja, é o tempo existente entre a saída de um produto e a saída do imediatamente subsequente. Normalmente, expressamos esse tempo em segundos, mas podemos usar a ordem de grandeza (minutos ou horas) mais conveniente ao estudo.

Quando estudamos o ciclo de produtos isolados, montados automaticamente ou de modo semiautomático por uma única pessoa, o TC é o próprio tempo padrão, conforme calculado anteriormente.

Quando estudamos o ciclo de produtos isolados, montados automaticamente ou de modo semiautomático por uma única pessoa, o TC é o próprio tempo padrão (TP), conforme calculado anteriormente. Entretanto, quando analisamos uma minifábrica, uma célula de manufatura ou, principalmente, uma linha de montagem, o TC é definido por meio da **operação fabril**, ou seja, a jornada de trabalho e as folgas concedidas.

A partir desses dados é definido o número necessário de operadores e é estabelecido o balanceamento de atividades da linha de montagem ou da célula.

5.2.1 Balanceamento de uma linha de montagem

A produção de um item envolve operações diferentes, cada uma delas com seu respectivo TP, pré-calculado conforme os métodos vistos anteriormente. Sendo o TC definido pela própria operação (jornada e folgas), devemos definir a estrutura necessária ao atendimento dos objetivos da empresa, em termos de volume de produção combinado com a capacidade produtiva. Essa atividade é o próprio **balanceamento de linha**.

Como já vimos, o TC corresponde ao tempo total para produção de um item, ou seja, o tempo transcorrido entre a saída de dois produtos consecutivos no final da linha de montagem. Porém, o TC não é a soma dos valores do tempo padrão individual, pelo fato de ocorrerem atividades simultâneas. Sua determinação é feita a partir da análise das atividades envolvidas na produção de um item.

O balanceamento da linha de produção é uma atividade empírica, baseada essencialmente na atividade de tentativa e erro, com alguns parâmetros definidos matematicamente. A primeira atividade, essencial ao balanceamento de linha, é a identificação do TC da operação, calculado com esta equação:

$$TC = \frac{\text{Jornada útil}}{\text{Produção desejada}} \quad \text{Equação 5.1}$$

Em seguida, deve ser feito o levantamento de todas as atividades associadas à produção do item em análise, com os seus respectivos valores de TP. Com esses dados, calculamos o número teórico de operadores (N_T) por meio da seguinte expressão:

$$N_T = \frac{\Sigma \text{ Tempos individuais de execução das atividades}}{TC} \quad \text{Equação 5.2}$$

É importante observarmos que a somatória dos tempos individuais de produção representa o tempo que um único operador gastaria para executar um produto, realizando cada atividade isoladamente. Por essa razão, sua unidade será expressa por $\frac{\text{minutos}}{\text{produto}/\text{operador}}$.

A etapa seguinte é a determinação do número real de operadores (N_R), executada de modo empírico, sob tentativa e erro. Sendo uma atividade empírica, poderemos chegar a mais de um resultado satisfatório. Porém, a definição do melhor resultado ocorrerá na última etapa, que é a determinação da eficiência (E_f) do balanceamento de linha, por meio da seguinte equação:

$$E_f = \frac{\text{Número teórico de operadores}}{\text{Número real de operadores}} = \frac{N_T}{N_R} \quad \text{Equação 5.3}$$

O objetivo é atingir a máxima eficiência possível. Encontrando-se mais de um resultado para o balanceamento, com base na análise empírica, o melhor deles será o que apresentar a maior eficiência.

Para a execução do balanceamento de uma linha de montagem, são sugeridos os seguintes passos na etapa de análise empírica:

- Sempre respeitar a sequência do processo, evitando-se combinar operações que estejam desconectadas em termos de etapa do processo.

- Observar sempre o TC. Nunca se deve formar um posto de trabalho com uma atividade que tenha duração superior à duração do TC, com o objetivo de evitar a formação de gargalos no processo produtivo.

- Caso uma atividade isolada tenha duração superior ao TC, dentro do possível ela deve ser fragmentada e atribuída a mais de um operador.

- Operações podem ser agrupadas para um ou mais de um operador. Porém, devemos evitar agrupamentos excessivos, com muitos operadores em um mesmo posto, para não descaracterizar a linha de produção, evitando-se dar a ela uma configuração próxima de uma célula de manufatura ou introduzir uma célula de manufatura na linha de montagem.

Exercício resolvido 5.1

Uma empresa está planejando a produção de 184 unidades de um produto por dia, com uma jornada de trabalho de 8 horas, com folgas da ordem de 4%. A sequência de operações foi mapeada conforme indicado a seguir, com o nome de cada operação e sua respectiva duração, em segundos.

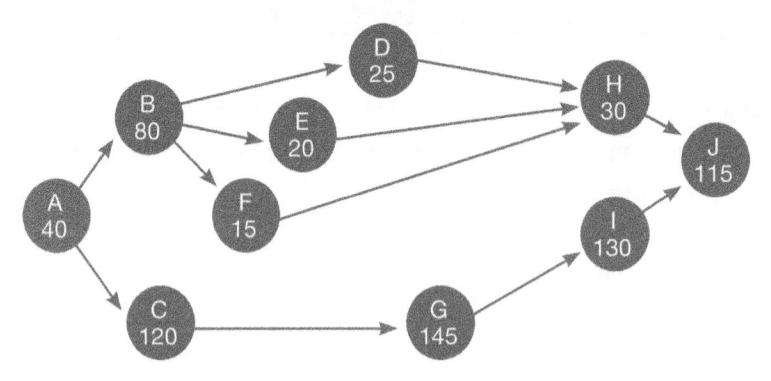

Calcule:
  a. o TC.
  b. o N_T de operadores.
  c. a distribuição do trabalho com o consequente N_R de operadores.
  d. a E_f do balanceamento executado.
  e. a taxa de ocupação em cada posto de trabalho.

Solução
  a. O TC é obtido a partir dos dados da operação: jornada, produção desejada e folgas dadas pela empresa.

$$TC = \frac{\text{jornada útil}}{\text{produção diária}} = \frac{0{,}96 \cdot 480}{184} = \frac{460{,}8 \, \frac{\text{minutos}}{\text{dia}}}{184 \, \frac{\text{produtos}}{\text{dia}}} = 2{,}504 \, \frac{\text{minutos}}{\text{produto}}$$

Ou seja, a cada 2,504 minutos, um produto é produzido na linha de montagem.

  b. O número teórico de operadores é calculado com a Equação 5.2.
    A soma dos tempos individuais de operação, obtida na rede de

atividades, é de 720 $\frac{\text{segundos}}{\text{produto}/\text{operador}}$, que, convertida em minutos, fica assim:

$$N_T = \frac{\Sigma \text{Tempos}}{TC} = \frac{12 \frac{\text{minutos}}{\text{produto}/\text{operador}}}{2{,}504 \frac{\text{minutos}}{\text{produto}}} = 4{,}8 \text{ operadores}$$

c. A distribuição será feita da seguinte maneira, levando-se em conta as recomendações: 1) respeitar a sequência das atividades; 2) nunca ultrapassar o TC em cada posto de trabalho; 3) caso alguma atividade supere o TC, desmembrá-la para atribuição ao número de operadores necessários; e 4) dentro do possível, evitar agrupamento de muitos operadores, para não desconfigurar a linha de produção.

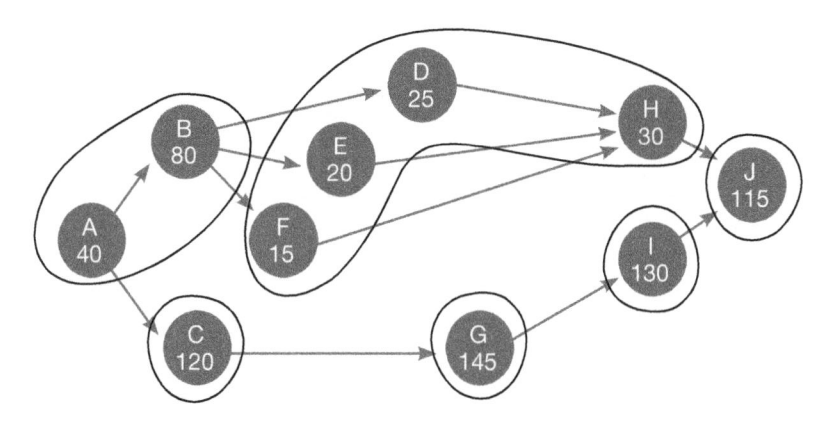

Cada um dos agrupamentos definidos antes, empiricamente, representa um posto de trabalho, de tal forma que resultaria na linha de montagem esquematizada a seguir.

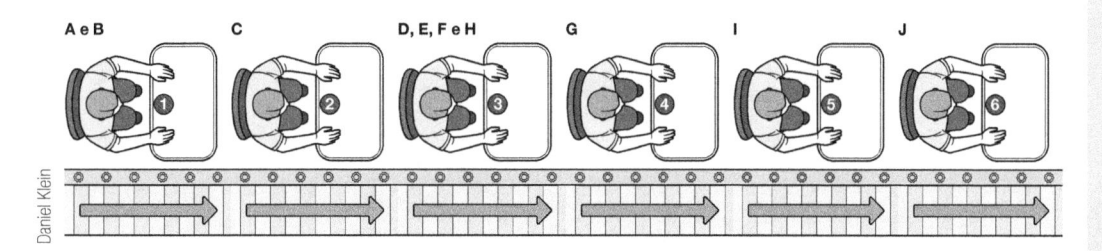

Em relação ao TC de 150,24 segundos, as taxas de ocupação em cada posto estão indicadas na tabela a seguir.

Posto	Duração	Ocupação do operador (%)
1	120	79,87%
2	120	79,87%
3	90	59,90%
4	145	96,51%
5	130	86,53%
6	115	76,54%

Outra solução possível seria a representada a seguir.

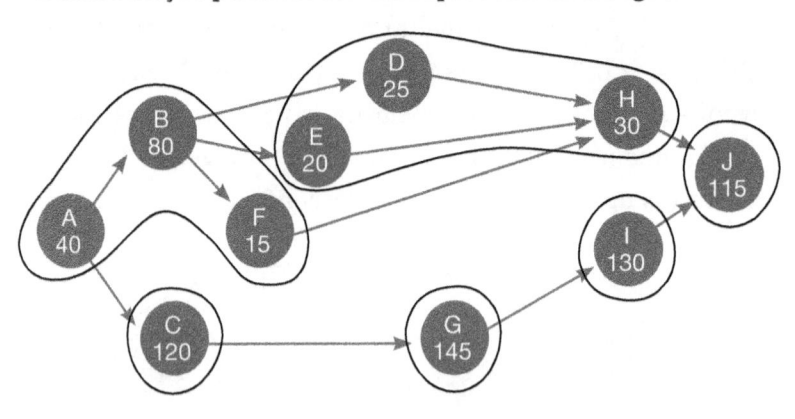

Isso resultaria na linha de montagem esquematizada a seguir.

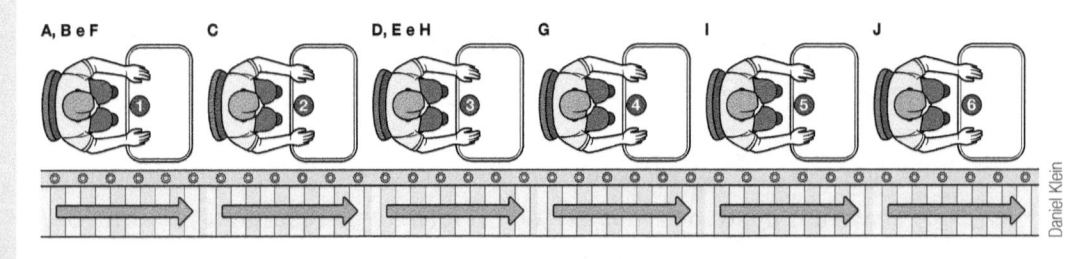

Em relação ao TC de 150,24 segundos, as taxas de ocupação de cada posto estão indicadas na seguinte tabela.

Posto	Duração	Ocupação do operador (%)
1	135	89,86%
2	120	79,87%
3	75	49,92%
4	145	96,51%
5	130	86,53%
6	115	76,54%

Por não dar uma folga tão grande em relação aos demais postos, a primeira solução é melhor que a segunda. Contudo, ambas resultam em seis operadores. Conforme comentamos anteriormente, por ser uma solução empírica, baseada em tentativa e erro, é possível encontrar outra saída – porém, dificilmente com menos de seis operadores.

A seguir, temos uma solução que resulta em número real de cinco operadores.

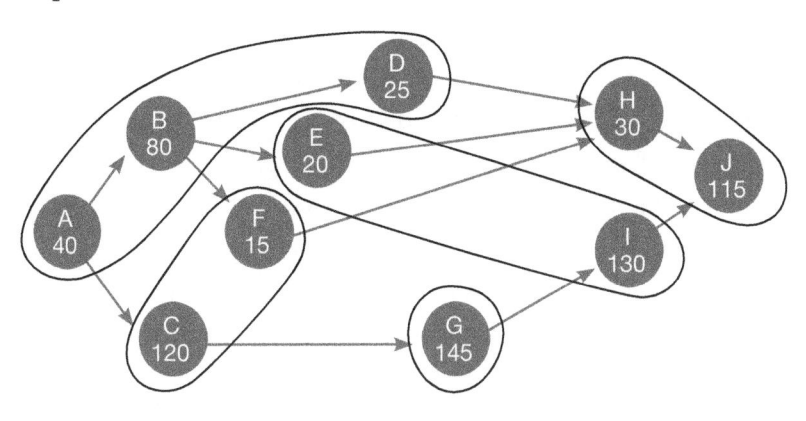

Isso resulta na linha de montagem esquematizada a seguir, mas passível de problemas de implantação.

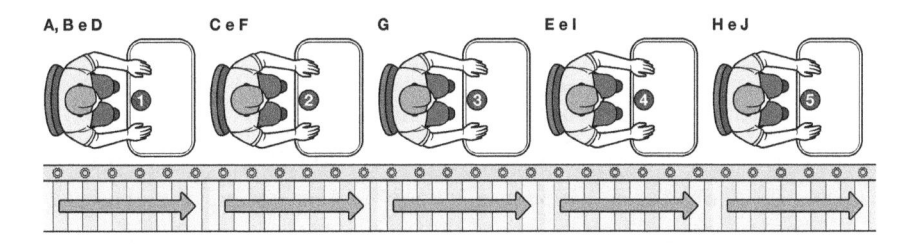

Em relação ao TC de 150,24 segundos, as taxas de ocupação de cada posto estão indicadas a seguir.

Posto	Duração	Ocupação do operador (%)
1	145	96,51
2	135	89,86
3	145	96,51
4	150	99,84
5	145	96,51

Observamos que essa solução, tanto em termos de número de operadores quanto em termos de taxa de ocupação, apresenta resultados melhores.

Entretanto, há um aspecto crítico. Observamos que as operações C-F e E-I foram atribuídas ao mesmo operador, mas elas se encontram em ramos diferentes da sequenciação. O que pode ocorrer é que o ramo formado por B, D, E, F e H tenha natureza operacional muito distinta da observada no ramo formado por C, G.

Poderíamos ter, por exemplo, o ramo B, D, E, F e H com atividades de montagem de um conjunto mecânico, envolvendo ferramentas e operações específicas, ao passo que o ramo formado por C, G e I poderia ser formado por operações de montagem de circuitos eletrônicos, com natureza muito diferente da observada no outro ramo, de tal forma que poderia ser inadequado ou inviável mesclar as operações. Por essa razão é recomendável respeitarmos a sequenciação das atividades, com o objetivo de não incorrer nesses possíveis erros. É claro que soluções dessa natureza podem ser possíveis, mas isso implicaria análise do processo *in loco*, para avaliarmos o resultado proposto. Com os dados disponíveis aqui, não temos essa possibilidade.

d. Finalmente, calculamos a eficiência do balanceamento. Tendo em vista os comentários anteriores, adotaremos como solução a linha proposta com número real de seis operadores:

$$E_f = \frac{N_T}{N_R} = \frac{4,8}{6} = 0,8 \text{ ou } 80\%$$

É claro que o ideal é chegarmos o mais próximo possível de 100% de eficiência. Em linhas de produção mais extensas, com um número muito maior de operadores, é possível chegar a eficiências maiores em razão da flexibilidade de planejamento que uma linha com mais operadores possibilita.

Exercícios proposto

6. Uma fábrica de eletrodomésticos estruturou sua linha para a produção de um refrigerador por minuto. A sequenciação das atividades produtivas pode ser vista a seguir.

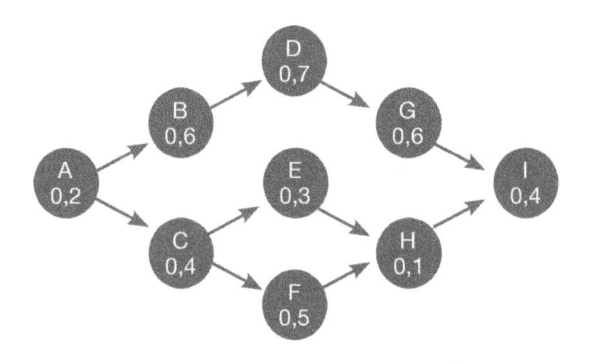

Determine:

a. o TC.
b. o N_T de operadores.
c. a distribuição do trabalho com o consequente N_R de operadores.
d. a E_f do balanceamento executado.

7. Conforme a sequência de atividades indicada a seguir, serão produzidas 32 unidades por hora, com funcionamento de 80% do tempo.

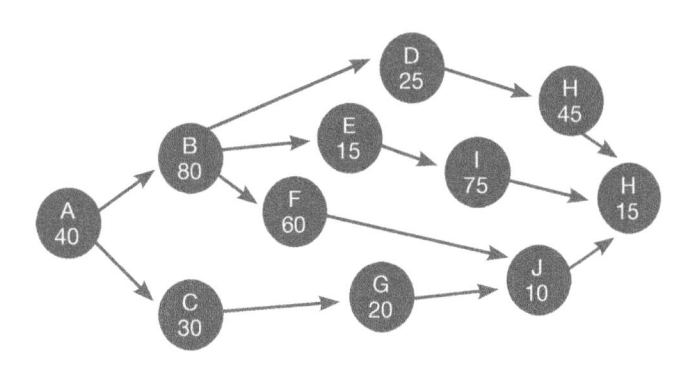

Considerando tempos em segundos, calcule:

a. o TC.
b. o N_T de operadores.
c. a distribuição do trabalho com o consequente N_R de operadores.
d. a E_f do balanceamento executado.

8. Uma empresa pretende montar 240 produtos por hora. A jornada de trabalho é de 8,2 horas, e a empresa concede 30 minutos para descanso e 45 minutos para necessidades pessoais. A sequência de atividades a seguir indica as operações de montagem, com os tempos em segundos.

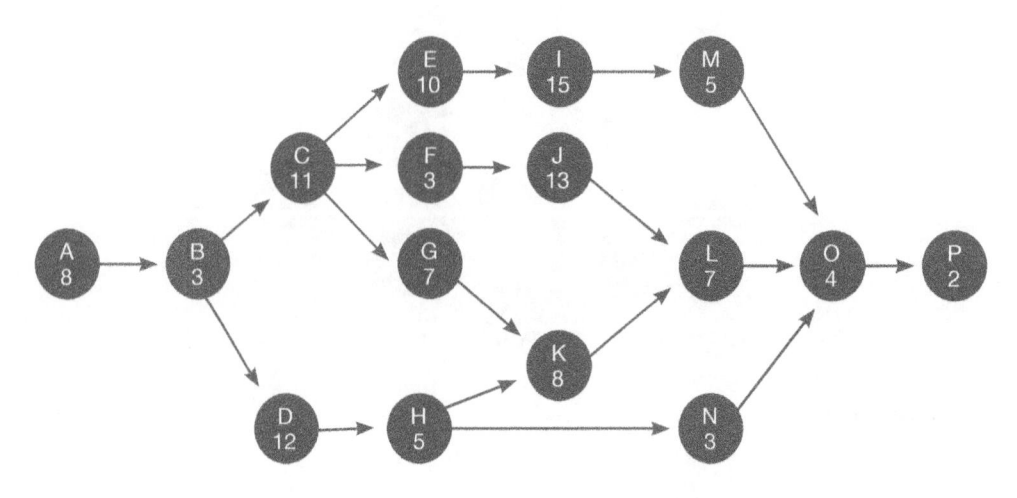

Determine:
  a. o TC.
  b. o N_T de operadores.
  c. a distribuição do trabalho com o consequente número real (N_R) de operadores.
  d. A eficiência (E_f) do balanceamento executado.

5.3 *Takt-time*: histórico e conceito

Para a correta interpretação do conceito de *takt-time*, é interessante fazermos uma abordagem histórica a fim de contextualizá-lo. Com o fim do sistema feudal, ocorrido por volta do fim do século XIII, grandes contingentes de servos e vassalos, excluídos do sistema econômico já em decadência, fixaram-se nas periferias das cidades europeias e iniciaram os processos comerciais (com o escambo), criaram as guildas (primeiras manifestações de organização profissional) e estabeleceram as bases do trabalho assalariado. O processo de produção artesanal, herança do sistema feudal e base do sistema produtivo vigente, foi consolidado como padrão nas relações de trabalho e perdurou até o fim do século XIX e início do século XX.

Durante a expansão da indústria automobilística, no início do século XX, as empresas ainda contavam com mão de obra artesanal, conforme os padrões vigentes desde a Idade Média. Segundo destacam Womack, Jones e Roos (1992), o sistema de trabalho artesanal, que persistiu até por volta de 1905, tinha como características fundamentais:

- mão de obra altamente qualificada para processos e ajustes de produtos;
- características de produção autônoma, com pequenas oficinas abastecendo as grandes empresas da época;
- uso de máquinas altamente flexíveis, adaptadas às mais variadas operações.

Essas características, até certo ponto positivas, apresentavam um viés negativo: a capacidade produtiva era baixíssima, pois o processo produtivo era memorizado pelo próprio artesão, que o executava de acordo com sua cadência mais conveniente, e a capacidade de geração de novas tecnologias era muito baixa.

O aumento da demanda por produtos, já nos anos 1910 – o que propiciaria a produção em massa –, fez surgir o primeiro desafio ao capitalismo: atender à demanda por meio do aumento da produtividade. Em 1911, Frederick Winslow Taylor respondeu a esse desafio com a publicação do seu manual de administração científica, sugerindo a divisão e o compartilhamento do trabalho, caracterizados pela ruptura do domínio do trabalhador sobre a sequência das atividades produtivas (Tálamo, 2008, p. 23).

A partir desse ponto, com a disseminação dos conceitos de administração científica, surgiu a necessidade de **padronização do trabalho** – e a resposta foram os estudos de tempos e movimentos, cujos conceitos foram abordados nos capítulos iniciais deste livro. Formou-se a base do processo de produção em massa: a total intercambialidade de peças e as possibilidades de ajustes, que geram a linha de montagem. Com base nessa alteração dos processos produtivos, o custo fabril dos produtos teve redução drástica, com forte impacto positivo na indústria automotiva. Nesse segmento industrial, as atividades se fragmentaram, o trabalho se tornou altamente especializado, e os custos e tempos de treinamento de mão de obra foram reduzidos.

No início da década de 1940, e também com o fim da Segunda Guerra Mundial, a sociedade se encontrou na "era de ouro" da economia fordista, com os salários dos trabalhadores funcionando como eixo da economia. O auge da produção em massa ocorreu em 1955 e durou até a década de 1960. Porém, no início da década de 1970, começaram as grandes mudanças desencadeadas por crises econômicas e queda de barreiras comerciais; teve início a expansão dos processos produtivos globais, em busca de economia de escala. O eixo da economia deixa de ser os salários e passa a ser o mercado.

Na década de 1990, foram consolidados os mercados comuns ao redor do mundo. Na América do Sul, o processo foi iniciado em 26 de março de 1991, com Brasil e Argentina firmando o Tratado de Assunção, dando origem ao Mercosul. Na mesma época também se solidificaram, ao redor do mundo, os demais mercados comuns, tais como o Mercado Comum Europeu, o Nafta (North American Free Trade Agreement ou Tratado Norte-Americano de Livre Comércio), a Apec (Asia-Pacific Economic Cooperation ou Cooperação Econômica Ásia-Pacífico) e a Asean (Association of Southeast Asian Nations ou Associação de Nações do Sudeste Asiático). Como resposta a esse fenômeno, as grandes empresas multinacionais, até então extremamente verticalizadas, iniciaram processos de horizontalização, formação de parcerias e terceirização. Começou a estruturação dos agrupamentos verticais, na forma de cadeias globais de manufatura, que passaram a competir entre si, estabelecendo-se como as organizações efetivamente inovadoras. Surgiram novas propostas de gestão, entre elas o **sistema Toyota de produção**, cujo elemento fundamental é a sincronização da produção, com base no *takt-time*, entre as empresas integrantes da cadeia produtiva.

É interessante observarmos que, durante o sistema artesanal de produção, era o trabalhador quem estabelecia o padrão de produção. Entretanto, com a produção em massa, o gestor do processo passou a definir o padrão de produção. Com a consolidação das grandes cadeias globais de manufatura, especialmente as cadeias automotivas, os integrantes do topo da cadeia (empresas detentoras da governança corporativa) é que passaram a definir o padrão de produção.

5.3.1 Definição do *takt-time*

O sistema Toyota de produção, criado por Eiji Toyota e Taiichi Ohno, estabeleceu a **produção enxuta em oposição à produção em massa**, tendo como base os conceitos de *kanban* e *takt-time*. Enquanto o sistema *kanban* se concentra nas **operações** (mão de obra, máquinas, equipamentos e insumos) do sistema produtivo, o *takt-time* se ocupa dos **processos** (fluxo de materiais, transportes e logística) do sistema produtivo, conforme destacam Alvarez e Antunes Junior (2001). O *takt-time* trata o recurso **tempo** como o elemento sincronizador da cadeia produtiva total, e não apenas da produção/fábrica, isoladamente, como é o caso do TC. Ou seja, o *takt-time* enxerga a cadeia produtiva total como uma entidade única, funcionando de modo sincronizado, no ritmo definido pela empresa do topo da cadeia de manufatura.

De acordo com Womack e Jones (1996, p. 140), "o *takt-time* é obtido pela divisão do tempo diário de operação pelo número de peças requeridas por dia". É evidente que o tempo diário de operação exige uma jornada efetivamente útil, descontadas as folgas e as variações do processo. Por exemplo, se uma linha de montagem de refrigeradores tiver demanda diária de 1.200 unidades e tempo disponível para produção de 8 horas (480 minutos), o *takt-time* será de 0,4 minuto por unidade (480 minutos/1.200 unidades).

Podemos observar que o conceito aritmético do *takt-time* é o mesmo utilizado no TC; porém, o TC é o limitante do *takt-time*, isto é, caso o *takt-time* seja maior que o TC de uma estrutura produtiva (linha de montagem, minifábrica ou célula de manufatura), prevalecerá o valor calculado para o *takt-time*, porque ele está dentro da capacidade produtiva da empresa. Entretanto, se o *takt-time* for menor que o TC da estrutura produtiva, prevalecerá o TC, por ser este o limite do processo. Nesse caso, a empresa deverá identificar seus gargalos de produção e avaliar mudanças em seu processo, para atingir o *takt-time* desejado.

Notamos que o objetivo fundamental do *takt-time* é sincronizar a produção ao longo de toda a cadeia produtiva, a partir do planejamento da empresa-topo, de modo a não serem estabelecidos estoques intermediários no decorrer dos processos, do mesmo modo que se observa no *kanban* no que se refere às operações. Por essa razão, aspectos relacionados à qualidade, à flexibilidade de processo e à formação/treinamento da mão de obra são críticos para o sucesso na implantação do *takt-time*.

Entretanto, devemos também observar que a implantação de um sistema baseado no *takt-time* pode levar a empresa a uma redução de sua flexibilidade, dada a inércia que o sistema impõe à fábrica, tanto em termos de resposta à demanda quanto em termos de variação do *mix* de produção. Se a empresa aplicar uma cadência de trabalho conforme o *takt-time* estabelecido pela empresa detentora da governança da cadeia de manufatura, correrá o risco de formação de lotes indesejáveis, caso a demanda apresente queda. Do mesmo modo, mantendo-se dentro do *takt-time* previsto, poderá comprometer sua capacidade de mudança do *mix* produção.

O ideal para um sistema regulado pelo *takt-time* é que haja demanda homogênea, tanto em termos de produto quanto em termos de ciclo produtivo, o que não é comum. Por esse motivo, a empresa deve fazer com que sua área de planejamento e controle da produção (PCP) trabalhe estreitamente junto à produção e à área de vendas.

Exercício resolvido 5.2

Uma empresa de autopeças fornece a uma automotiva um produto utilizado à razão de 2 unidades por veículo. O TC atual da automotiva é de 2,106 minutos/carro, e ela está planejando melhorias que reduzirão o TC do carro em 10 segundos. Considerando que a automotiva e o fornecedor trabalham sincronizados, em uma jornada de 8 horas/turno de produção, determine:

    a. o *takt-time* atual.

    b. o *takt-time* do fornecedor, caso a automotiva implante as melhorias planejadas.

    c. a situação caso a capacidade produtiva do fornecedor seja de uma peça por minuto.

Solução

    a. A produção diária da automotiva é:

$$\text{Produção}_{aut.} = \frac{480 \frac{\text{minutos}}{\text{dia}}}{2,106 \frac{\text{minutos}}{\text{carro}}} = 227,92 \frac{\text{carros}}{\text{dia}}$$

Portanto, o fornecedor deve abastecer a automotiva com 455,84 unidades por dia. Como sua jornada é de 480 minutos/dia, seu *takt-time* será:

$$\textit{Takt-time} = \frac{480 \frac{\text{minutos}}{\text{dia}}}{455,84 \frac{\text{unidades}}{\text{dia}}} = 1,053 \frac{\text{minutos}}{\text{unidade}}$$

b. Caso a automotiva implante as melhorias planejadas, reduzindo o TC em 10 segundos (0,1667 minuto), seu novo TC será de 1,939 minutos/carro, resultando em produção de 247,508 carros/dia. Para abastecer 495,02 unidades/dia, o *takt-time* do fornecedor deve ser:

$$\textit{Takt-time} = \frac{480 \, \frac{\text{minutos}}{\text{dia}}}{495{,}02 \, \frac{\text{unidades}}{\text{dia}}} = 0{,}97 \, \frac{\text{minutos}}{\text{unidade}}$$

c. Se a capacidade produtiva do fornecedor é de 1 peça por minuto, significa que ele consome 1 minuto/unidade, seu limite de capacidade, o que é insuficiente para a automotiva. Para atendê-la, após a redução do TC do carro, o fornecedor terá de implantar novos procedimentos para melhorar sua taxa de produção em, pelo menos, 3,13%, como mostramos a seguir:

$$\text{Capac. prod.} = \frac{1}{\textit{takt-time}} = \frac{1}{0{,}97 \, \frac{\text{minutos}}{\text{unidade}}} = 1{,}0313 \, \frac{\text{unidades}}{\text{minuto}}$$

O fornecedor, logo, deverá aumentar a capacidade em 0,0313 peças por minuto ou aumentar a capacidade produtiva em 3,13%.

5.4 Gargalo de processo

Gargalo de processo é todo entrave ao fluxo ideal de um sistema produtivo. Podemos afirmar que é, em última análise, um ralo financeiro, uma fenda por meio da qual a empresa perde dinheiro.

As limitações de processo criadas pelos gargalos nem sempre são facilmente identificadas. De acordo com o que vimos ao longo dos capítulos do livro, procuramos estabelecer uma escala crescente de complexidade no estudo de tempos, partindo da cronometragem mais elementar até chegarmos aos conceitos de TC e *takt-time*. E são exatamente esses conceitos as melhores ferramentas para a identificação desses entraves ao processo.

De fato, ao detalhar o sistema Toyota de produção, Shingo (1996) indica o estudo de tempos e movimentos como a forma de se conhecer mais profundamente o processo fabril de uma empresa, por meio da definição do tempo padrão dos processos internos. Se observarmos o procedimento para definição de um tempo padrão operacional de um produto isolado, temos o gargalo de processo na forma de elementos estranhos, ou os erros propriamente ditos, e os elementos anormais, na forma de falhas imprevistas durante o processo. Conforme nosso estudo evoluiu para o DHM, percebemos que o gargalo assumiu uma proporção maior do que um simples erro de processamento: pode estar no método de trabalho, em algum equipamento/material ou no próprio operador. Podemos fazer uma analogia com o controle estatístico de processos (CEP), que classifica as causas de falhas como especiais, os erros propriamente ditos (por exemplo, uso de matéria-prima errada), e as causas naturais, intrínsecas ao processo (como o desgaste de uma ferramenta), que não podem ser eliminadas, mas gerenciadas.

O mesmo ocorre com os gargalos. Podemos dizer que existe o gargalo "especial", caracterizado por falhas e erros, como os elementos estranhos ou anormais de uma operação isolada, cuja identificação é simples e imediata e, na maioria das vezes, envolve baixos custos de correção ou mesmo de perdas. Por outro lado, existem os gargalos "normais" (se é que podemos chamá-los assim, ainda que, de fato, sejam normais), intrínsecos ao processo produtivo, que não podem ser eliminados, mas gerenciados. Esses gargalos "normais" seriam as restrições de processo, objeto de amplas análises.

Com efeito, ao estudarmos o TC e o *takt-time*, temos a configuração mais clara do gargalo de processo sob a forma de uma restrição: postos de trabalho nos quais o tempo de operação é maior que o TC definido para o produto.

Quando analisamos as cadeias globais de manufatura, temos uma estrutura muito mais complexa, formada por agrupamentos verticais de empresas atuando em sincronia, nas quais o conceito de gargalo, já no contexto da restrição, caracteriza-se por uma identificação nem sempre simples ou imediata e, na maioria das vezes, associada a altos custos – tanto custos de perdas quanto em investimentos e, até, em possibilidade de ganhos. Essas restrições (gargalos "normais") são intrínsecas a qualquer processo produtivo; se não existissem, toda empresa teria capacidade infinita de fabricação, o que é utópico.

Riccio (1989) propõe outras classificações para as restrições, denominando-as *restrições internas* – restritas à empresa e, portanto, gerenciáveis – e *restrições externas* – intrínsecas ao ambiente externo à empresa e que fogem ao alcance de sua gestão. Um exemplo de restrição interna seria um equipamento cuja capacidade não atende à demanda, tal como exposto no exercício resolvido 5.2: a solução do problema está no âmbito da gestão da empresa. Como exemplos de restrições externas, temos a oscilação da demanda das empresas gestoras das cadeias globais de manufatura ou o congestionamento sistemático de um terminal de cargas de um porto, ocasionando longas filas de caminhões e, consequentemente, esperas e atrasos no sistema. É claro que essas restrições, apesar de atingirem diretamente a empresa, estão fora de seu campo de ação. Riccio (1989) propõe a classificação das restrições sob a denominação de *qualitativas* e *quantitativas*, o que parece bastante pertinente.

De fato, assim como no CEP temos as **falhas qualitativas** (peças com riscos, manchas etc.) e as **falhas quantitativas** (peças dimensionalmente fora do especificado), temos o mesmo efeito com as restrições, que, em última instância, poderiam ser entendidas como falhas nos processos. Enquanto as falhas/restrições de natureza qualitativa são subjetivas e de mensuração mais complexa, as falhas/restrições de natureza quantitativa são mais facilmente quantificáveis, são determinísticas. Esse conjunto de classificações pode ser sintetizado no Quadro 5.1.

Quadro 5.1 – Tipo e natureza das restrições

	Restrições (ou gargalos)	
Tipo \ Natureza	Qualitativas(os)	Quantitativas(os)
Especial	Funcionário ou operador mal treinado; faltas ou ausências não justificadas no trabalho.	Refugo em equipamento ou célula de manufatura devido à falta de manutenção preditiva.
Normal	Obsolescência técnica dos equipamentos produtivos de uma empresa.	Equipamento com capacidade produtiva abaixo do necessário; desgaste natural de ferramentas.
Interna	Desmotivação da força de trabalho; envelhecimento ou perda do capital intelectual da empresa.	Perda de vendas ou de clientes por atendimento deficitário; atrasos sistemáticos em entregas.
Externa	Relacionamento crítico entre fornecedor e cliente, criando obstáculo a vendas potenciais.	Paralisações sindicais sistemáticas; deficiência logística de malha rodoviária, ferroviária ou portuária.

Apesar da natureza subjetiva e complexa das restrições qualitativas, elas podem ser identificadas e trabalhadas. Todavia, as restrições quantitativas é que são objeto de estudo da **teoria das restrições** (*Theory of Constrains* – TOC), segundo a qual todo sistema tem alguma restrição e o desempenho de qualquer organização está limitado por suas restrições. A teoria das restrições tem como objetivo fundamental identificar as restrições do sistema produtivo, atividade fundamental ao processo de melhorias.

Goldratt e Cox (1995), autores do livro *A meta*, abordam a teoria das restrições e classificam a restrição de modo bem objetivo: é qualquer evento que impede uma empresa de "ganhar dinheiro". Eles sugerem a seguinte sequência de atividades no processo de estudo das restrições:

1. Identificar as restrições internas e externas do sistema: atividade na qual a empresa olha para si mesma e avalia seus processos em busca dos gargalos.

2. Explorar a restrição e prover os recursos necessários para sua eliminação: etapa que envolve a análise da restrição encontrada em busca da solução ótima.

3. Elevar sua capacidade, ou seja, implantar a solução definida na etapa anterior.

4. Implantar melhorias contínuas para limitar a influência ou a abrangência do gargalo.

5. Após a solução de uma restrição, buscar a próxima, retornando ao primeiro passo: etapa da reavaliação das ações implantadas, verificando-se a eficácia dos trabalhos.

Todas as atividades relacionadas à identificação e à solução de gargalos/restrições são estratégicas, pois são elas que definem a capacidade produtiva da empresa, visto que gargalos/restrições são o elo fraco do processo produtivo de qualquer empresa.

■ Síntese

Neste capítulo, vimos a técnica denominada *diagrama homem-máquina* (DHM). Ao longo deste livro, partimos de um estudo de cronometragem aplicado a um produto individual ou a um conjunto simples, passamos pelo conceito de tempos sintéticos, por meio do qual podemos estabelecer o tempo de montagem em operações mais complexas, características de unidades de montagem ou células de manufatura, e chegamos à técnica que nos permite definir o tempo de operação em atividades mais complexas, nas quais um ou mais operadores trabalham com dois ou mais equipamentos.

Estudamos o balanceamento de linhas de montagem, no qual, a partir de uma sequência de atividades, chegamos à configuração de uma linha de montagem com a definição da quantidade de operadores, o número de postos de trabalho e a taxa de ocupação de cada operador. Essa técnica é fundamental para a definição de arranjos produtivos por produto, ou seja, linhas de montagem seriada.

Vimos também o conceito de *takt-time*, o qual é matematicamente similar ao cálculo do tempo padrão. O aspecto que distingue o *takt-time* do tempo padrão se refere ao contexto de sua aplicação. Pudemos notar que o *takt-time* é a definição do tempo padronizado de operação, contextualizado em uma cadeia de montagem estendida, as cadeias globais de manufatura. Nessa situação, o tempo de produção de um item segue o conceito matemático do tempo padrão, mas busca-se a cadência de montagem do produto final da cadeia de manufatura.

■ Questões para revisão

1. Explique o que diferencia o estudo de tempos fundamentado no conceito de homem-máquina (visto neste capítulo) do estudo de cronometragem para definição do tempo padrão de uma unidade de produto.

2. Qual problema podemos ter ao elaborar o balanceamento de linhas de montagem mesclando operações de sequências diferentes do processo de montagem de um produto?

3. A sequenciação a seguir se refere à produção de 32 produtos por hora, com funcionamento em 80% do tempo. Indique a alternativa que apresenta os valores corretos referentes ao TC, ao N_R e à E_f:

   a. TC = 90 segundos; N_R = 5 operadores; E_f = 92,22%.
   b. TC = 95 segundos; N_R = 5 operadores; E_f = 92,22%.
   c. TC = 90 segundos; N_R = 6 operadores; E_f = 92,22%.
   d. TC = 92 segundos; N_R = 5 operadores; E_f = 94,22%.
   e. TC = 92 segundos; N_R = 5 operadores; E_f = 92,22%.

4. As operações indicadas na sequenciação a seguir, com os tempos em segundos, referem-se à montagem de 150 produtos por hora. A empresa tem uma jornada diária de 8 horas e concede 45 minutos diários para descanso e necessidades pessoais. Indique a alternativa que apresenta os valores corretos referentes ao TC, ao N_R e à E_f:

   a. TC = 17,19 segundos; N_R = 15 operadores; E_f = 96,92%.
   b. TC = 19,19 segundos; N_R = 15 operadores; E_f = 98,92%.
   c. TC = 19,19 segundos; N_R = 16 operadores; E_f = 96,92%.
   d. TC = 19,19 segundos; N_R = 15 operadores; E_f = 96,92%.
   e. TC = 17,19 segundos; N_R = 15 operadores; E_f = 98,92%.

5. As operações indicadas na sequenciação a seguir, com tempos em segundos, referem-se à montagem de 150 produtos por hora. A empresa tem uma jornada diária de 8,3 horas e concede 30 minutos diários para descanso e necessidades pessoais. Indique a alternativa que apresenta os valores corretos referentes ao TC, ao N_R e à E_f:

   a. TC = 24,55 segundos; N_R = 35 operadores; E_f = 90,20%.
   b. TC = 22,55 segundos; N_R = 35 operadores; E_f = 90,20%.
   c. TC = 22,55 segundos; N_R = 37 operadores; E_f = 90,20%.
   d. TC = 22,55 segundos; N_R = 35 operadores; E_f = 94,20%.
   e. TC = 24,55 segundos; N_R = 35 operadores; E_f = 90,20%.

■ Questões para reflexão

1. Considerando a abordagem de *takt-time* vista neste capítulo, você acha que o conceito de tempo padrão cairá em desuso?

2. Defina *gargalo de processo*. O que ele representa para uma empresa?

■ Para saber mais

PARASHAR, N. B. S. **Cellular Manufacturing Systems**: an Integreated Approach. Nova Délhi: PHI Learning Private Limited, 2009.

Os leitores interessados em aprofundar seus estudos sobre arranjos físicos podem consultar o livro Cellular Manufacturing Systems, *de Nagendra Parashar. Nessa obra, o autor aborda de forma precisa o conceito de arranjos físicos fundamentados em células de manufatura.*

Estudo de caso

Um fabricante de produtos eletrônicos integra a maioria das cadeias automotivas, fornecendo um módulo eletrônico utilizado em veículos 1.0 de passageiros. Esse módulo é montado em bancadas individuais e, com o objetivo de avaliar sua capacidade de fornecimento, a empresa fez um estudo de cronometragem cujos dados estão na tabela a seguir, obtidos em regime normal de produção.

Para a análise, a empresa cronometrou cada um dos 7 operadores que montam esse módulo, em 3 horários diferentes, coletando 4 amostras de tempo em cada horário. Os tempos indicados se referem à montagem total do módulo, já pronto para entrega.

Tabela A – Dados de cronometragem coletados no processo produtivo

Leitura	Operador	Horário	Cronometragem			
			1	2	3	4
1	A	7h30	27	29	31	30
2		10h30	32	30	33	32
3		13h30	30	32	32	31
4	B	7h45	25	27	29	28
5		10h45	26	30	28	30
6		13h45	28	26	28	29
7	C	8h	27	26	26	28
8		11h	28	27	27	27
9		14h	31	27	30	29
10	D	8h15	29	30	30	31
11		11h15	34	32	33	32
12		14h15	29	32	32	34
13	E	8h30	27	28	25	26
14		11h30	31	31	32	32
15		14h30	30	31	32	32

(continua)

(Tabela A – conclusão)

Leitura	Operador	Horário	Cronometragem			
			1	2	3	4
16	F	8h45	25	25	26	26
17		1h45	26	27	26	25
18		14h45	27	28	25	28
19	G	9h	31	29	30	31
20		12h	31	34	34	33
21		15h	32	33	29	33

Avaliaremos quais amostras de tempo (cronometragens) são válidas e se o número de cronometragens foi suficiente. Para isso, realizaremos as seguintes etapas:

1. Inicialmente, calculamos as médias de cada amostra de tempo e em cada horário, conforme a coluna 8.
2. Calculamos a amplitude de cada amostra, de acordo com a coluna 9.
3. Calculamos a média global ($\bar{x}$) e a amplitude média ($\bar{R}$), conforme a última linha das colunas 8 e 9.
4. Calculamos a média das 12 leituras (ou das 3 médias parciais – $\bar{x}$) de cada operador, com o objetivo de calcular o fator de ritmo (F_R) de cada um deles em relação à média global das leituras, segundo a coluna 10.

Tabela B – Parâmetros estatísticos obtidos com os dados de cronometragem

Leitura	Operador	Horário	Cronometragem				8	9	10	11	12
			1	2	3	4	$\bar{x}$	R		F_R	TN
1	A	7h30	27	29	31	30	29,3	4,0			30,65
2		10h30	32	30	33	32	31,8	3,0	30,8	104,79%	
3		13h30	30	32	32	31	31,3	2,0			32,75
4	B	7h45	25	27	29	28	27,3	4,0			
5		10h45	26	30	28	30	28,5	4,0	27,8	94,85%	27,03
6		13h45	28	26	28	29	27,8	3,0			26,32
7	C	8h	27	26	26	28	26,8	2,0			
8		11h	28	27	27	27	27,3	1,0	27,8	94,56%	
9		14h	31	27	30	29	29,3	4,0			27,66
10	D	8h15	29	30	30	31	30,0	2,0			32,20
11		11h15	34	32	33	32	32,8	2,0	31,5	107,34%	
12		14h15	29	32	32	34	31,8	5,0			

(continua)

(Tabela B – conclusão)

Leitura	Operador	Horário	Cronometragem 1	2	3	4	8 $\bar{x}$	9 R	10	11 F_R	12 TN
13		8h30	27	28	25	26	26,5	3,0			
14	E	11h30	31	31	32	32	31,5	1,0	29,8	101,38%	
15		14h30	30	31	32	32	31,3	2,0			31,68
16		8h45	25	25	26	26	25,5	1,0			
17	F	11h45	26	27	26	25	26,0	2,0	26,2	89,17%	
18		14h45	27	28	25	28	27,0	3,0			
19		9h	31	29	30	31	30,3	2,0			32,64
20	G	12h	31	34	34	33	33,0	3,0	31,7	107,91%	
21		15h	32	33	29	33	31,8	4,0			
							29,3 $\bar{\bar{x}}$	2,7 $\bar{R}$			30,1 TN

5. Calculamos os fatores de ritmo de cada operador em relação à média global, de acordo com a coluna 11.

6. Em seguida, devemos avaliar quais cronometragens são estatisticamente válidas e se o número de cronometragens válidas é suficiente para validar o estudo. Para avaliação das cronometragens válidas, calculamos os limites superior e inferior de controle das médias, conforme mostrado a seguir:

$$\text{LSC}_{\bar{x}} = \bar{\bar{x}} + A2 \cdot \bar{R} = 29,3 + 0,729 \cdot 2,7 = 31,32$$
$$\text{LIC}_{\bar{x}} = \bar{\bar{x}} + A2 \cdot \bar{R} = 29,3 - 0,729 \cdot 2,7 = 27,37$$

7. Com esses limites, construímos o gráfico de controle das médias.

Gráfico A – Controle das médias

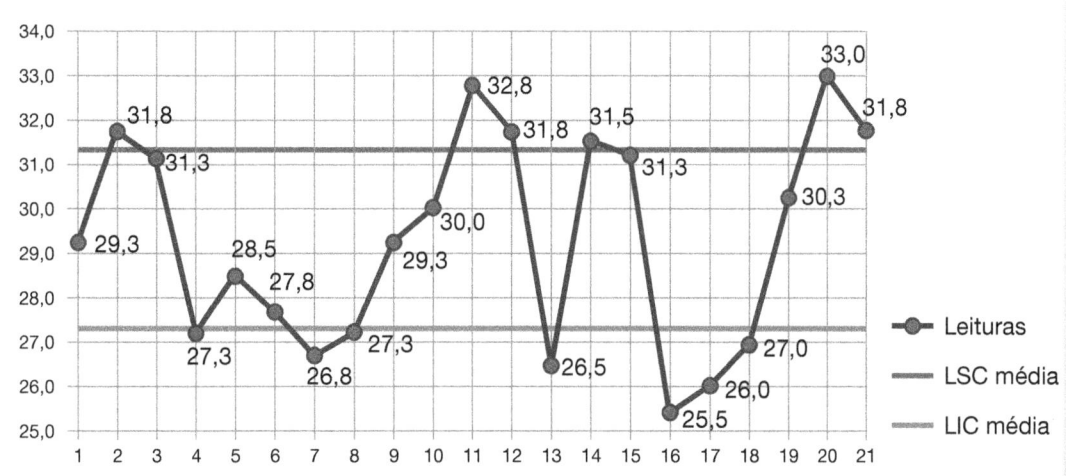

Leitura	Valor
1	29,3
2	31,8
3	31,3
4	27,3
5	28,5
6	27,8
7	26,8
8	27,3
9	29,3
10	30,0
11	32,8
12	31,8
13	26,5
14	31,5
15	31,3
16	25,5
17	26,0
18	27,0
19	30,3
20	33,0
21	31,8

Legenda: Leituras; LSC média; LIC média

8. De modo similar, calculamos o limite superior de controle da amplitude e construímos o gráfico, como mostrado a seguir:

$$LSC_R = D_4 \cdot \overline{R} = 2{,}282 \cdot 2{,}7 = 6{,}194$$

Gráfico B – Controle das amplitudes

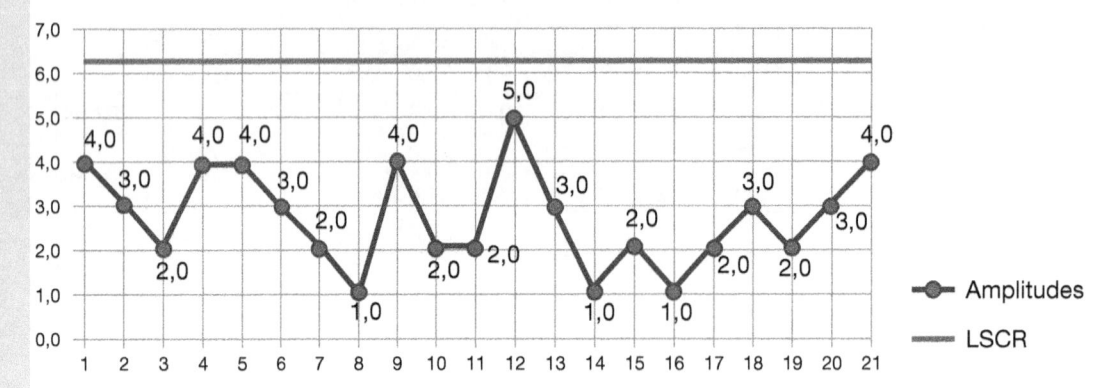

9. Pelo gráfico das médias, observamos que apenas 8 leituras são consideradas válidas. Mesmo com todas sendo válidas pelo gráfico das amplitudes, consideraremos válidas apenas as 8 leituras, descartando as demais. Porém, devemos avaliar se essas leituras válidas são suficientes para a análise. Observe, na Tabela B, que as leituras não válidas estão destacadas com sombreamento, a fim de indicar que não serão consideradas na análise a ser executada desta etapa em diante; devem ser descartadas.

10. Nesta etapa, devemos adotar os critérios de erro relativo (E_R) e probabilidade de acerto p (área sob a curva normal), para podermos definir o fator z da distribuição normal reduzida e o erro relativo $\alpha/2$. Arbitrariamente, adotaremos $E_R = 5\%$ e $p = 90\%$.

11. Para o cálculo do número de cronometragens válidas, determinamos o desvio padrão ($s = 1{,}245$), a média ($\overline{x} = 29{,}7$) e a amplitude ($R = 3{,}5$) dos 8 valores em análise. Com esses dados, aplicamos os três critérios matemáticos discutidos no Capítulo 2, a título de análise comparativa:

- Método da distribuição da média amostral – $\overline{x}$:

Com $p = 90\%$, determinamos $z = 1{,}645$ (Anexo 1) e substituímos os valores na expressão:

$$n = \left(\frac{z \cdot s}{E_R \cdot \overline{x}}\right)^2 = \left(\frac{1{,}645 \cdot 1{,}245}{0{,}05 \cdot 29{,}7}\right)^2 = 1{,}9 \text{ ou 2 amostras}$$

- Método do intervalo de confiança:

Inicialmente determinamos $t_{npré-1};\alpha/2$ (Anexo 4), para $t_{7;0,05} = 1,895$, e substituímos os valores conforme indicado a seguir:

$$n = \left(\frac{t_{npré-1};\alpha/2 \cdot s}{E_R \cdot \bar{x}}\right)^2 = \left(\frac{t_{7;0,05} \cdot s}{E_R \cdot \bar{x}}\right)^2 = \left(\frac{1,895 \cdot 1,245}{0,05 \cdot 29,7}\right)^2 = 2,52 \text{ ou 3 amostras}$$

- Método da distribuição normal reduzida:

Inicialmente, determinamos o fator estatístico d_2 em função de $n = 8$ amostras (Anexo 3), obtendo-se $d_2 = 2,847$. Substituímos os valores na expressão:

$$n = \left(\frac{z \cdot R}{E_R \cdot d_2 \cdot \bar{x}}\right)^2 = \left(\frac{1,645 \cdot 3,5}{0,05 \cdot 2,847 \cdot 29,7}\right)^2 = 1,86 \text{ ou 2 amostras}$$

12. Portanto, os três critérios matemáticos confirmam que as 8 amostras válidas são suficientes. Assim, podemos prosseguir a análise com essas 8 cronometragens.

13. Com os 8 valores válidos e com os fatores de ritmo determinados (coluna 11), calculamos os tempos normais de cada operador, de acordo com a coluna 12.

14. Calculamos a média das 8 cronometragens válidas, obtendo o tempo médio (TM) da operação (TM = 29,35 segundos) e a média dos 8 tempos normais, auferindo o tempo normal (TN) da operação (TN = 30,12 segundos).

15. A seguir, temos de verificar a jornada e as folgas atribuídas pela empresa. Suponhamos que a empresa tenha uma jornada diária de 8,2 horas e conceda 45 minutos diários para tolerância de folgas e fadigas. O fator de tolerância (F_T) será calculado por meio da Equação 2.15:

$$F_T = \frac{\text{Jornada total}}{\text{Jornada útil}} = \frac{\text{Jornada total}}{\text{Jornada total} - \text{folgas}} = \frac{492 \text{ minutos}}{(492 - 45) \text{ minutos}} = 1,1007$$

16. Portanto, o tempo padrão dessa operação, para a produção de 1 módulo, será:

$$TP = TN \cdot F_T = 30,12 \cdot 1,1007 = 33,153 \text{ segundos}/\text{módulo}$$

17. Supondo-se que a empresa trabalhe um turno por dia, sua capacidade produtiva diária por operador será:

$$\text{Produção diária} = \frac{492 \frac{\text{minutos}}{\text{turno}} \cdot 60 \frac{\text{segundos}}{\text{minuto}}}{33{,}153 \frac{\text{segundos}}{\text{módulo}/\text{operador}}} = 890{,}42 \frac{\text{módulos}}{\text{operador} \cdot \text{turno}}$$

18. A produção diária total será:

$$\text{Produção diária total} = 890{,}42 \frac{\text{módulos}}{\text{operador} \cdot \text{turno}} \cdot 7 \text{ operadores} = 6\,232{,}94 \frac{\text{módulos}}{\text{turno}}$$

19. Portanto, considerando-se 270 dias trabalhados ao ano, a capacidade produtiva anual da empresa será:

$$\text{Produção anual} = 6\,232{,}94 \frac{\text{módulos}}{\text{turno}} \cdot 270 \frac{\text{turnos}}{\text{ano}} = 1\,682\,893 \frac{\text{módulos}}{\text{ano}}$$

20. Assim, com esse dado e tendo em vista o porte do seu mercado, a empresa poderá dimensionar sua mão de obra/capacidade produtiva necessária, tendo meios também de estabelecer seu *takt-time*, de acordo com a produção diária da cadeia produtiva ou de cada cliente.

6 Arranjos físicos

Conteúdos do capítulo
- *Conceito de arranjo físico.*
- *Tipos de arranjo físico.*

Após o estudo deste capítulo, você será capaz de:
1. *identificar e classificar diferentes arranjos físicos empresariais;*
2. *analisar criticamente os diversos arranjos físicos em empresas comerciais e industriais;*
3. *identificar a adequação de uma operação fabril ou comercial a um determinado tipo de arranjo físico;*
4. *projetar arranjos físicos em diversos segmentos comerciais e industriais.*

Arranjo físico é a forma como se distribuem os recursos, equipamentos e facilidades destinados à execução das atividades de transformação industrial, comercial ou de serviços. Essa distribuição é fundamental para o desempenho dos negócios, pois impacta diretamente a produtividade e os lucros da empresa. Os ganhos obtidos com a adequação do arranjo físico às necessidades do processo produtivo foram previamente abordados no Capítulo 1 e serão aprofundados na sequência.

Como vimos anteriormente, a empresa deve evitar ao máximo a prática de processos ineficientes, com trajetos longos e desordenados e movimentações desnecessárias. Esses e outros entraves no fluxo de produção estão intrinsecamente relacionados ao arranjo físico empresarial.

Conforme Santoro e Moraes (2002), o projeto do arranjo físico deve concentrar-se na redução da movimentação de materiais e pessoas, o que, além de melhorar o desempenho e a produtividade da empresa, elimina congestionamentos e melhora a segurança, o bem-estar pessoal e a comunicação empresarial. Com isso, também contribui para o aumento da eficiência de equipamentos e mão de obra, proporcionando flexibilidade e agilidade aos negócios.

A seguir, discorreremos sobre os modelos de arranjo físico mais utilizados e estudados atualmente.

6.1 Ágil

O projeto do arranjo físico influencia o desempenho operacional da empresa; portanto, quanto maior a flexibilidade e a agilidade do arranjo físico, maior é a expectativa para o aumento da produtividade da empresa. Dessa perspectiva, surgiu a noção de arranjo físico ágil. Diferentemente dos modelos mais tradicionais, o arranjo físico ágil não parte de uma configuração predefinida, pois tem como proposta a adaptabilidade às exigências de diferentes produtos e processos.

Conforme destacam Benjaafar, Heragu e Irani (2002), arranjos físicos adaptáveis a baixos níveis de estoques e prazos de fabricação reduzidos estão diretamente associados ao aumento da produtividade.

O conceito fundamental do arranjo físico ágil é não se prender a qualquer modelo de arranjo e proporcionar à empresa ampla flexibilidade, ajustando-se a qualquer demanda de produtos e prazos. Isto é obtido através de equipamentos e estações de trabalho dotados de transportadores próprios e permanentes, como rodízios e esteiras transportadoras, que permitem movimentação rápida e a formação de arranjos múltiplos, conforme a necessidade da empresa. Assim, um produto cujo processamento demande um conjunto de operações fabris pode ser realizado com um mínimo de transportes, esperas e armazenagens em processo, se os correspondentes equipamentos produtivos puderem ser agrupados com distâncias mínimas, obtendo-se redução de transportes, manuseios, estoques intermediários e esperas indesejáveis.

Evidentemente, esse modelo de arranjo apresenta limitações associadas à geometria e à complexidade do produto. Produtos muito complexos exigem um amplo conjunto de equipamentos, como é o caso do setor automotivo, no qual esse modelo seria inviável – exceto em segmentos automotivos específicos, em especial de caminhões de grande porte, que estruturaram suas empresas no sistema de grupos autônomos, nos quais operadores especializados revezam-se periodicamente em seus postos de trabalho. Assim, para possibilitar esse rodízio de pessoal, equipamentos de pequeno e médio porte e bancadas são dotados de ajustes pneumáticos de altura e inclinação.

A adequação plena do arranjo físico ágil está associada a pequenas e médias empresas com ampla variedade de produtos simples e de baixa complexidade, lotes reduzidos e processamento rápido, cujos equipamentos produtivos tenham porte compatível com sistemas individuais de transporte.

6.2 Celular

Também denominado **células de manufatura** ou simplesmente **arranjo celular**, o arranjo físico celular baseia-se no agrupamento das máquinas, equipamentos e produtos através do princípio da similaridade ou de famílias. Nele, as máquinas são agrupadas conforme sua natureza operacional, enquanto os produtos são agrupados por similaridade geométrica ou dimensional ou de acordo com seu processo de manufatura, usando como critério de agrupamento, por exemplo, o acabamento superficial e a tolerância dimensional.

Figura 6.1 – Representação esquemática de células de manufatura

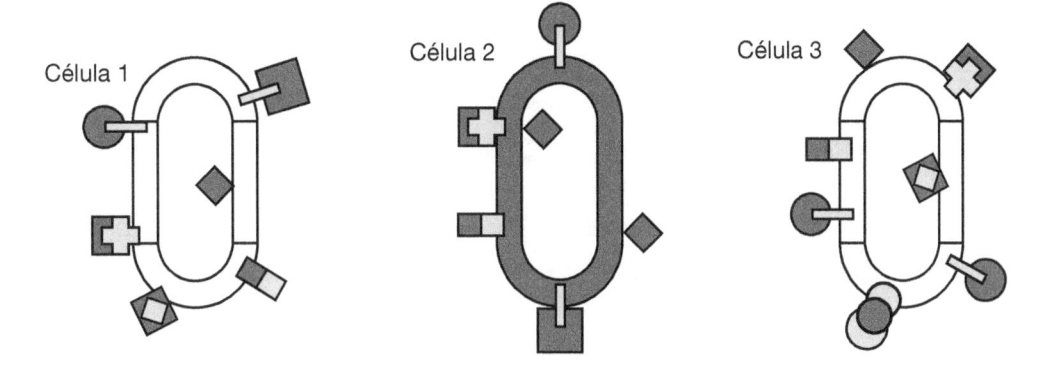

O simples agrupamento de equipamentos similares nem sempre caracteriza uma célula de manufatura. Para a obtenção efetiva desse tipo de arranjo, é fundamental que o agrupamento preencha estes requisitos:

- tenha um conjunto predefinido de produtos a serem processados por ela;
- tenha máquinas e equipamentos necessários e suficientes para produzir completamente um conjunto de produtos a ela associados;
- estabeleça um conjunto de processos de produção pelo qual todos os produtos serão submetidos, ao invés de contar com equipamentos que trabalhem de forma independente dos demais;
- apresente flexibilidade operacional, ou seja, equipamentos que possam atuar com diversos tipos de produtos, operados por mão de obra especializada;
- execute seu próprio planejamento fabril e suas inspeções de qualidade.

Entre os objetivos buscados com a implantação desse arranjo, podemos destacar os seguintes:

- redução da movimentação dos materiais;
- otimização dos equipamentos, reduzindo a necessidade de investimentos;
- redução dos tempos de processamento;
- redução dos custos de processamento;
- redução dos tempos de ajuste de máquinas e processos;
- aumento da produtividade;
- redução dos estoques intermediários;
- redução da mão de obra e da taxa de ocupação dos equipamentos.

Como o fundamento do arranjo celular é possibilitar o planejamento e o gerenciamento de grupos de máquinas e de peças/componentes, o projeto de uma célula envolve: a definição da família de peças/componentes; a determinação do grupo de máquinas; e a correta relação entre ambos os agrupamentos.

O arranjo físico celular apresenta uma série de vantagens em relação aos arranjos físicos mais tradicionais, por proporcionar menores custos de investimento, inspeção, estoque, espaço físico, tempo de ciclo, refugos e manuseios de material, ao mesmo tempo que possibilita a redução da ocupação de máquinas e a otimização do uso de ferramentas, possibilitando ainda melhor controle de processo.

Entretanto, isso é possível apenas se o arranjo celular for viável ao processo em análise, além de corretamente planejado e implantado. Esse modelo não é praticável, por exemplo, em processos produtivos de construção civil ou naval. Também não é aconselhável a implantação do arranjo celular na totalidade da instalação fabril de uma empresa, assim como em projetos que sofram modificações frequentes, pois constantes atualizações de equipamentos exigem alto investimento.

O arranjo físico celular é mais adequado a cadeias fabris nas quais o produto final possa sofrer frequentes alterações, diferentemente de seus componentes. É o caso da cadeia automotiva, na qual os produtos finais (automóveis) sofrem permanentes alterações, mas suas peças/componentes internos passam por atualizações muito menos frequentes. Nesse caso, a implantação de células de manufatura é viável no processamento de peças/componentes, e não no produto final (automóvel).

As três etapas fundamentais no projeto de implantação de um arranjo celular são:

1. identificação e formação da família de peças/componentes;
2. formação do grupo de máquinas (a célula propriamente dita);
3. estabelecimento da conexão entre a família de peças/componentes e a célula.

Para o projeto da célula, é conveniente o levantamento de dados de cada etapa, conforme o Quadro 6.1.

Quadro 6.1 – Dados a serem levantados no projeto celular

Etapas e restrições	Características a serem levantadas
Peças/componentes que formarão as famílias	Sequência de processamento Tempos e custos de ajustes de processo Tempo de processamento do produto Volume de produção
Equipamentos e máquinas que formarão a célula	Quantidade de máquinas Tipo de máquina Capacidade produtiva da máquina Custo operacional da máquina
Possíveis restrições	Espaço físico da célula Restrições orçamentárias

Em seguida, deve-se representar esquematicamente o problema através de uma matriz, relacionando o tipo de máquina e o tipo de peça/componente (Tabela 6.1).

Tabela 6.1 – Matriz de incidência componente-máquina

		Peça/componente					
		1	2	3	4	5	6
Tipo de máquina	1	1	0	1	0	1	0
	2	0	0	1	1	1	1
	3	1	1	1	0	1	1
	4	0	1	0	1	1	0
	5	1	0	1	1	1	1

A denominada **matriz de incidência componente-máquina** relaciona as peças/componentes com o tipo de máquina, mas não indica a quantidade de máquinas de cada tipo, nem o número de vezes que uma peça/componente passa por um mesmo tipo de máquina ou a sequenciação das operações. Mas parte-se do princípio de que o grupo de tipos de máquinas comporta o processamento de todas as peças/componentes.

O algarismo 1 indica conexão entre peça/componente e tipo de máquina; o algarismo 0 indica ausência de conexão entre peça/componente e tipo de máquina. A matriz indica o tipo de máquina pela qual passa cada peça/componente. Assim, no exemplo, a peça/componente 1 é processada nas máquinas do tipo 1, 3 e 5. A peça/componente 2 é processada nas máquinas do tipo 3 e 4, e assim por diante.

Em uma análise real, a matriz de incidência componente-máquina irá aumentar significativamente. Serão centenas ou milhares de peças/componentes versus dezenas de tipos de máquinas. Nesse caso, a matriz deverá ser rearranjada, formando o que se denomina **matriz diagonal em blocos**, conforme o exemplo a seguir.

Tabela 6.2 – Matriz diagonal em blocos

		Peça/componente														
		10	7	2	13	5	8	6	1	11	9	12	3	14	4	...	x
Tipo de máquina	11	1	1	1	1	0	0	0	0	0	0	0	1	0	1	...	1
	5	0	1	1	1	1	0	0	0	0	0	1	0	1	0	...	1
	8	1	1	1	1	1	0	0	0	0	0	0	1	0	0	...	1
	2	1	0	1	0	1	0	0	0	0	0	0	0	0	0	...	0
	9	0	1	0	0	1	1	0	1	1	1	0	1	0	0	...	0
	6	1	1	0	1	0	1	1	1	0	1	0	0	0	0	...	0
	7	0	0	0	0	0	0	1	1	1	1	1	0	1	0	...	0
	10	0	0	0	1	0	0	0	0	0	0	1	0	1	1	...	0
	4	1	0	0	0	1	0	0	0	0	0	1	1	1	1	...	1
	1	0	0	1	0	0	0	0	0	0	0	1	1	0	1	...	1
	3	0	0	0	0	1	0	0	0	0	0	1	1	1	1	...	0
	...	...	...	...	...	...	...	...	...	...	...	...	...	...	...	...	...
	y	0	0	0	1	0	0	0	0	0	0	0	1	0	1	...	1

O objetivo dessa matriz é o agrupamento ideal entre peças/componentes e tipos de máquinas, de modo a ocorrer o mínimo de **conexões externas**, ou seja, o mínimo de conexões entre peça/componente com algum tipo de máquina externo à célula à qual ela pertença, o que exigiria movimentação intercelular de produtos, o que não é adequado.

A conexão externa é indicada pelo algarismo 1 fora da célula, como é o caso da peça/componente 10 (Tabela 6.2), que apresenta conexões com os tipos de máquinas 4 e 6, externos a sua célula, o que exigirá movimentação adicional, com a consequentemente geração de custos adicionais. Movimentações geram perda de eficiência e devem ser evitadas, quando possível.

Quando bem estruturados, os dados de análise resultam em um bloco com peças/componentes sem qualquer conexão externa, denominado *bloco diagonal perfeito*. É o caso do bloco formado pelas peças/componentes 1, 6, 8, 9 e 11 com as máquinas dos tipos 6, 7 e 9, na Tabela 6.2; elas não apresentam conexão com nenhum outro tipo de máquina externo a sua respectiva célula.

Quando os dados de análise são mal estruturados, resultarão em um bloco diagonal não adequadamente estruturado, com muitas conexões externas, como é o caso das peças/componentes 2, 5, 7, 10 e 13, associadas às máquinas tipos 2, 5, 8 e 11, que apresentam várias conexões externas. Nesse caso, não há algoritmo que possa ajudar na eliminação das externalidades; não será possível eliminar-se exceções, a não ser que a peça/componente sofra alterações de projeto que eliminem a necessidade do processamento fabril associado aos tipos de máquinas externos, o que nem sempre é possível.

Nota-se que o principal desafio na formação do arranjo celular é a estruturação de dados que possa conduzir ao maior número possível de *blocos diagonais perfeitos*. Para isso são utilizados desde métodos heurísticos, ou seja, baseados em tentativa e erro, até ferramentas de inteligência artificial. Entre esses extremos, há um grande conjunto de métodos normalmente utilizados, tendo como base: a observação visual, a codificação do produto, o fluxo do processo produtivo, o fluxo do componente no produto final e métodos de coeficiente de similaridade. Os métodos de coeficiente de similaridade englobam um conjunto de soluções matemáticas e são um dos mais usados na solução de problemas de agrupamentos de máquinas.

A fim de ilustrar um desses métodos, cujo desenvolvimento matemático é mais confiável – visto que métodos heurísticos não proporcionariam um bom exemplo –, vamos analisar o **método de conexão única**. Vale lembrar que existem muitos outros modelos matemáticos utilizáveis na formação de um arranjo celular.

6.2.1 Método de conexão única

Fundamentado no coeficiente de Jaccard (Equação 6.1, a seguir), o método de conexão única estabelece a similaridade entre duas máquinas, indicadas aqui como x e y. Para tanto, é determinada a relação entre a) o número de peças/componentes que passam por ambas as máquinas e b) a soma desse número com a quantidade de peças/componentes que passam por pelo menos uma das máquinas.

Esse método agrupa mutualmente os equipamentos e máquinas, ou seja, dois a dois, por ordem decrescente dos coeficientes de similaridade calculados, até chegar aos níveis mais baixos, em etapas sucessivas (Parashar, 2009).

O arranjo dos dados para a estruturação dos coeficientes de similaridade será uma matriz quadrada definida pelo número de máquinas em estudo, conforme a Tabela 6.3, para duas máquinas.

Tabela 6.3 – Exemplo de estruturação de matriz por meio do método de conexão única

		Tipo de máquina y	
		1	0
Tipo de máquina x	1	a	b
	0	c	d

Em que:

- a: quantidade de peças/componentes processados por ambas as máquinas x e y;
- b: quantidade de peças/componentes processados pela máquina x, mas não pela y;
- c: quantidade de peças/componentes processados pela máquina y, mas não pela x;
- d: quantidade de peças/componentes não processados por nenhuma das duas.

Utilizado na análise de agrupamento simples, agrupamento completo ou agrupamento médio, o coeficiente de similaridade de Jaccard é calculado por:

$$C_{Jaccard\ x,y} = \frac{a}{a + b + c} \quad \text{Equação 6.1}$$

Sendo:

$0{,}0 \leq C_{Jaccard\ x,y} \leq 1{,}0$.

A sequência de cálculos é a seguinte:

4. Calculamos o coeficiente de similaridade $C_{Jaccard\ x,y}$ para todos os possíveis pares de máquinas. Podemos observar que $C_{Jaccard\ x,y} = C_{Jaccard\ y,x}$, pois estamos avaliando tipos de máquinas associados a uma peça/componente,

sem levarmos em conta a ordem de processamento. Assim, se dissermos que um componente está associado às máquinas *x* e *y*, é o mesmo que dizer que ele está associado às máquinas *y* e *x*. Matematicamente, temos a combinação simples de elementos, calculada da seguinte maneira:

$$C_{np} = \frac{n!}{p!\,(n-p)!} \quad \text{Equação 6.2}$$

Sendo:

n: búmero de máquinas em análise;

p: par de máquinas (p = 2).

Assim, com um conjunto de 12 máquinas em análise, por exemplo, teremos que calcular o $C_{Jaccard\,x,y}$ para um total de:

$$C_{12,2} = \frac{12!}{2! \cdot 10!} = \frac{12 \cdot 11}{2} = 66 \text{ pares de máquinas}$$

5. Após determinar todos os coeficientes de similaridade, deve-se montar a matriz dos coeficientes de similaridade e seguir estas etapas:

   2.1 Encontrar o máximo valor na matriz de coeficientes de similaridade;

   2.2 Unir os dois tipos de máquinas (*i* e *j*, por exemplo) correspondentes ao maior coeficiente de similaridade, formando o primeiro grupo de tipos de máquinas (*k*, por exemplo);

   2.3 Remontar a matriz de coeficientes com novo grupo (*k*, por exemplo) formado com a união dos dois tipos de máquinas (*i* e *j*), excluindo os tipos (*i* e *j*), por já estarem incorporados ao grupo;

   2.4 Comparar esse grupo com cada tipo de máquina residual, determinando o coeficiente de similaridade de Jaccard, porém por meio do critério da maximização:

$$C_{Jaccard\,máquina,grupo} = \text{Máx.}\{C_{Jaccard\,envolvidos}\} \quad \text{Equação 6.3}$$

   Assim, se compararmos o tipo de máquina *m* com o grupo de tipos de máquinas *k*, formado pelos tipos de máquinas *i* e *j*, adotaremos o seguinte critério de otimização:

$$C_{Jaccard\,m,k} = \text{Máx.}\{C_{Jaccard\,m,i};\,C_{Jaccard\,m,j}\} \quad \text{Equação 6.4}$$

   2.5 Com os coeficientes de similaridade obtidos, entre cada tipo de máquina e o primeiro grupo, remontamos a matriz de coeficientes de similaridade, identificamos o maior coeficiente obtido e agrupamos os tipos de máquinas correspondentes a esse maior valor;

2.6 Na sequência, continuamos agrupando tipos de máquinas a grupos, sequencialmente, até o momento em que começaremos a agrupar grupos de tipos de máquinas. O procedimento de cálculo do coeficiente de similaridade se repetirá.

6. Deve-se repetir a etapa 2 até que a matriz de coeficientes de similaridade não tenha mais nenhum de tipo isolado de máquina, quando o procedimento é encerrado. Nessa etapa, o(s) grupo(s) de máquina(s) formado(s) é o arranjo celular final.

A seguir, listamos algumas das limitações do método de conexão única:

- não é levada em conta a sequência de operações de peças/componentes; esse fato pode não interferir no processo de agrupamento das máquinas, mas pode apresentar lacunas quanto ao arranjo das máquinas dentro da célula de manufatura;
- é provável que os equipamentos que representem gargalos de processo tenham de ser duplicados para viabilizar o arranjo celular, o que pode comprometer o investimento empresarial;
- é feito apenas o agrupamento das máquinas; as famílias de peças/componentes exigem análise à parte;
- não é aplicável quando a quantidade de tipos de máquinas e a variedade de peças/componentes forem extensas.

O método de conexão única será retomado no exercício resolvido 6.1, mais adiante.

6.3 Departamental

Também denominado **arranjo físico funcional** ou **arranjo físico por processo**, esse modelo se caracteriza pelo agrupamento de máquinas/equipamentos conforme sua natureza ou processo, formando centros produtivos ou departamentos. É o caso de empresas com setores de tornearia, estamparia, fresagem, pintura etc. O agrupamento de máquinas e equipamentos de mesma natureza busca otimizar o uso da mão de obra especializada e estabelecer estoques otimizados das ferramentas e insumos utilizados em cada centro de produção. Sua configuração física procura conciliar intermitência de lotes, variedade de produtos, clientes e especificações técnicas.

O princípio fundamental desse arranjo é o agrupamento de máquinas e equipamentos de mesmo tipo; o critério de otimização utilizado no projeto é a mínima movimentação de materiais entre departamentos, de modo a reduzir os custos de transporte de materiais internos à empresa. Como a disposição entre n departamentos é uma combinação que resulta em n! possibilidades, ao projetar-se um arranjo dessa natureza, haverá um conjunto de resultados possíveis muito amplo. Por exemplo, ao avaliarmos a implantação de um arranjo físico com 10 departamentos, teremos 10! = 3.628.800 possibilidades de arranjo físico.

Figura 6.2 – Exemplo de arranjo físico departamental ou por processo

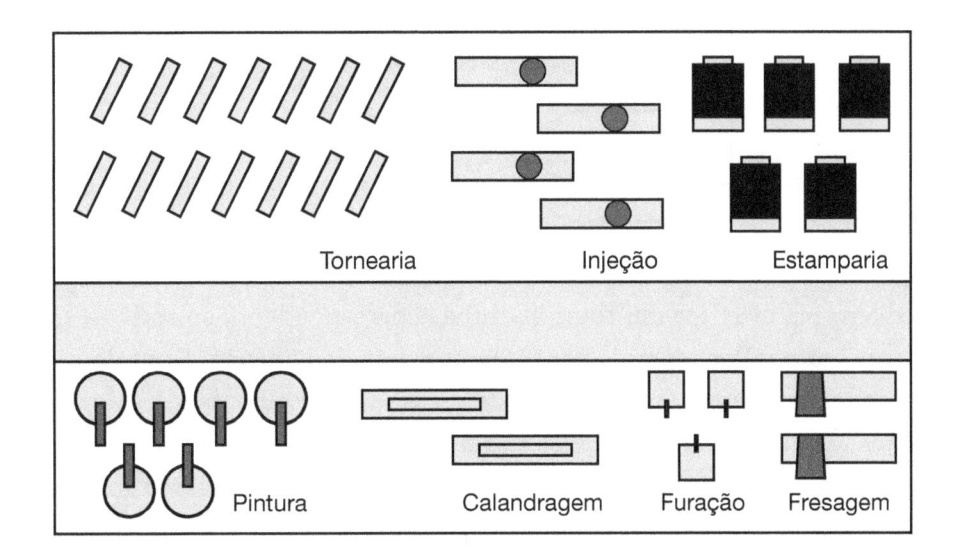

É importante observar que esse modelo de arranjo trabalha com equipamentos genéricos e mão de obra especializada, possibilitando à empresa alta flexibilidade e processamento rápido das etapas de produção.

Porém, há alguns aspectos críticos associados a esse arranjo; a empresa terá que contar com um rigoroso sistema de planejamento e controle da produção (PCP) porque estará processando lotes diferentes e de clientes diferentes, simultaneamente. Do mesmo modo, a empresa terá que adaptar-se ao inevitável aumento dos estoques intermediários de materiais e, principalmente, ao aumento na movimentação, transporte e espera de materiais.

Sua implantação é adequada a empresas que trabalham com grande variedade de produtos, média complexidade e lotes reduzidos. É o caso típico de metalúrgicas que trabalham sob demanda ou em atendimento ao mercado. Outros exemplos desse modelo de arranjo são: restaurante tipo *self-service*, loja de departamentos, livraria de grande porte ou *sites* de compras.

Para a seleção da melhor, dentre um conjunto tão amplo de possibilidades, utilizaremos um método fundamentado em cálculos simples e em análise heurística, ou seja, análise baseada na tentativa e erro, com o auxílio de um diagrama de/para, também conhecido como *diagrama de relações*, exemplificado na Figura 6.3.

Figura 6.3 – Diagrama de relações ou diagrama de/para

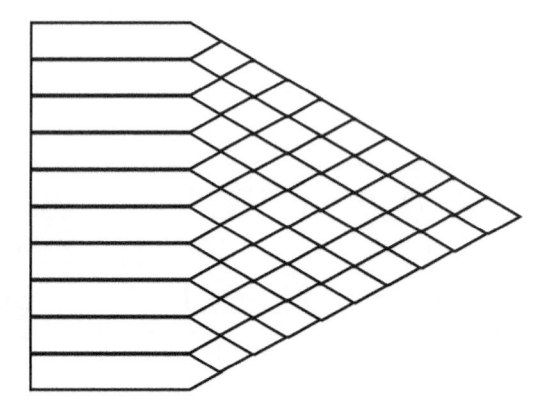

O diagrama deve ter um total de linhas correspondente ao total de departamentos em análise, com os consequentes nós de conexão. Quando estiver completo, com todas as quantidades de materiais movimentados entre departamentos, estarão estabelecidos os nós de conexão entre departamentos onde há movimentação de material. Todas as conexões que não apresentarem movimentação, denominadas *nós vazios*, serão descartadas. Com os nós existentes, construímos a rede de precedências, conforme a Figura 6.4, exemplificada para seis departamentos.

Figura 6.4 – Transposição do diagrama de relações para a rede de precedências

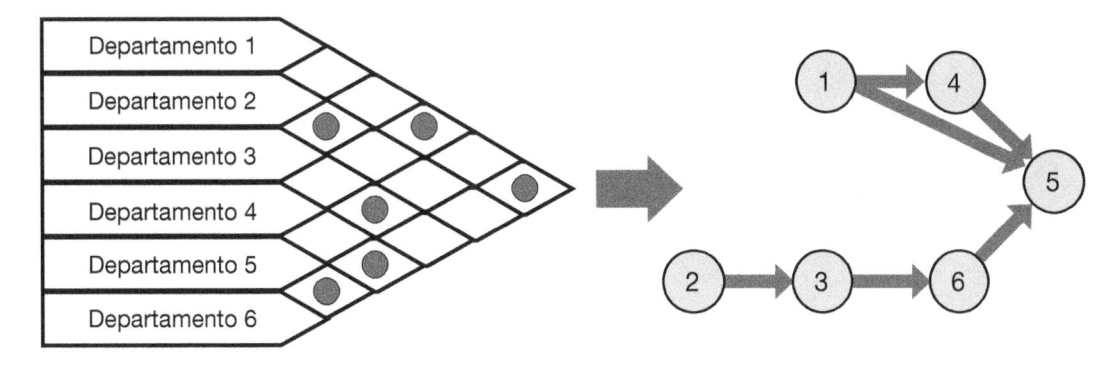

A rede de precedências contém apenas os nós "cheios", aqueles que apresentam movimentação de materiais entre departamentos. Os demais nós vazios serão desprezados. Com a rede de precedências, determinamos o arranjo físico entre os departamentos por meio da análise heurística.

Seleção da melhor alternativa

A análise heurística pode nos levar à solução final única. Porém, é usual obter-se entre duas e três possibilidades de arranjo físico. Caso isso ocorra, o critério de seleção do melhor arranjo será a mínima despesa total de movimentação, determinada pela multiplicação dos seguintes termos: 1) as distâncias entre os centros de gravidade, ou centroides, estabelecidos entre os departamentos, aos pares; 2) as quantidades de materiais transportadas entre eles, conforme os roteiros definidos na rede de precedências; e 3) o custo unitário de transporte de materiais dentro da empresa (por metro percorrido e por unidade transportada).

Esse custo unitário de transporte deve ser obtido com dados relativos à movimentação de materiais, tais como depreciação do equipamento de transporte (empilhadeira, carrinho pneumático, ponte rolante etc.), despesas com combustível, mão de obra de operação, despesas com manutenção desses equipamentos, ou qualquer outro dado fundamental a essa determinação. A escolha deverá recair sobre o arranjo que demandar menor despesa de transporte. A expressão utilizada no cálculo das despesas de transporte entre dois departamentos, i e j, está indicada a seguir:

$$\text{Desp.}_{transp} = \sum D_{ist.i,j} (m) \cdot Q_{transp.i,j} (un./mês) \cdot DU_{transporte} (R\$/m.un.) \quad \text{Equação 6.5}$$

Para melhor ilustrar esse modelo de análise, faremos uma simulação descrita no exercício resolvido 6.2. Ao analisar o exemplo resolvido, é interessante observar a quantidade de dados necessários ao desenvolvimento do modelo. São informações preliminares que devem ser levantadas antes do início da aplicação do modelo.

6.4 Distribuído

Na literatura específica, o arranjo físico distribuído também é denominado *aleatório*, *disperso*, *espalhado* ou *holográfico*, dada sua intensa discussão nos meios acadêmicos.

Desde o final dos anos 1970, quando se iniciou o processo de quebras de barreiras alfandegárias, os ambientes empresariais estão em constante modificação. Ambientes digitais aliados à volatilidade dos mercados podem gerar informações conflitantes, que dificultam o projeto de estruturas fixas, não flexíveis, bem como o planejamento das demandas. As condições dos mercados estão em constante modificação, pressionadas por fatores econômicos, políticos, sociais e sanitários, que alteram continuamente os dados necessários ao planejamento de projetos. Volumes de produção, modelos de produtos, materiais e mercados estão em constante mudança.

Esse modelo de arranjo físico é concebido de modo a absorver as oscilações de demanda em termos de quantidade de peças de um produto em cada lote e variações de modelos de produtos, situações nas quais não há um fluxo estável na demanda do mercado, característica de um padrão volátil de demanda.

Os equipamentos produtivos são distribuídos no chão de fábrica para atender ao fluxo do processo de um grupo de produtos, tal como ocorre no arranjo físico celular, e em oposição ao arranjo físico departamental (ou funcional). De acordo com Benjaafar, Heragu e Irani (2002), os atuais padrões de demanda dificilmente serão atendidos plenamente por arranjos estáticos. Conforme o autor, é importante que o arranjo físico da empresa seja adaptável a demandas varáveis e multi produtos. Desse modo, é fundamental que o arranjo físico da empresa seja flexível, modular, e facilmente reconfigurável.

Nestas condições, os únicos parâmetros estáveis para o planejamento empresarial, são os tipos de equipamentos e a quantidade de máquinas ou estações de trabalho de cada tipo, além das características de processamento de cada tipo, tal como capacidade produtiva.

Desse modo, caberá ao setor de planejamento, programação e controle da produção (PPCP) estabelecer o roteiro dos lotes de produtos ao longo dos agrupamentos de máquinas, planejando o roteamento desses lotes dos grupos com a capacidade preenchida, para os que tiverem alguma folga e aproveitando a proximidade entre estes para otimizar o fluxo dos materiais no decorrer do processo. Esse modelo, a exemplo do arranjo físico celular, busca otimizar os estoques em processo, reduzir a movimentação de materiais, proporcionar flexibilidade e otimizar a aplicação da mão de obra.

O projeto de um arranjo físico distribuído utiliza o conjunto de dados associados aos equipamentos produtivos com os quais uma empresa conta em um dado momento, trabalhando com os seguintes:

- tipo de processo produtivo;
- quantidade de máquinas correspondentes a cada tipo de processo produtivo;
- taxa de utilização média das máquinas correspondentes a cada processo;
- tempo de processamento de cada máquina.

Para a tomada de decisão quanto ao arranjo e à distribuição dos equipamentos, utiliza-se um fator arbitrário e_p, ao qual é atribuído o valor 0,5 se o item tiver um processamento simples; 1,0 se o processamento do item for considerado normal; e 1,5 caso o item tenha um processamento complexo.

Com esses dados, determina-se fatores matemáticos associados a cada tipo de processamento, estabelecendo como parâmetro de definição do arranjo físico o volume de movimentação de materiais entre estações de trabalho e equipamentos. Assim, o parâmetro que define o arranjo físico distribuído é a movimentação de materiais, que deverá ser a menor possível entre estações de trabalho adjacentes, ou seja, quanto maior a movimentação entre duas estações/equipamentos, mais próximas elas devem estar entre si. Podemos observar a semelhança com o arranjo físico departamental, em termos de critério decisório.

A título ilustrativo, vejamos, a seguir, um exemplo prático muito simples, elaborado com base em Montreuil e Venkatadri (1991).

Consideremos 56 máquinas (n_p) referentes a 17 tipos de processos produtivos (p_p) que também podemos entender como estações de trabalho, com uma taxa de utilização média (u_p) associada a cada processo, um tempo de processamento (t_p) e um fator arbitrário (e_p). Com esses dados, coletados de um processo produtivo, foi construída a seguinte tabela:

p_p	n_p	u_p (%)	t_p (h)	e_p
1	1	90,00%	1,0	0,50
2	1	80,00%	2,0	1,50
3	1	60,00%	1,5	1,00
4	1	40,00%	2,5	1,00
5	1	90,00%	2,5	0,50
6	1	95,00%	0,5	1,50
7	2	80,00%	1,5	1,00
8	2	70,00%	2,0	1,00
9	2	90,00%	1,0	0,50
10	3	80,00%	0,5	0,50
11	4	85,00%	1,0	1,00
12	4	95,00%	1,5	1,00
13	5	90,00%	1,0	1,00
14	6	85,00%	3,0	1,00
15	7	90,00%	4,0	1,00
16	7	70,00%	1,0	1,00
17	8	77,00%	1,5	0,50
Total	56	máquinas		

Estas estações de trabalhos deverão ter suas localizações na área fabril remanejadas, a fim de atender ao parâmetro de menor distância entre os maiores fluxos de material entre estações. Para realocação das estações, são definidos dois parâmetros. O primeiro deles é obtido através da ferramenta minimax da pesquisa operacional, que não abordaremos aqui. O segundo parâmetro, denominado *taxa média de deslocamento de/para*, é obtido com a seguinte expressão matemática:

$$r_d = \frac{2 \cdot e_p \cdot u_p}{t_p} \quad \text{Equação 6.6}$$

Aplicamos esta equação a cada tipo de estação de trabalho e com esses resultados, determinamos a probabilidade de ocorrência de deslocamento de materiais entre cada estação, com a equação:

$$\text{Prob}_d = \frac{r_d \cdot n_p}{\sum_{p_p=1}^{n} r_d \cdot n_p} \quad \text{Equação 6.7}$$

p_p	r_d	n_p	$Prob_d$ (%)
1	0,90	1	1,48%
2	1,20	1	1,98%
3	0,80	1	1,32%
4	0,32	1	0,53%
5	0,36	1	0,59%
6	5,70	1	9,38%
7	1,07	2	3,51%
8	0,70	2	2,31%
9	0,90	2	2,96%
10	1,60	3	7,90%
11	1,70	4	11,20%
12	1,27	4	8,34%
13	1,80	5	14,82%
14	0,57	6	5,60%
15	0,45	7	5,19%
16	1,40	7	16,14%
17	0,51	8	6,76%

As maiores probabilidades de deslocamento, 14,82% e 16,14%, correspondentes aos processos produtivos 13 e 16, respectivamente, indicam que essas estações de trabalho devem ficar o mais próximo possível entre si, porque é entre elas que ocorre o maior fluxo de material. As estações 6, 10, 11 e 12, com probabilidades de deslocamento de 9,38%, 7,90%, 11,20% e 8,34%, respectivamente, deverão guardar proximidades entre si, e com as duas estações de maior percentual.

A aplicação do conceito de arranjo físico distribuído representa um reagrupamento que desagrega os departamentos funcionais de uma empresa, conforme comentam Pitombeira Neto e Gonçalves Filho (2007), visto que distribuem os equipamentos da empresa não por similaridade ou por departamentalização. A lógica desse arranjo físico estabelece a distribuição dos equipamentos ao longo da empresa, e proporciona um arranjo virtual com maiores probabilidades de atender rapidamente ao ambiente volátil dos mercados.

Com esse exemplo, podemos notar que o enfoque principal do arranjo físico distribuído é a redução de custos de transporte interno, ou, melhoria da produtividade em termos de otimização da movimentação do material.

6.5 Fractal

O arranjo físico fractal foi concebido a partir do conceito do arranjo físico celular, a fim de se contornar eventuais problemas de baixa flexibilidade deste arranjo. O objetivo do arranjo fractal é criar-se minifábricas dentro da manufatura, distribuindo os equipamentos ao longo do maior fluxo de peças. Um grupo de células de manufatura, organizadas conforme descrito anteriormente, serão agrupadas, formando a célula fractal, composta de um conjunto maior de máquinas, capaz de processar o maior grupo das peças produzidas, ou seja, o maior fluxo no processo. A Figura 6.5 ilustra a concepção do arranjo físico fractal.

Figura 6.5 – Exemplo de arranjo físico fractal

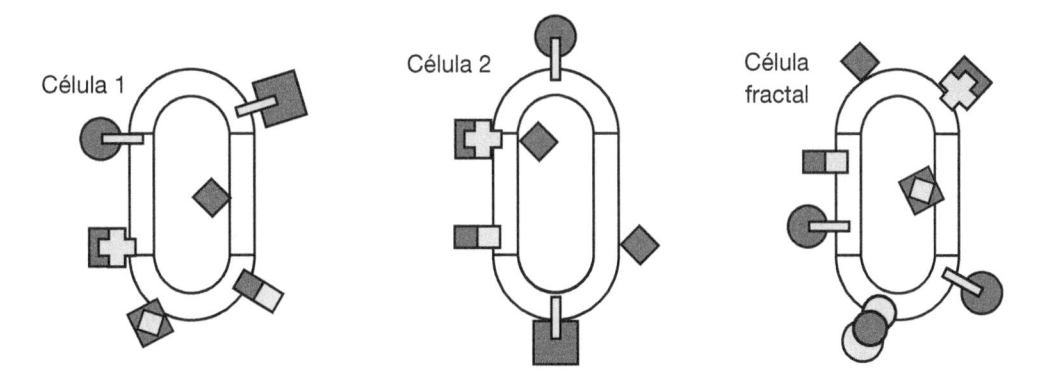

Como há o agrupamento de mais de uma célula, o arranjo fractal exige maior abrangência no gerenciamento, dado o aumento no número de máquinas e na variedade de produtos processados, porém, esse acúmulo de equipamentos melhora a flexibilidade do processo e otimiza o uso da mão de obra, que passa a atuar simultaneamente nas células de manufatura agrupadas.

As dificuldades encontradas na formação das células de manufatura também tornam-se maiores na formação das células fractais, consequência do aumenta na variedade de equipamentos e produtos. Porém, proporciona ganhos quando a empresa trabalha com lotes pequenos e produtos com baixa complexidade.

6.6 Holônico

O arranjo holônico não é uma configuração física de distribuição de materiais. Proposta em 1967 pelo filósofo húngaro Arthur Koestler na obra *O fantasma da máquina*, a concepção de arranjo físico holônico, estreitamente associada ao sistema holônico de produção, tem um forte caráter digital que a distancia dos arranjos físicos tradicionais.

Assim, um sistema holônico é um modelo de controle voltado aos mais diversos ambientes, como aeroportos e espaços públicos, inclusive aos sistemas de manufatura. Sua abordagem é muito mais conceitual do que empírica.

Para esse tipo de arranjo, foram aplicados os três aspectos fundamentais da manufatura – 1) recursos, 2) tecnologia e 3) logística (Montoro, 2015) –, que devem ser otimizados ao máximo a fim de potencializar o sistema produtivo.

Koestler (1981) reforçou o conceito de hólon como sendo tanto uma entidade lógica de processamento quanto uma unidade física de um sistema de manufatura, autônoma e capaz de processar, movimentar, armazenar e validar informações ou produtos tangíveis. Segundo o autor:

> A estabilidade evolutiva desses subconjuntos – organelas, órgãos, sistemas de órgãos – reflete-se em seu notável grau de *autonomia* ou *autogoverno*. Cada um deles – um pedaço de tecido ou um coração inteiro – é capaz de funcionar *in vitro* como um todo quase independente, mesmo que isolado do organismo ou transplantado para outro organismo. Cada um é um *subtodo* que, em relação a suas partes subordinadas, comporta-se como um todo autossuficiente e, em relação a seu superior, controla-se como uma parte dependente. Quando aplicada a qualquer de seus subconjuntos, essa relatividade dos termos "parte" e "todo" configura mais uma das características gerais das hierarquias. Novamente, a grande evidência desse detalhe tende a induzir-nos a negligenciar suas implicações. Uma parte, como geralmente usamos a palavra, significa algo fragmentário e incompleto, que por si só não teria existência autêntica. Por outro lado, há uma tendência entre os holistas de usar a palavra "todo" ou *Gestalt* como algo completo em si mesmo, que não requer ulterior explicação. Mas todos e partes, neste

sentido absoluto, não existem em lugar algum, nem no domínio dos organismos vivos, nem nas organizações sociais. O que encontramos são estruturas intermediárias numa série de níveis em ordem ascendente de complexidade, cada qual possuindo duas faces voltadas para direções opostas: a face voltada para os níveis inferiores é a de um todo autônomo e aquela voltada para cima é a de uma parte dependente. Em outro lugar, propus a palavra "hólon" para designar esses subconjuntos com face de Jano.

O conceito de hólon destina-se a suprir o elo que falta entre o atomismo e o holismo e a substituir a maneira dualista de pensar em termos de "partes" e "todos", que está tão profundamente enraizada em nossos hábitos mentais, por um enfoque estratificado e de muitos níveis. Um todo organizado hierarquicamente não pode ser "reduzido" a suas partes elementares. Mas pode ser "dissecado" em suas ramificações constituintes de hólons, representados pelos nódulos do diagrama da árvore, enquanto as linhas que ligam os hólons representam os canais de comunicação, de controle ou de transporte, segundo o caso. (Koestler, 1981, p. 304, grifo do original)

Analisando a estrutura industrial sob a ótica de Koestler, podemos dizer que o hólon pode ser um operador especializado, um equipamento produtivo, um operador trabalhando com equipamento produtivo, uma célula de manufatura, uma fábrica ou um sistema logístico completo.

Assim, como vimos anteriormente, o conceito de hólon foi aplicado aos três aspectos fundamentais da manufatura, resultando nas seguintes concepções:

1. **hólon de recursos**: é a própria fábrica, com todos os recursos físicos voltados ao processamento;

2. **hólon de tecnologia**: engloba todas as informações referentes a qualquer produto do portfólio da empresa, tais como as informações de projeto, engenharia, qualidade, segurança, custo e dados setoriais, mas não se restringindo a elas;

3. **hólon de logística**: centraliza todas as informações que envolvam movimentação de materiais, tais como pedidos de clientes, movimentação de material na empresa, estoques intermediários, ordens de produção, dados de armazenagem e transportes ao mercado, mas não se restringe a essas informações.

Assim, observamos que recursos e informações foram agrupados em três entidades, cada uma delas atuando como apoio às demais. A interação entre os três possíveis pares formados com os três hólons gera o intercâmbio de informações fundamentais ao processo produtivo. Conforme Van Brussel et al. (1998), as informações trocadas entre cada possível par de hólons estão descritas na figura a seguir.

Figura 6.6 – Hólons fundamentais e suas informações aos pares

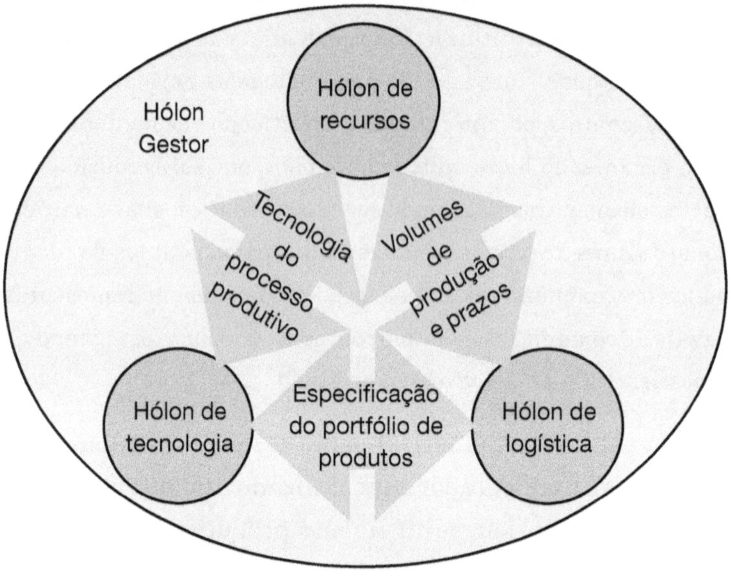

Fonte: Elaborada com base em Van Brussel et al., 1998.

Posteriormente, foi concebido um quarto hólon, denominado **hólon gestor** ou **decisório**, cujo objetivo é subsidiar os três hólons produtivos, sem tirar-lhes a autonomia ou a flexibilidade. Esse hólon decisório é responsável pelo planejamento do conjunto e detém as informações referentes a todas as programações e todos os pedidos, conforme destaca Van Brussel et al. (1998). Podemos dizer que é o hólon formado pelos maiores interessados no processo, como os acionistas.

Esse conjunto de hólons, formulados como um arranjo mais virtual do que físico, constitui uma nova arquitetura proposta ao sistema de manufatura. Conforme Franco (2003), a solução de um problema de qualquer sistema é denominada *arquitetura*, ou seja, uma estrutura voltada à solução do problema.

Desde o final do século XIX, o maior problema enfrentado pelo sistema produtivo é o atendimento da demanda do mercado. Assim, o arranjo físico (virtual) holônico surgiu como uma nova arquitetura do sistema de manufatura, que busca solucionar esse eterno problema, que, na verdade, é a mola propulsora do sistema.

Podemos entender o arranjo físico/virtual holônico como um sistema produtivo que mescla estrutura física e virtual como meio de proporcionar ampliação do mercado de atuação, flexibilidade, autoajuste, portabilidade e gestão virtual de todo sistema produtivo, adaptável às mais diversas demandas e aos mais diversos mercados. Podemos citar como exemplos os portais Amazon, Americanas, Magalu e Mercado Livre, que atuam como hólons decisórios, coordenando os três demais hólons. São arquiteturas virtuais com imensos portfólios de produtos (hólon de tecnologia), que administram remotamente uma grande variedade de estruturas físicas de manufatura, mesmo não sendo proprietários (hólon de recursos), e coordenam todas as informações relativas a PCP, movimentação e programação de entregas (hólon de logística).

6.7 Linear

Também denominado **arranjo físico por produto** ou **linha de montagem**, o modelo linear que completou cem anos de existência na década de 2010, merece atenção especial e uma abordagem mais ampla, não apenas técnica, dado seu impacto no fortalecimento do segmento industrial em todo mundo, mas também histórica, dada sua importância na sociedade moderna.

A Revolução Industrial ocorreu na Inglaterra a partir do início do século XVIII, baseada na indústria têxtil, na indústria de papel e de tinta, estas últimas impulsionadas pelo nascente mercado gráfico. Ao longo do século XVIII e até início do século XIX ela se manteve restrita à Europa. No século XIX, a revolução industrial espalhou-se pelo mundo. A primeira indústria de todas as Américas, uma tecelagem, surgiu em Recife, Pernambuco, durante a permanência da Família Real Portuguesa no país.

Entretanto, foi nos Estados Unidos, na virada do século XIX para o século XX, que a indústria atingiu o patamar da produção em massa e viu-se frente ao primeiro desafio do capitalismo.

As raízes desse fato vieram também da Inglaterra. Desde o início da revolução industrial, a mão de obra europeia era caracterizada pelo modelo artesanal, o mesmo modelo da mão de obra existente na Europa desde o fim de Idade Média, quando ruiu o modelo feudal, causando o êxodo da mão de obra artesanal para as periferias das grandes cidades europeias, gerando as guildas, os primeiros agrupamentos de mão de obra. Esse modelo artesanal da mão de obra foi o que prevaleceu na Industrialização europeia, e que emigrou para as américas, junto ao movimento da industrialização. Porém, o modelo artesanal caracteriza-se pelo domínio de todo o ciclo das atividades produtivas por parte do artesão, ou seja, é o operário quem detém o ciclo completo do processo produtivo, e quem estabelece a cadência e a velocidade da produção.

No final do século XIX e início do século XX, a indústria automotiva dos Estados Unidos iniciou um rápido ciclo de crescimento. Durante sua expansão, no início do século XX, as empresas ainda contavam com mão de obra no padrão artesanal originado na Europa, conforme os padrões vigentes desde a Idade Média. Com o aumento da demanda de produtos, a partir da década de 1910, que resultaria na produção em massa, surgiu o primeiro desafio ao capitalismo:

atender à demanda através do aumento da produtividade. Frederick Winslow Taylor, com o trabalho "Administração Científica", em 1911, respondeu ao desafio através da divisão e do **compartilhamento** do trabalho. Um dos muitos empresários do segmento automotivo, Henry Ford, contratou os serviços da empresa de consultoria de Frederick W. Taylor, com o objetivo de aumentar sua produtividade, em resposta à demanda do mercado. Dessa junção de interesses, surgiu a concepção da linha de montagem. Este novo modelo de processo fabril, no qual a mão de obra permanecia parada, sem dispêndio de tempos de movimentação, aliado à divisão e compartilhamento do trabalho, proposta por Frederick W. Taylor, rompeu com o modelo artesanal da mão de obra, passou o controle e domínio do processo produtivo aos detentores do capital e proporcionou um aumento significativo da produtividade, respondendo de forma adequada ao primeiro desafio do capitalismo. A cadência e a velocidade de produção passaram a ser definidas pela empresa.

Com a instalação da linha de montagem, o processamento fabril tornou-se extremamente ágil e sua concepção foi absorvida por todos os demais segmentos empresariais, proporcionando a evolução social sem precedentes na história da humanidade, a partir do século XX.

A concepção fabril da linha de montagem é a disposição das máquinas ou estações de trabalho conforme a sequência de montagem do produto, o que proporciona alta produtividade; neste modelo de arranjo físico que é a própria linha de montagem, o parâmetro fundamental para o seu projeto é a sequência de montagem do produto, daí ser denominado também por arranjo físico por produto. Dada sua complexidade e grande porte, é comum a linha de montagem incorporar outros arranjos físicos que atuarão como seus satélites de produção, tal como ocorre com os arranjos celulares e departamentais, comumente associados à linha de produção.

Figura 6.7 – Exemplo de arranjo físico linear ou por produto: linha de montagem

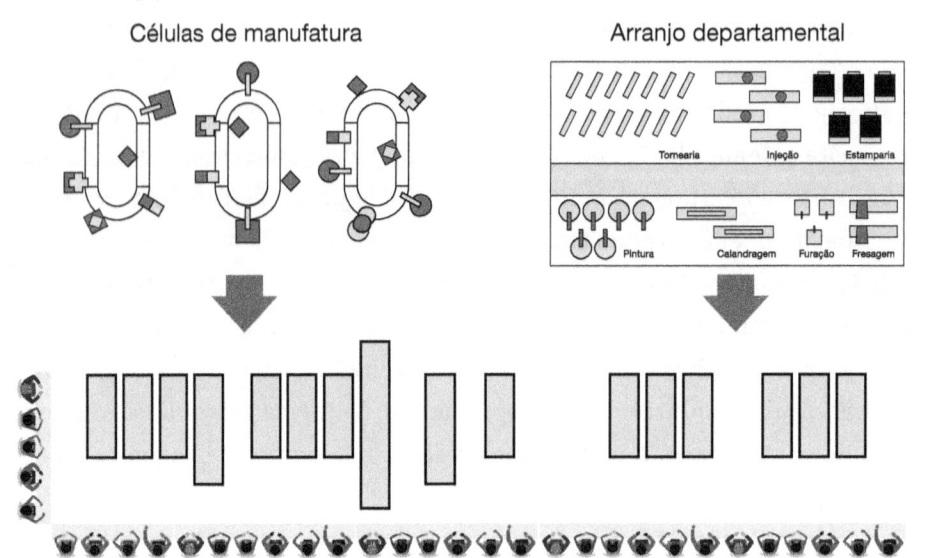

A despeito de sua alta produtividade, que alavancou a indústria a partir do início do século XX, o arranjo físico em linha apresenta restrições associadas ao elevado custo fixo de implantação e baixa flexibilidade para fabricação ou montagem de produtos diferentes. Ao ser projetada, uma linha de montagem apresenta fortes características de exclusividade associadas ao produto para o qual foi concebida; apresenta forte dependência de cada equipamento ou máquina individualmente, de tal forma que, se um único equipamento produtivo sofrer uma avaria, toda a linha de montagem ficará parada. Porém, mesmo com essas restrições, seu modelo é largamente aplicado em segmentos industriais caracterizados por grandes lotes e produtos complexos, tais como a indústria automotiva, indústria aeroespacial e linha branca, segmentos industriais que apresentam potencial para diluição dos elevados custos de investimentos em seus produtos. Apesar do porte dos produtos aeroespaciais, há empresas que utilizam o arranjo físico em linha na fabricação de aeronaves.

O aspecto fundamental na abordagem do arranjo físico linear é o balanceamento da linha de montagem. Já discutimos os fundamentos básicos de um balanceamento no Capítulo 5, mas convém relembrar os aspectos críticos no trabalho de balanceamento, que devem ser observados criteriosamente, lembrando-se que esse processo é basicamente heurístico. O ponto de partida do balanceamento de linha é o diagrama de precedência (Figura 6.8), que define a sequência de atividades necessárias à produção de uma unidade do produto, por operador.

Figura 6.8 – Diagrama de precedência–sequência de atividades na montagem de um produto

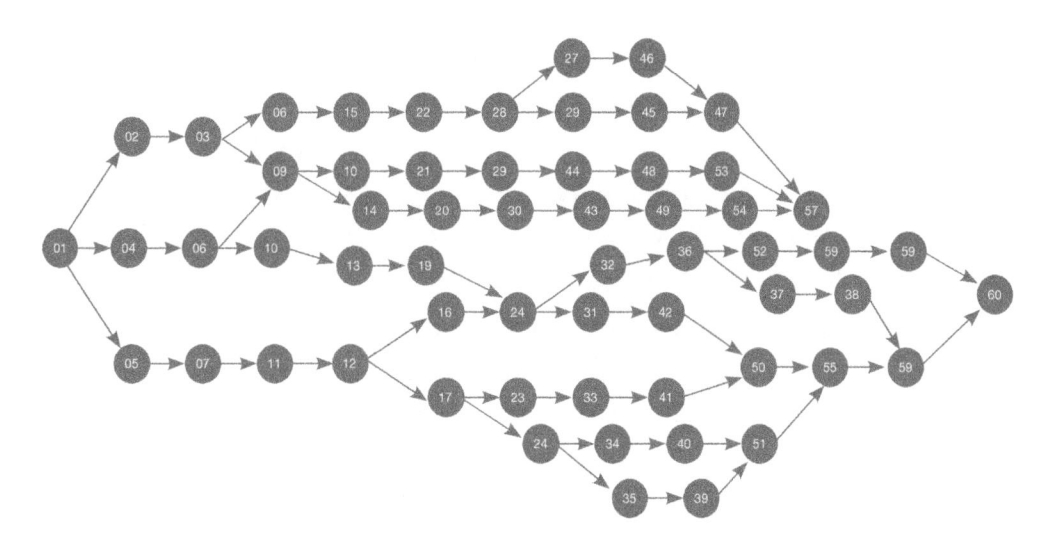

Cada nó corresponde ao tempo de execução de uma atividade, necessário à produção de uma unidade de produto, por operador. Assim, o tempo de execução de cada atividade é expresso em $\dfrac{\text{tempo}}{\text{unidade/operador}}$ ou $\dfrac{\text{tempo} \cdot \text{operador}}{\text{unidade}}$.

O balanceamento corresponderá ao agrupamento das atividades em postos de trabalho, atribuídos a um ou mais operadores. Os aspectos fundamentais a serem observados são:

- Respeitar a sequência de operações, nunca estabelecendo um posto de trabalho sem que as atividades anteriores tenham sido cumpridas. Seria o caso, erroneamente, de se montar um posto de trabalho para executar as operações 31 e 32 da Figura 6.8, sem que a atividade 25 tenha sido executada.

- Evitar-se conectar operações que estejam em ramos muito distantes do processo, a não ser que o processamento do produto permita. Por exemplo, observando-se a Figura 6.8, temos o ramo com a sequência de operações 16/21/29/44/48/53 e em paralelo, temos o ramo com as operações 17/23/33/41. O cuidado a ser tomado refere-se a um eventual agrupamento de algumas dessas atividades, sem o devido conhecimento da natureza das operações. Pode ocorrer que um ramo tenha uma natureza de operação (exemplo, uma estampagem mecânica) muito diferente do outro ramo (por exemplo, um teste elétrico). Observem que trata-se de uma recomendação que deve ser avaliada diretamente no produto. Caso as naturezas de operação sejam similares, não há qualquer inconveniente no agrupamento de atividades de ramos diferentes. Mas é um dado que exige atenção.

- Nunca planejar atividade com tempo de execução maior que o tempo de ciclo, evitando-se gargalos de processo. Se, por exemplo, a linha tiver que produzir um produto a cada 30 segundos (tempo de ciclo – TC), e montarmos um posto de trabalho cuja atividade tenha duração de 37 segundos, esse posto acumulará produtos, será um gargalo no processo. Nenhum posto de trabalho pode ter atividade com tempo de duração maior que o tempo de ciclo da linha.

- Caso uma atividade isolada tenha uma duração maior que o tempo de ciclo, deverá ser fragmentada e atribuída ao número de operadores necessários à execução, adequando o tempo de execução de cada operador ao tempo de ciclo.

Dada sua flexibilidade na implantação, a linha de montagem pode assumir diferentes configurações, conforme a área disponível. Pode ser totalmente reta ou assumir formatos fragmentados, adaptáveis à geometria do local, conforme as necessidades da empresa, tal como módulos adaptáveis.

Figura 6.9 – Configurações modulares de uma linha de montagem

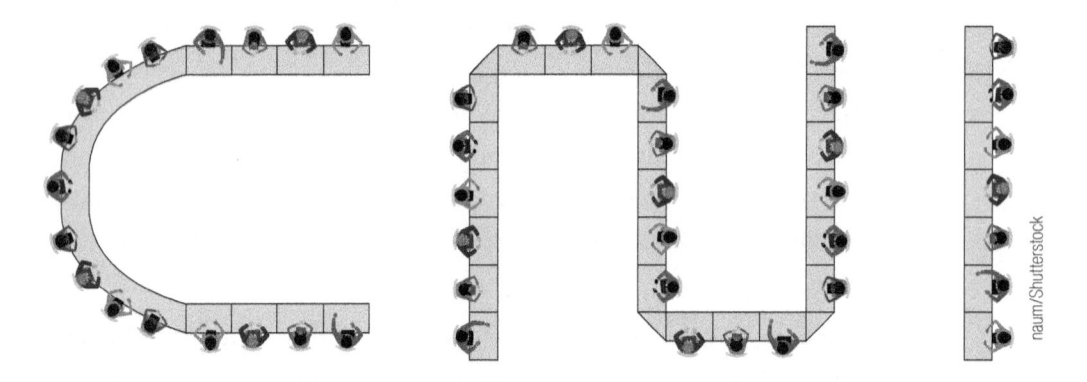

6.7.1 Configuração das estações ou postos de trabalho

As estações ou postos de trabalho podem ser fechadas ou abertas. As estações de trabalho fechadas estabelecem uma área de trabalho restrita ao operador, impossibilitando seu alcance aos postos mais próximos. São bancadas individuais de trabalho.

As estações de trabalho abertas são integradas entre si, permitindo maior flexibilidade de operação e acesso do operador aos postos adjacentes.

Essa classificação não estabelece qualquer vantagem de uma estação sobre outra. A opção por uma delas dependerá da conveniência da empresa e características do produto.

Figura 6.10 – Configuração das estações (ou postos) de trabalho

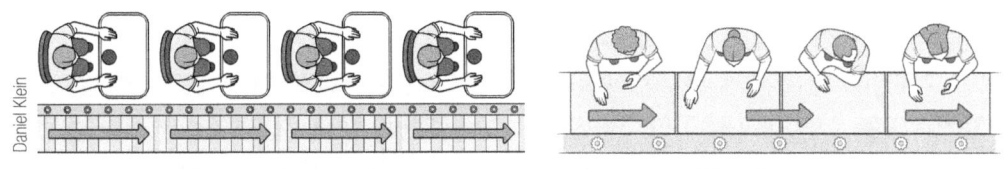

Estações fechadas   Estações abertas

Em ambos os casos, é fundamental consultar-se normas específicas de ergonomia, que recomendam as dimensões das estações, abertas ou fechadas, bem como os espaços entre elas.

6.8 Modular

Este modelo de arranjo físico é elaborado a partir do fluxo produtivo dos produtos, a exemplo do que é feito no arranjo físico linear, e prevê o agrupamento de máquinas e equipamentos, tal como no arranjo celular puro, porém, leva em conta o **fluxo implícito** dos produtos, conforme destaca Argaud et al. (2007), ou seja, o fluxo contínuo, com todos os equipamentos envolvidos e por ordem de utilização, sem ociosidades.

A fim de tornar mais clara essa concepção, vejamos um exemplo comparativo. Na implantação do arranjo físico linear, todos os meios produtivos são alinhados em função do fluxo geral do produto, podendo ocorrer situações nas quais um equipamento não seja previsto, de modo que o produto passe por esse equipamento, sem utiliza-lo. É o caso, por exemplo, de uma linha de montagem automotiva, ao longo da qual são dispostos todos os equipamentos previstos para a montagem de todas as variantes de um modelo de veículo. Pode ocorrer que alguma variante daquele modelo de veículo, em particular, não necessite de um determinado equipamento ao longo da linha. Neste caso, a variante do modelo de veículo passará por esse equipamento sem utiliza-lo, gerando uma **ociosidade implícita** ao processo.

O mesmo pode ocorrer em relação ao arranjo celular, no qual um grupo de máquinas é definido para atendimento a uma família de produtos. Também pode ocorrer a situação na qual um produto não utilize algum equipamento da célula, o que implicará em ociosidade desse equipamento enquanto o lote desse produto estiver em processo.

O objetivo do arranjo físico modular, é exatamente eliminar-se essa possível ociosidade, agrupando-se os equipamentos produtivos em uma sequência tal, que atenda totalmente ao processamento de um determinado produto, com a utilização de todos os equipamentos.

A concepção do arranjo modular dispõe os equipamentos conforme o fluxo implícito do produto, ou seja, dispõe em sequência somente os equipamentos produtivos correspondentes ao produto, de modo que todos sejam utilizados, eliminando-se todas as ociosidades que ocorreriam nos arranjos físicos linear e celular.

Dada sua característica, esse modelo de arranjo é particularmente adequado a empresas com extenso portfólio de produtos e de processamento mais simples e ágil, não sendo compatível com produtos de maior porte e maior complexidade. Sua operacionalização ocorre plenamente quando há o processamento de um conjunto de produtos, cada um deles com seu respectivo lote, que demandam a mesma sequência de equipamentos, portanto, produtos que tenham a mesma sequência no fluxo produtivo.

Dentre as vantagens do arranjo físico modular, destacamos a redução significativa do estoque em processo e a redução da movimentação interna, o que proporciona agilidade ao processo. Porém, é necessário que a empresa tenha alta flexibilidade no arranjo dos equipamentos no processo produtivo, de modo a poder rearranjá-los sempre que necessário, o que torna este arranjo físico muito próximo do arranjo físico ágil.

6.9 Posicional

Tipo de arranjo no qual o produto fica parado na mesma posição, enquanto todos os recursos, materiais, equipamentos e mão de obra se deslocam até ele. A imobilidade do objeto do arranjo ocorre por questões físicas e estruturais; é o caso típico das indústrias da construção civil, naval, aeronáutica e de equipamentos de grande porte tais como equipamentos ferroviários e máquinas de grande porte. Porém, fora do âmbito industrial temos outros exemplos de arranjo físico posicional, tais como uma sala de parto, um consultório odontológico ou um espetáculo teatral.

O arranjo posicional é, sem dúvida, o mais antigo de todos os arranjos conhecidos. Enquanto o arranjo em linha completou um século na década de 2010, o arranjo posicional tem milênios – afinal, a indústria naval e a construção civil existem desde a Antiguidade.

Um dado fundamental desse modelo de arranjo físico é a alta variabilidade e intermitência dos produtos gerados; enquanto os lotes são na maioria das vezes unitários, praticamente não se repetem e apresentam acentuada intermitência. Outra característica intrinsecamente ligada ao arranjo físico posicional, comum aos setores industriais que o utilizam, é o porte do produto final, geralmente de grandes dimensões. Isso faz com que todos os benefícios se desloquem até o produto, que permanecerá parado na mesma posição durante todo o processo. Por isso, normalmente este arranjo tem grandes dimensões e comporta outros modelos de arranjo em sua estrutura, tais como os arranjos celular, departamental ou até mesmo o linear (Figura 6.11).

Figura 6.11 – Exemplo de arranjo físico posicional em um estaleiro

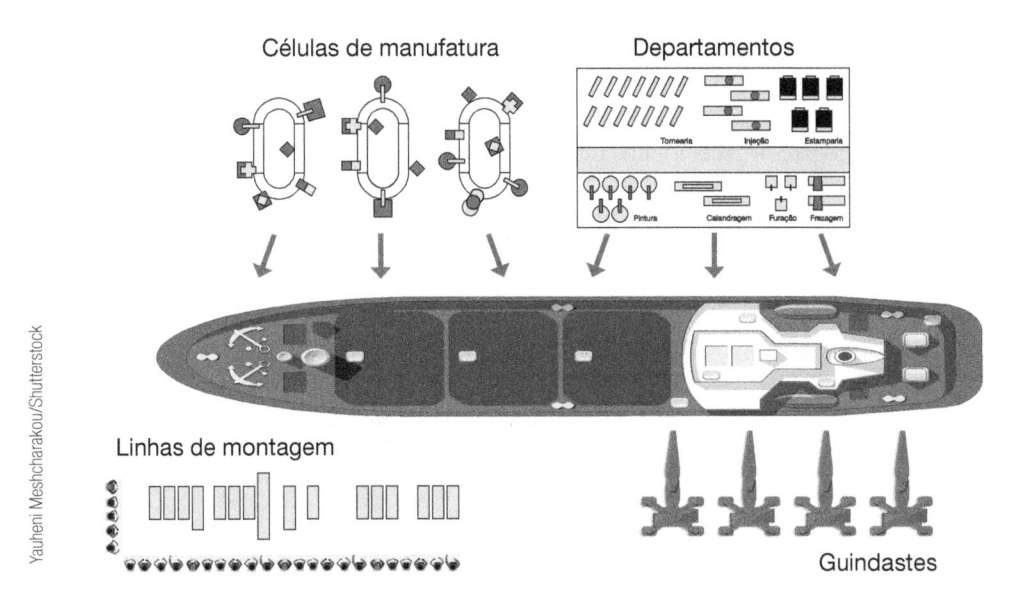

Consequentemente, é um arranjo que reduz significativamente a movimentação do produto, como no caso da indústria naval e de equipamentos pesados, mas exige grande movimentação da mão de obra e equipamentos produtivos. Um aspecto bastante favorável a esse modelo de arranjo é sua flexibilidade, que permite trabalhar com produtos substancialmente diferentes a cada nova execução.

Exercício resolvido 6.1*

A matriz de incidência componente-máquina a seguir mostra a relação entre 5 peças e 4 tipos de máquinas. Estabeleça um arranjo celular por meio do método de conexão única.

* Elaborado com base em Parashar, 2009.

		Peças				
		1	2	3	4	5
Tipos de máquinas	1	1	0	1	0	0
	2	0	1	1	0	1
	3	1	0	0	1	0
	4	0	0	1	0	1

Solução

Etapa 1.1: Conforme o conceito de combinação simples, determinamos o coeficiente de similaridade de:

$$C_{4,2} = \frac{4!}{2! \cdot 2!} = 6 \text{ pares de máquinas}$$

A seguir, determinamos os coeficientes de similaridade de Jaccard para os pares 1-2, 1-3, 1-4, 2-3, 2-4 e 3-4.

Par	$C_{Jaccard\,x,y} = a/(a+b+c)$	
1-2	$\dfrac{\text{peça 3}}{\text{peça 3 + peça 1 + peça 2 e 5}}$	$\dfrac{1}{1+1+2} = 0{,}25$
1-3	$\dfrac{\text{peça 1}}{\text{peça 1 + peça 3 + peça 4}}$	$\dfrac{1}{1+1+1} = 0{,}33$
1-4	$\dfrac{\text{peça 3}}{\text{peça 3 + peça 1 + peça 5}}$	$\dfrac{1}{1+1+1} = 0{,}33$
2-3	$\dfrac{\text{nenhuma}}{\text{nenhuma + peças 2, 3 e 5 + peças 1 e 4}}$	$\dfrac{0}{0+3+2} = 0{,}00$
2-4	$\dfrac{\text{peças 3 e 5}}{\text{peças 3 e 5 + peça 2 + nenhuma}}$	$\dfrac{2}{2+1+0} = 0{,}67$
3-4	$\dfrac{\text{nenhuma}}{\text{nenhuma + peças 1 e 4 + peças 3 e 5}}$	$\dfrac{0}{0+2+2} = 0{,}00$

Etapa 1.2: Construímos a matriz dos coeficientes de similaridade:

		Tipo de máquina			
		1	2	3	4
Tipo de máquina	1	0,00	0,25	0,33	0,33
	2		0,00	0,00	0,67
	3			0,00	0,00
	4				0,00

O par 2-4 tem o maior coeficiente de similaridade. Logo, esse par de tipos de máquinas será agrupado e comparado aos tipos de máquinas 1 e 3. A classificação será feita pelo critério de maximização de coeficientes, conforme Equação 4. Assim, teremos:

$C_{Jaccard\,1,(2-4)} = \text{Máx.}\ \{C_{Jaccard\,1,2};\ C_{Jaccard\,1,4}\} = \text{Máx.}\ \{0{,}25;\ 0{,}33\} = 0{,}33$

$C_{Jaccard\,3,(2-4)} = \text{Máx.}\ \{C_{Jaccard\,2,3};\ C_{Jaccard\,3,4}\} = \text{Máx.}\ \{0{,}00;\ 0{,}00\} = 0{,}00$

A nova matriz de coeficientes de similaridades será:

		Tipos de máquinas		
		1	2-4	3
Tipos de máquinas	1	0	0,33	0,33
	2-4		0,00	0,00
	3			0,00

O maior coeficiente de similaridade de tipo de máquina encontrado é 0,33. Assim, agrupamos os tipos de máquinas 1 e 3. Reconstruímos a matriz de coeficientes de similaridades, com os grupos 2-4 e 1-3.

		Grupos de tipos de máquinas	
		2-4	1-3
Grupos de tipos de máquinas	2-4	0,00	0,33
	1-3	0,00	0,00

Como não restou nenhum tipo de máquina isoladamente, paramos o procedimento e chegamos à solução final:

O arranjo celular será formado por dois grupos de máquinas: célula 1, com as máquinas do tipo 2 e 4, e célula 2, com as máquinas do tipo 1 e 3.

Exercício resolvido 6.2

Uma empresa metalúrgica pretende instalar uma nova unidade industrial, a fim de produzir os produtos indicados no quadro a seguir, com suas respectivas sequências de operações produtivas e quantidades **mensais**.

Produto	Configuração	Sequência de operações	Demanda
A		1. Prensa 2. Tratamento térmico 3. Expedição.	500.000
B		1. Torneamento 2. Tratamento térmico 3. Injeção plástica 4. Expedição	800.000
C		1. Torneamento 2. Fresagem 3. Retífica 4. Expedição	300.000
D		1. Prensagem 2. Furação 3. Tratamento térmico 4. Expedição	700.000
E		1. Torneamento 2. Plaina 3. Expedição	200.000
F		1. Solda por indução 2. Tratamento térmico 3. Expedição	1.000.000

Os seguintes dados, referentes à capacidade produtiva dos equipamentos, foram levantados para auxiliar o projeto do arranjo.

Tipo de máquina	Característica	Área necessária (m²
Fresa	Uso de uma única fresa, suficiente à produção.	18
Furadeira	Capacidade produtiva de 8 peças por minuto.	10
Injetora	Ferramenta com 10 cavidades e ciclo de injeção de 1 minuto.	11
Plaina	Uso de uma única máquina, suficiente à produção.	10
Prensa	Capacidade produtiva de 25 peças por minuto.	18
Retífica	Capacidade produtiva de 15 peças por minuto.	9
Solda	Uso de uma única máquina, suficiente para a produção.	8
Torno	Capacidade produtiva de 900 peças por hora	20
Trat. térmico	Uso de um tanque de trat. térmico, suficiente à demanda.	15

Dados adicionais:

1. Todas as áreas descritas no quadro anterior já englobam o espaço necessário para o manuseio do material e estoque em processo.

2. Considere a área de Expedição suficiente para armazenar um mês de produção, utilizando-se como acondicionamento dos produtos, caixas empilháveis em 10 camadas, com base de 20 × 30 cm e capacidade de 1.000 peças cada. Considere um acréscimo de 30% sobre a área obtida, para movimentação de materiais e pessoas, dentro da própria expedição, como integrante da área. Este acréscimo não é circulação comum da empresa

3. A área de Recebimento deverá ter metade da área total definida para a Expedição.

4. Para todas as demais áreas, considerar um acréscimo de 20% para uso de corredores de circulação comum de pessoas e materiais.

5. Ao calcular a quantidade de máquinas necessárias, arredonde os valores para o inteiro imediatamente superior.

6. A empresa pretende edificar a área fabril utilizando pórticos de concreto pré-moldado, com vão livre de 20 m de largura, conforme imagem a seguir, e distanciamento máximo de 6 m entre sí, condizentes com o terreno industrial disponível.

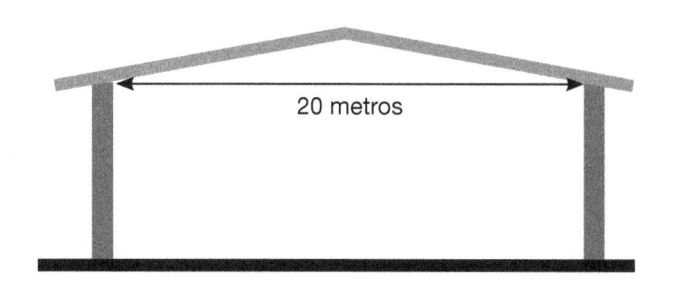

7. A área produtiva da empresa irá trabalhar, em média, 20 dias por mês com uma jornada de 8 horas diárias.

Com esses dados, elabore o projeto do **arranjo físico departamental** da empresa.

Solução

É importante observar a quantidade de dados e premissas iniciais necessários ao projeto do arranjo físico, sem os quais não seria possível trabalhar. São dados a serem levantados com fabricantes de máquinas, de equipamentos de transporte, de embalagens, de estruturas de concreto pré-moldado, dados trabalhistas, opções do detentor do capital, entre outros.

Inicialmente, determinamos a quantidade mensal de produtos processados em cada setor (já que cada um deles contará com seu tipo de máquina), para se determinar a quantidade necessária de cada tipo de máquina. Construímos o quadro a seguir, com a quantidade mensal a ser processada em cada setor/tipo de máquina.

Depto./ Tipo de máq. \ Produto	A	B	C	D	E	F	Total processado no setor
1. Fresa			300.000				300.000
2. Furadeira				700.000			700.000
3. Injetora		800.000					800.000
4. Plaina					200.000		200.000
5. Prensa	500.000			700.000			1.200.000
6. Retífica			300.000				300.000
7. Solda						1.000.000	1.000.000
8. Torno		800.000	300.000		200.000		1.300.000
9. Trat. térmico	500.000	800.000		700.000		1.000.000	3.000.000
10. Expedição	500.000	800.000	300.000	700.000	200.000	1.000.000	3.500.000

Com os dados anteriores, definimos a quantidade de cada tipo de máquina e a área dos departamentos, conforme o quadro a seguir, lembrando que a jornada mensal da empresa será, em média, de 160 horas trabalhadas. Arbitrariamente, arredondaremos as áreas para o inteiro imediatamente superior, visto que, estes arredondamentos não impactarão o projeto ou a área disponível pela empresa; esses acréscimos por arredondamento totalizarão 1,6 m², ou 0,22% da área total.

Tipo de máq./ departamento	Total mensal por tipo de máquina/ setor	Capacidade produtiva horária (un.)	Quantidade de máquinas	Área dos departamentos (m²)	Circulação (20%) (m²)	Área total (m²)
1. Fresa	300.000	Uso de 1 máquina	1	18,0	3,6	22,0
2. Furadeira	700.000	480	10	100,0	20,0	120,0
3. Injetora	800.000	600	9	99,0	19,8	119,0
4. Plaina	200.000	Uso de 1 máquina	1	10,0	2,0	12,0
5. Prensa	1.200.000	1.500	5	90,0	18.0	108,0
6. Retífica*	300.000	900	3	27,0	5,4	33,0
7. Solda	1.000.000	Uso de 1 máquina	1	8,0	1,6	10,0
8. Torno*	1.300.000	900	10	200,0	40,0	240,0
9. Trat. térmico	3.000.000	Uso de 1 tanque	1	15,0	3,0	18,0
10. Expedição	3.500.000	350 pilhas de caixas (0,2x0,3)		28,0	0,0**	28,0
11. Recebimento		50% da expedição		14,0	0,0	14
Áreas obtidas				609,0	115,0	724,0

* Vale lembrar que definiu-se no início do projeto, arredondar-se a quantidade de máquinas para o inteiro imediatamente superior. Nos casos da retífica e do torno, determinamos um total de 2,08 e 9,03 máquinas, arredondando-se para 3 e 10 máquinas, respectivamente. A terceira retífica e o décimo torno apresentarão ociosidades da ordem de 92% e 97%, respectivamente. Neste caso, a empresa pode optar por duas retíficas e nove tornos, completando a produção com horas extras, ou manter o arredondamento pensando em alguma expansão ou reserva em caso de manutenção. Este tipo de decisão deve ser tomado junto ao detentor do capital. Na resolução, manteremos o critério de arredondamento.

** Deve-se incluir os 30% de acréscimo de área dentro da expedição. Não é área comum.

Assim, definimos inicialmente uma área fabril com 724 m², sendo 609 m² para os departamentos e 115 m² para circulação interna.

Em seguida, colocamos os totais de peças a serem processados em cada departamento, que circulam entre cada setor, no diagrama de relações (de/para), estabelecendo os "nós de conexão". Eles definirão a proximidade entre os centros/departamentos e o arranjo final será obtido através de decisão heurística, porém, já tendo eliminado a maioria das possíveis soluções. Como o objetivo é reduzir-se ao máximo os custos de manuseio e transporte, o critério de alocação dos departamentos será feito com base no volume transportando entre cada departamento. Quanto maior a circulação de produtos entre dois ou mais departamentos, mas próximos eles devem estar entre si.

Para isso, colocamos cada produto no diagrama de relações (de/para), respeitando rigorosamente sua sequência de operações, que nesta etapa é fundamental.

A colocação dos dados deve ser feita por produto, respeitando-se a sequenciação. Por exemplo, o produto A se inicia no setor de prensas, e manda as 500.000 unidades ao setor de tratamento térmico, e este, manda as 500.000 peças à expedição. O produto A estabelece dois nós de conexão: entre prensas/tratamento e entre tratamento/expedição. As quantidades de todas os produtos em circulação serão colocadas no diagrama, somando-se as quantidades que coincidirem em um mesmo nó de conexão.

Figura 6.12 – Diagrama de relações (de/para) com alocação dos departamentos e quantidades

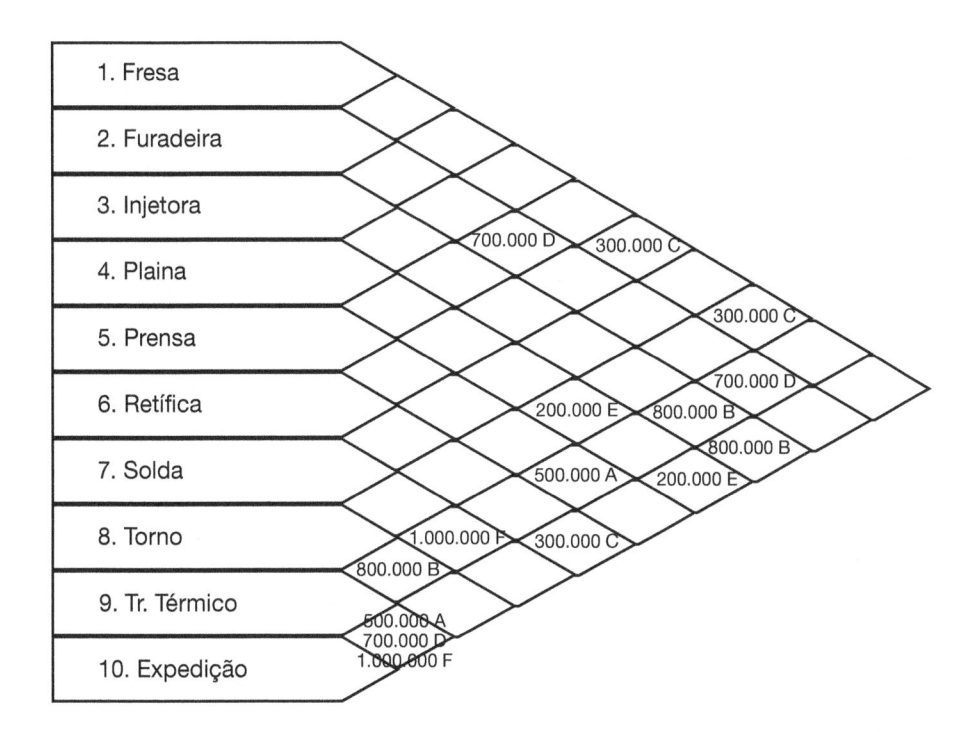

Após somar o total de peças em cada nó de conexão, independentemente do tipo de peça, desprezamos os nós vazios, representando apenas os nós onde ocorre movimentação, em uma rede de precedências como abaixo. Os nós serão numerados conforme o departamento:

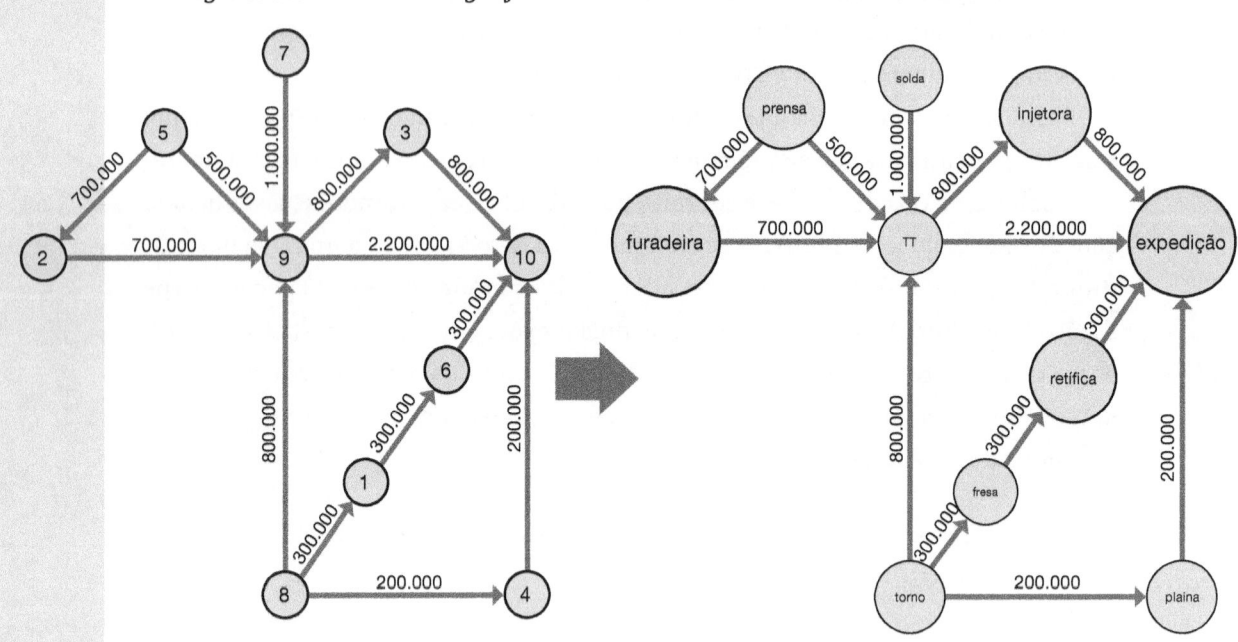

Figura 6.13 – Redes de grafos com nós numerados e denominados

A rede de precedências, também denominada *rede de grafos*, já nos dá uma ideia de localização dos departamentos. Através dela deduzimos que os departamentos 9 (tratamento térmico) e 10 (expedição) deverão ficar contíguos. A partir disso, aplicamos um modelo heurístico, tentativa e erro, de localização dos departamentos, porém trabalhando-se com um conjunto muito menor que as 3.680.800 possibilidades iniciais, isto se considerarmos 10 áreas, com recebimento e expedição sempre anexos, que é o que aplicamos no exemplo. Se fossemos trabalhar com as 11 áreas independentes, teríamos 39.916.800 possibilidades.

O ideal é construir-se entre duas e três opções para a escolha final. Em nossa resolução construiremos duas plantas fabris para desenvolver o raciocínio da seleção por despesas de transporte. Substituímos os nós numerados pelas áreas definidas para cada departamento e ajustamos a áreas.

Com uma área fabril de 724 m², trabalharemos inicialmente uma área interna de 20 m por 36,2 m, dada a especificação dos pórticos com 20 m de largura. É possível durante a execução ocorrer a necessidade do aumento da área, o que pode ser feito; lembrando-se que nunca deve-se reduzir a área ao mesmo tempo em que se deve evitar aumentá-la.

Com isso, alocamos as áreas dos departamentos, definidas na Figura 6.14. A geometria das áreas foi definida heuristicamente a partir dessa disposição inicial.

Figura 6.14 – Alocação preliminar das áreas dos departamentos

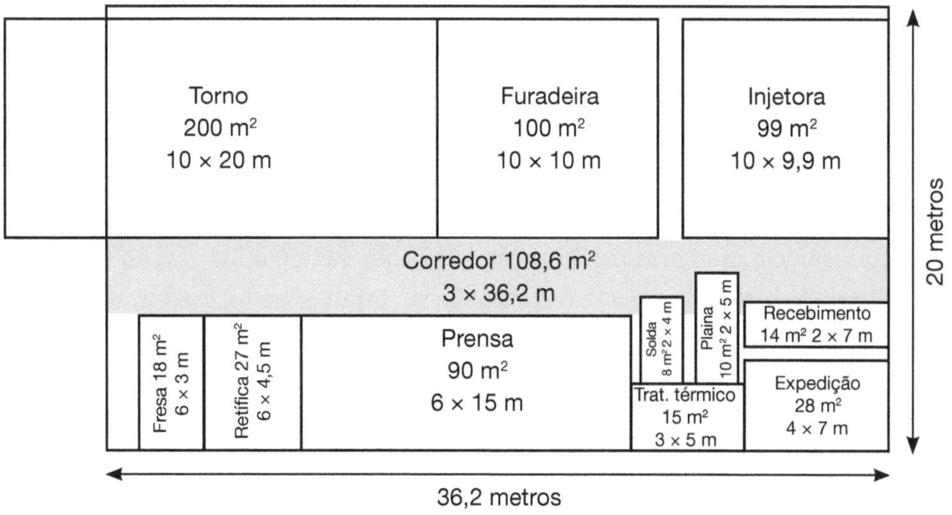

	Torno 200 m² 10 × 20 m	Furadeira 100 m² 10 × 10 m	Injetora 99 m² 10 × 9,9 m

Corredor 108,6 m² — 3 × 36,2 m

Fresa 18 m² 6 × 3 m	Retífica 27 m² 6 × 4,5 m	Prensa 90 m² 6 × 15 m	Solda 8 m² 2 × 4 m	Plaina 10 m² 2 × 5 m	Recebimento 14 m² 2 × 7 m
			Trat. térmico 15 m² 3 × 5 m		Expedição 28 m² 4 × 7 m

20 metros / 36,2 metros

Nesse exemplo, as duas opções de arranjo para estudo comparativo, foram definidas com os seguintes procedimentos idênticos:

- As áreas serão ajustadas dentro dos limites de 20 m × 36,2 m através de observação, tentativa e erro. Nessa fase final do ajuste, ao preenchermos as lacunas e eliminarmos as sobreposições, é evidente que as áreas deverão ser ajustadas e nunca deve-se reduzir uma área em relação ao que foi inicialmente calculado, pode-se aumentá-las. Por isso, é normal que a área final edificável possa aumentar um pouco. Isto ocorre com frequência, e é normal;

- Ambas opções foram construídas em escala 1:200 com uso de *software* muito simples para execução dos desenhos e coleta das distâncias entre departamentos. Nesta etapa é perfeitamente viável o uso de esboço em papel e uso de escala, já que os resultados serão utilizados comparativamente e desvios na ordem de décimos de milímetros não comprometem o resultado;

- As distâncias entre os departamentos serão as distâncias entre os centros de gravidade de cada um deles. Como a maioria deles é retangular, o centro de gravidade será a intersecção entre as diagonais traçadas. Quando um departamento não tiver uma configuração geométrica regular, deve-se determinar seu centroide, conforme exemplificado a seguir;

- Em ambas hipóteses adotaremos uma despesa unitária de transporte de R$ 0,002/(metro.unidade). Deve-se relembrar que este valor será **adotado** para o exemplo. Nas situações reais o valor deve ser apurado conforme a contabilidade de custos industriais.

- Adotaremos uma largura de 3,0 m para os corredores de circulação, visto que o recomendado é uma largura mínima de 1,20 m e a grande maioria das empilhadeiras opera com folga em 3,0 m de largura, podendo-se incluir nos mesmos, uma faixa de 1,0 m destinada à circulação de pessoas. Este dado é arbitrário, ou seja, escolha do projetista e concordância dos proprietários, mas sempre deve ser feito com base em legislação específica. Com esse dado, a área de circulação poderá ser reduzida em relação aos 115,0 m² inicialmente previstos.

A primeira tentativa resultou na área indicada na figura a seguir, indicando as três etapas até determinação das distâncias entre os departamentos, também na escala 1:200, para uso como distâncias de transporte de material. As distâncias entre departamentos serão consideradas entre os centros de gravidade.

Figura 6.15 – Primeira opção de arranjo físico, indicação dos centros geométricos e distâncias

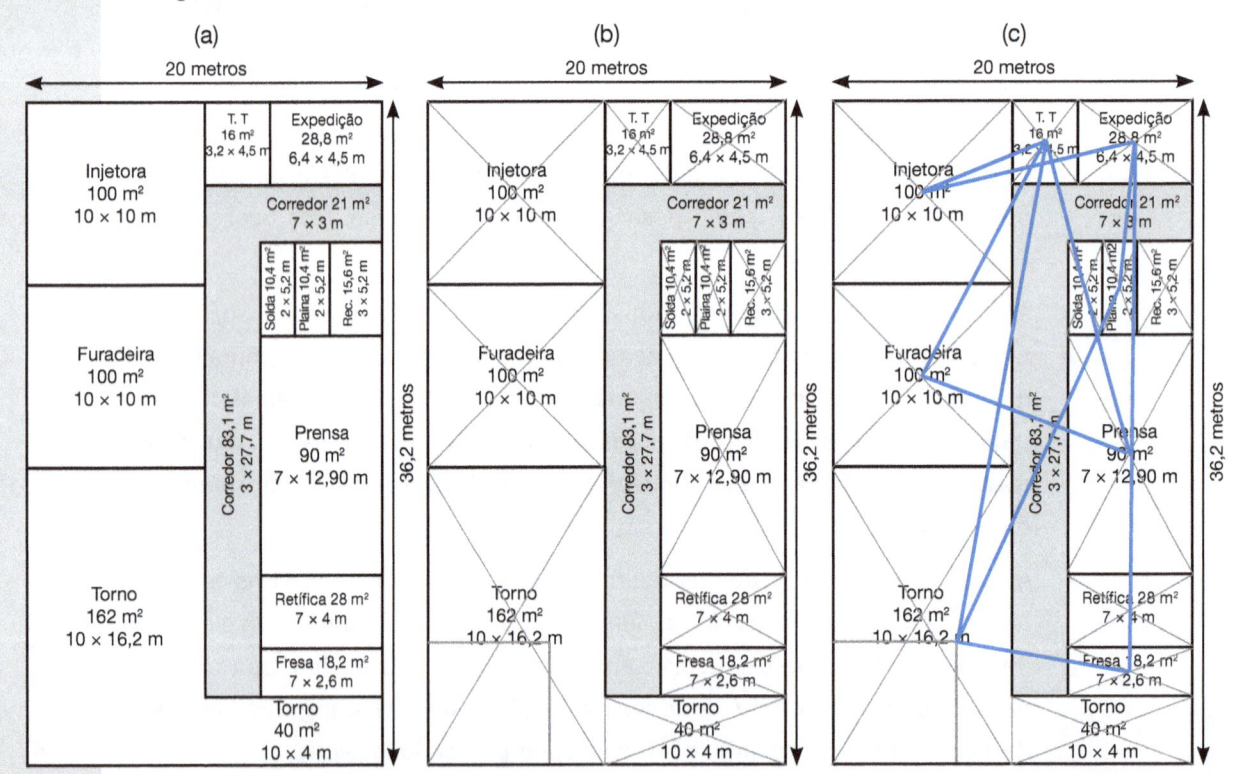

Como o departamento de tornos tem perfil L, determinaremos seu centróide. Este procedimento deve ser adotado sempre que um departamento não apresentar área regular.

Para determinar-se o centróide da área de tornos, imaginamos um par ordenado passando pela lateral do próprio departamento, com origem no vértice inferior esquerdo, onde há o algarismo "zero", indicado na parte (a) da figura, como origem do par ordenado. Assim, teremos os pares ordenados dos centros de gravidade de cada área parcial, que denominaremos par ordenado da área maior (M) e par ordenado da área menor (m), com suas respectivas áreas.

$x_M = 5,0$ $\qquad x_m = 15$
$y_M = 8,1$ $\qquad y_m = 2$
Área $_M = 162$ $\qquad$ Área $_m = 40$

$$x_{CG} = \frac{\sum_{i=1}^{n} A_i \cdot x_i}{\sum_{i=1}^{n} A_i} = 6,98 \qquad y_{CG} = \frac{\sum_{i=1}^{n} A_i \cdot y_i}{\sum_{i=1}^{n} A_i} = 6,89$$

O centróide do departamento de tornos, bem como, todos os demais centros de gravidade, estão indicados na parte (b) da Figura 6.15.

A etapa seguinte é a determinação das distâncias entre os centros de gravidade das áreas associadas por transporte de material (originalmente na mesma escala 1:200), indicadas na parte (c) da Figura 6.15.

O quadro abaixo resume todas as áreas e distâncias obtidas entre centros com intercâmbio de material, para a **primeira** opção.

Setor	C (m)	L (m)	Área (m²)
Fresa	7,00	2,60	18,20
Furadeira	10,00	10,00	100,00
Injetora	10,00	10,00	100,00
Plaina	2,00	5,20	10,40
Prensa	7,00	12,90	90,30
Retífica	7,00	4,00	28,00
Solda	2,00	5,20	10,40
Torno – área M	10,00	16,20	162,00
Torno – área m	10,00	4,00	40,00
Trat. térm.	3,60	4,50	16,20
Expedição	6,40	4,50	28,80
Recebimento	3,00	5,20	15,60
Corredor maior	3,00	27,70	83,10
Corredor menor	7,00	3,00	21,00
Área total (m²):			724,00

Transporte		Quant. Transp. (un.)	Dist. (m)	Despesa de transporte* (R$/mês.un.)
de	para			
Prensa	Furadeira	700.000	12,337	17.271,71
Furadeira	Trat.térm.	700.000	14,494	20.291,79
Prensa	Trat.térm.	500.000	17,857	17.857,21
Solda	Trat.térm.	1.000.000	8,297	16.593,97
Trat.térm.	Injetora	800.000	7,354	11.766,26
Trat.térm.	Expedição	2.200.000	5,200	22.880,00
Injetora	Expedição	800.000	12,128	19.404,25
Torno	Trat.térm.	800.000	27,620	44.192,45
Torno	Fresa	300.000	9,732	5.839,45
Fresa	Retífica	300.000	3,300	1.980,00
Retífica	Expedição	300.000	25,601	15.360,47
Torno	Plaina	200.000	21,386	8.554,39
Plaina	Expedição	200.000	7,841	3.136,37
Despesa de transporte (R$/mês.un.):				205.128,32

*Obs.: Despesa unitária de transporte: $DU_{transp.} = 0,002 \dfrac{R\$}{metro \cdot unid.}$

A segunda opção também foi criada buscando-se a melhor otimização possível. A figura abaixo mostra a segunda proposta de arranjo (a), indicação dos centros de gravidade (b) e indicação das rotas entre os departamentos onde há movimentação de carga (c).

Figura 6.16 – Segunda opção de arranjo físico, indicação dos centros geométricos e distâncias

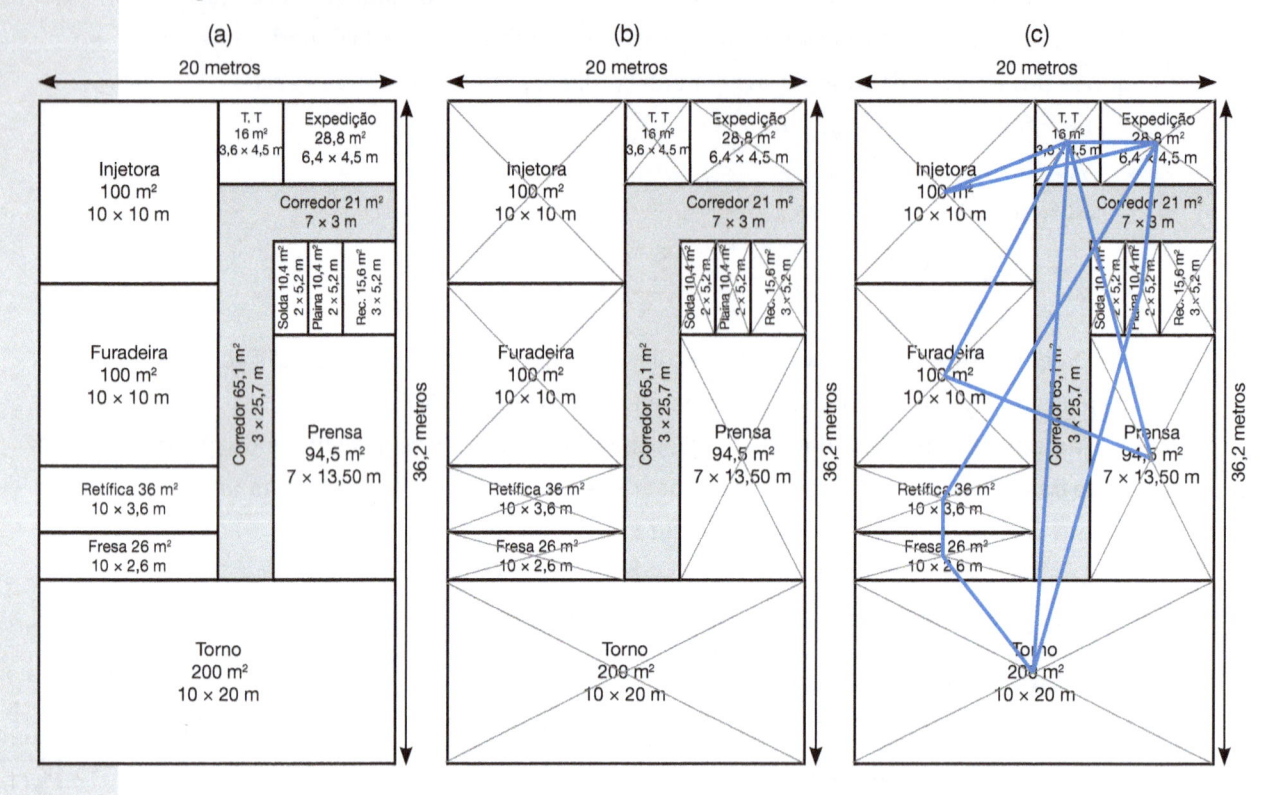

O quadro abaixo resume todas as áreas e distâncias obtidas entre centros com intercâmbio de material, para a **segunda** opção.

Setor	C (m)	L (m)	Área (m²)
Fresa	10,00	2,60	26,00
Furadeira	10,00	10,00	100,00
Injetora	10,00	10,00	100,00
Plaina	2,00	5,20	10,40
Prensa	7,00	13,50	94,50
Retífica	10,00	3,60	36,00
Solda	2,00	5,20	10,40
Torno	20,00	10,00	200,00
Trat. térm.	3,60	4,50	16,20
Expedição	6,40	4,50	28,80
Recebimento	3,00	5,20	15,60
Corredor maior	3,00	21,70	65,10
Corredor menor	7,00	3,00	21,00
Área total (m²):			724,00

Transporte		Quant. transp. (un.)	Dist. (m)	Despesa de transporte* (R$/mês.un.)
de	para			
Prensa	Furadeira	700.000	12,554	17.575,44
Furadeira	Trat. térm.	700.000	14,494	20.291,79
Prensa	Trat. térm.	500.000	17,804	17.804,49
Solda	Trat. térm.	1.000.000	8,297	16.593,97
Trat. térm.	Injetora	800.000	7,354	11.766,26
Trat. térm.	Expedição	2.200.000	5,200	22.880,00
Injetora	Expedição	800.000	12,128	19.404,25
Torno	Trat. térm.	800.000	29,056	46.489,29
Torno	Fresa	300.000	8,122	4.872,95
Fresa	Retífica	300.000	3,000	1.800,00
Retífica	Expedição	300.000	22,878	13.726,76
Torno	Plaina	200.000	22,033	8.813,08
Plaina	Expedição	200.000	7,841	3.136,37
Despesa de transporte (R$/mês.un.):				205.154,65

*Obs.: Despesa unitária de transporte: $DU_{transp.} = 0{,}002 \dfrac{R\$}{metro \cdot unid.}$

Finalmente, comparamos as despesas de transporte de ambas opções para a escolha final, conforme segue.

Arranjo	Despesas de transporte	Escolha final
1ª opção	205.128,32 R$/mês.un	1ª opção
2ª opção	205.154,65 R$/mês.un	

O arranjo físico da primeira opção é o que proporcionará a menor despesa de movimentação de materiais da planta, sendo a escolha final.

Nota-se que a diferença das despesas de transporte entre as opções é muito pequena, o que é de se esperar pois essas duas opções, junto a eventuais outras poucas possibilidades, são um pequeno grupo dentre mais de 3.680.800 possibilidades de arranjo. Portanto, é de se esperar que as opções finais estejam muito próximas entre si.

Outra ponderação que podemos fazer, é considerar outros dados observados, como por exemplo:

- A segunda opção, apesar de descartada, tem uma configuração da área de tornos, mais favorável;

- Como a área de circulação da segunda opção foi reduzida e convertida em espaço produtivo, as áreas da fresa e retífica foram aumentadas. Este dado também é positivo.

Isto significa que a segunda opção, mesmo não sendo favorável em termos de despesa de transporte, apresenta outras características favoráveis, que podem ser ponderadas, conduzindo-a, eventualmente, à escolha final, conforme a escolha dos investidores. Tais ponderações são válidas visto que estamos trabalhando em processo com forte carga heurística e opções muito próximas entre si. De todo modo, sob a ótica do transporte interno, que é o aspecto fundamental, a escolha pela primeira opção ainda é a melhor.

Um detalhe muito importante, certamente observado pelo leitor, é que este arranjo não contém instalações administrativas e comunitárias, fundamentais à operação, tais como, sanitários, vestiários, refeitórios e áreas administrativas; porém, lembramos que esta análise se concentra na área industrial da empresa. É claro que deve-se prolongar o projeto, alocando-se as áreas anteriormente descritas em espaço adicional. Isto dependerá da escolha da empresa em termos de centralização administrativa e quantidade de pessoas, entre outros dados. Mas a área para esta finalidade deve ser acrescentada à área fabril projetada aqui. Assim, a empresa edificará uma área industrial de 20 m × 36,2 m, utilizando 7 pórticos de concreto pré-moldado, devendo-se posteriormente acrescentar outra edificação com as áreas administrativa e de convívio (refeitório, vestiário, sanitários etc.).

Exercício resolvido 6.3

Suponhamos que a empresa do exercício anterior planeje a construção de um segundo pavimento sobre a fábrica, para a produção diária de 2.000 unidades de um novo produto, cujas atividades de fabricação e durações, bem como o diagrama de precedências, estão indicados na tabela e na figura adiantes, expressos em segundos.

A empresa pretende implantar 2 turnos de trabalho, com jornada de 8 horas de trabalho por turno, e uma quantidade média de 20 dias trabalhados por mês, dada uma folga de 4%. Com esses dados, planeje a estrutura básica do arranjo físico linear.

Atividade	1	2	3	4	5	6	7	8	9	10	11	12	13	14	15	16	17	18	19	20	21	22	23	24	25	26	27	28	29	30
Duração	24	32	45	28	19	12	45	67	34	41	41	42	33	30	29	30	25	19	32	41	53	32	30	28	45	30	31	32	33	34

Atividade	31	32	33	34	35	36	37	38	39	40	41	42	43	44	45	46	47	48	49	50	51	52	53	54	55	56	57	58	59	60
Duração	22	25	32	32	27	38	32	40	37	38	19	32	41	53	32	28	37	32	41	33	50	42	26	25	23	22	20	18	30	21

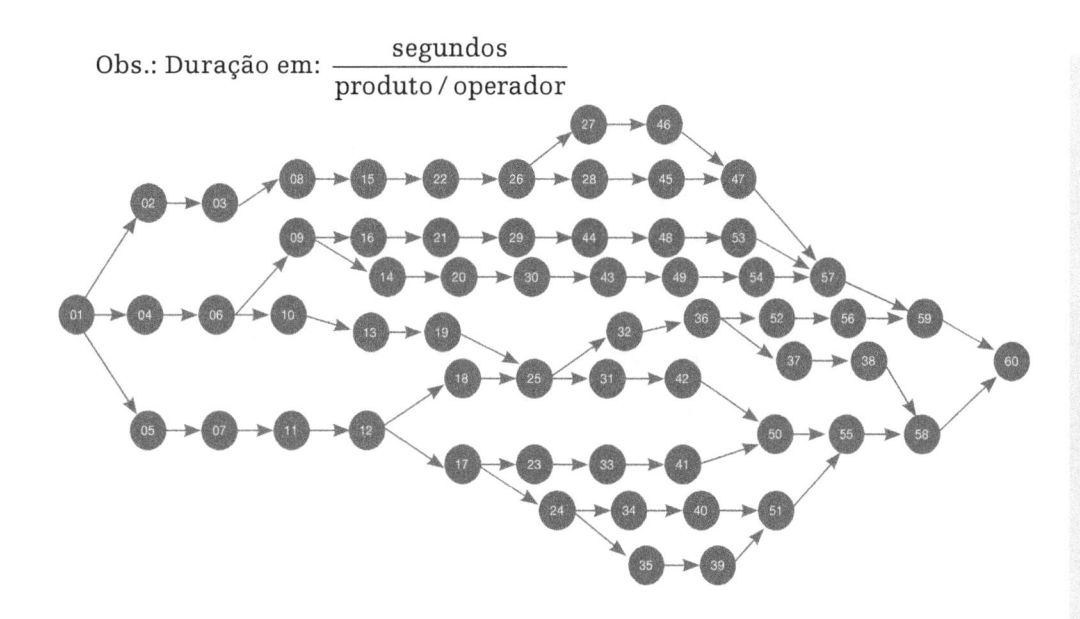

Obs.: Duração em: $\dfrac{\text{segundos}}{\text{produto / operador}}$

Solução

Com os conceitos desenvolvidos na Seção 5.2, determinamos os seguintes fatores:

1. Tempo de ciclo:

$$\text{TC} = \dfrac{\text{Jornada útil}}{\text{Produção}} = \dfrac{8\,\dfrac{h}{T} \cdot 3600\,\dfrac{\text{seg.}}{h} \cdot (1-0,04) \cdot 2\,\dfrac{T}{\text{dia}}}{2000\,\dfrac{\text{prods.}}{\text{dia}}} = 27,648\,\dfrac{\text{seg.}}{\text{prod.}}$$

A cada 27,648 segundos, deve sair um produto pronto da linha de montagem.

2. Para essa produção será necessário o seguinte número teórico de operadores:

$$N_T = \dfrac{\sum \text{tempos}}{\text{TC}} = \dfrac{1965\,\dfrac{\text{seg.}}{\text{produto / operador}}}{27,648\,\dfrac{\text{seg.}}{\text{produto}}} = 71,072 \text{ operadores}$$

3. Distribuição do trabalho e consequente determinação do número real – N_R de operadores.

A distribuição e determinação do número real de operadores será feita diretamente no diagrama de precedência, com as seguintes recomendações:

- respeitar a sequência de operações, evitando-se conectar operações que estejam em ramos muito distantes do processo;
- nunca planejar atividade com tempo de execução maior que o tempo de ciclo, evitando-se gargalos de processo;
- caso uma atividade tenha duração maior que o tempo de ciclo, deverá ser fragmentada e atribuída ao número de operadores necessários à execução.

Em situações práticas, em que há maior quantidade de informações referentes ao produto, é simples verificar-se a possibilidade de agrupamentos de atividades dispostas em ramos distantes. Na resolução deste exercício, por conta de ausência de maiores informações, partiremos do princípio que as operações são passíveis de agrupamento, mas evitaremos esse uso em excesso.

Nesta etapa, construiremos duas opções de linhas de montagem, para efeito comparativo.

Para cada opção de balanceamento de linha, calcularemos sua eficiência por meio da relação entre o número teórico (N_T) e o número real (N_R) de operadores, como segue:

$$Ef = \frac{N_{T_{operadores}}}{N_{R_{operadores}}} = -100\% \quad \text{Equação 8}$$

A figura a seguir indica os agrupamentos de atividades da primeira opção de balanceamento da linha de montagem, conforme detalhado na tabela adiante.

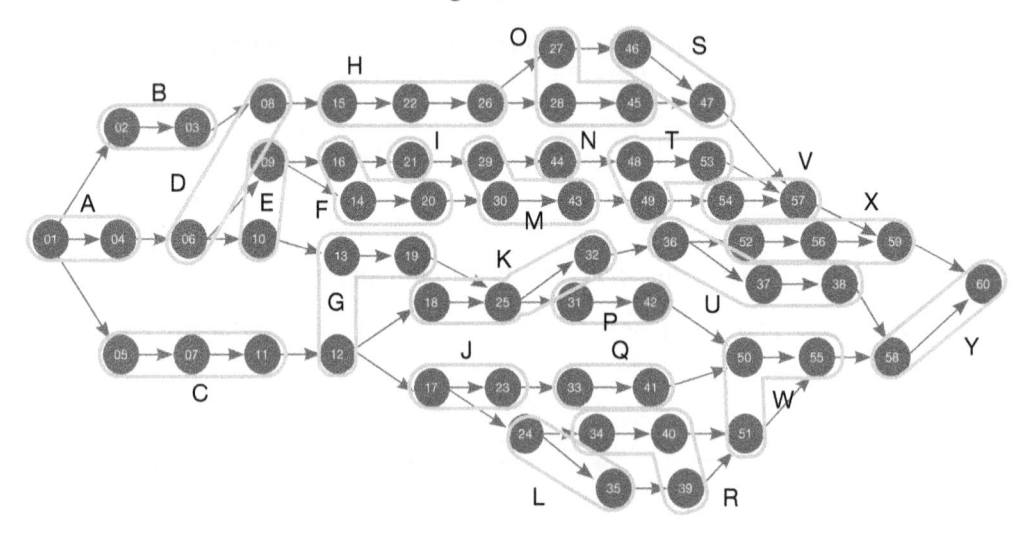

Nesta tabela, correspondente à primeira opção, foi calculado o número teórico de operadores para cada atividade, individualmente, dividindo-se a duração de cada atividade pelo tempo de ciclo.

Há também a denominação dos grupos (A, B, C etc.) com a indicação das atividades agrupadas, o número teórico de operadores de cada grupo (soma do número teórico de cada atividade) e o número real de operadores por grupo (arredondados ao inteiro imediatamente superior), seguido da eficiência de cada operador, no grupo, e da eficiência final do balanceamento da linha de montagem.

Atividade	N_T	Atividade	N_T
1	0,868	31	0,796
2	1,157	32	0,904
3	1,628	33	1,157
4	1,013	34	1,157
5	0,687	35	0,977
6	0,434	36	1,374
7	1,628	37	1,157
8	2,423	38	1,447
9	1,230	39	1,338
10	1,483	40	1,374
11	1,483	41	0,687
12	1,519	42	1,157
13	1,194	43	1,483
14	1,085	44	1,917
15	1,049	45	1,157
16	1,085	46	1,013
17	0,904	47	1,338
18	0,687	48	1,157
19	1,157	49	1,483
20	1,483	50	1,194
21	1,917	51	1,808
22	1,157	52	1,519
23	1,085	53	0,940
24	1,013	54	0,904
25	1,628	55	0,832
26	1,085	56	0,796
27	1,121	57	0,723
28	1,157	58	0,651
29	1,194	59	1,085
30	1,230	60	0,760

Primeira opção				
Grupo de atividades	Atividades agrupadas	N_T de operadores por grupo de atividade	N_R de operadores por grupo de atividade	Eficiência por operador e eficiência total
A	1 e 4	1,881	2	94,04%
B	2 e 3	2,785	3	92,83%
C	5, 7 e 11	3,798	4	94,94%
D	6 e 8	2,857	3	95,24%
E	9 e 10	2,713	3	90,42%
F	14, 16 e 20	3,653	4	91,33%
G	12, 13 e 19	3,870	4	96,75%
H	15, 22 e 26	3,291	4	82,28%
I	21	1,917	2	95,85%
J	17 e 23	1,989	2	99,46%
K	18, 25 e 32	3,219	4	80,48%
L	24 e 35	2,966	3	98,86%
M	29, 30 e 43	3,906	4	97,66%
N	44	1,917	2	95,85%
O	27, 28 e 45	3,436	4	85,90%
P	31 e 42	1,953	2	97,66%
Q	33 e 41	1,845	2	92,23%
R	34, 39 e 40	3,870	4	96,75%
S	46 e 47	2,351	3	78,37%
T	48, 49 e 53	3,581	4	89,52%
U	36, 37 e 38	3,979	4	99,46%
V	54 e 57	1,628	2	81,38%
W	50, 51 e 55	3,834	4	95,85%
X	52, 56 e 59	3,400	4	85,00%
Y	58 e 60	1,411	2	70,53%
	N_R operadores		79 oper.	89,96%

[Arranjos físicos]

A segunda opção de agrupamento está representada na figura a seguir.

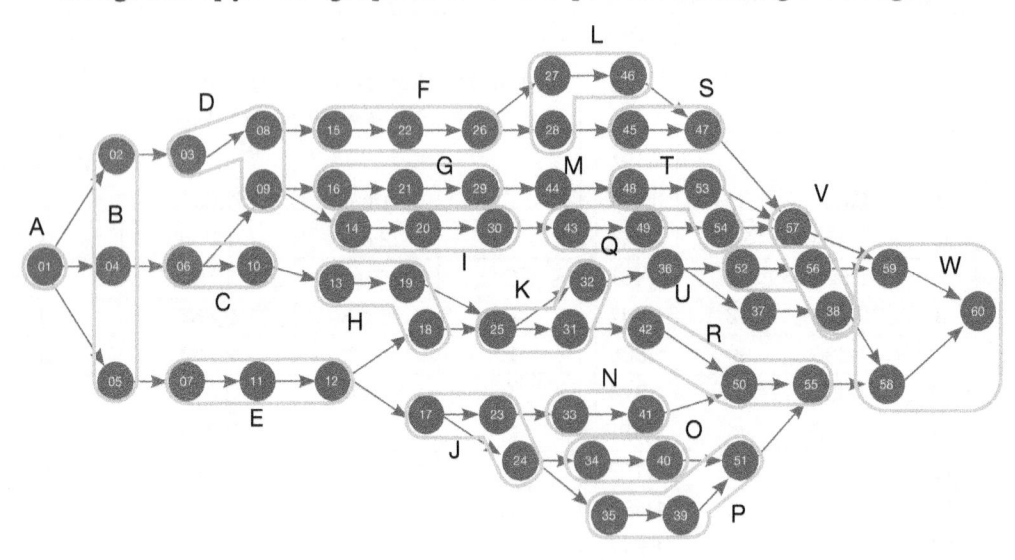

Na tabela a seguir, correspondente à segunda opção, foi calculado o número teórico de operadores para cada atividade, individualmente, dividindo-se a duração de cada atividade pelo tempo de ciclo.

Nela, há a denominação dos grupos (A, B, C etc.) com a indicação das atividades agrupadas, o número teórico de operadores de cada grupo (soma do número teórico de cada atividade) e o número real de operadores por grupo (arredondados ao inteiro imediatamente superior), seguido da eficiência de cada operador, no grupo, e da eficiência final do balanceamento da linha de montagem.

Atividade	N_T	Atividade	N_T
1	0,868	31	0,796
2	1,157	32	0,904
3	1,628	33	1,157
4	1,013	34	1,157
5	0,687	35	0,977
6	0,434	36	1,374
7	1,628	37	1,157
8	2,423	38	1,447
9	1,230	39	1,338
10	1,483	40	1,374
11	1,483	41	0,687
12	1,519	42	1,157
13	1,194	43	1,483
14	1,085	44	1,917
15	1,049	45	1,157
16	1,085	46	1,013
17	0,904	47	1,338
18	0,687	48	1,157
19	1,157	49	1,483
20	1,483	50	1,194
21	1,917	51	1,808
22	1,157	52	1,519
23	1,085	53	0,940
24	1,013	54	0,904
25	1,628	55	0,832
26	1,085	56	0,796
27	1,121	57	0,723
28	1,157	58	0,651
29	1,194	59	1,085
30	1,230	60	0,760

Segunda opção				
Grupo de atividades	Atividades agrupadas	N_T de operadores por grupo de atividade	N_R de operadores por grupo de atividade	Eficiência por operador e eficiência total
A	1	0,868	1	86,81%
B	2, 4 e 5	2,857	3	95,24%
C	6 e 10	1,917	2	95,85%
D	3, 8 e 9	5,281	6	88,01%
E	7, 11 e 12	4,630	5	92,59%
F	15, 22 e 26	3,291	4	82,28%
G	16, 21 e 29	4,196	5	83,91%
H	13, 18 e 19	3,038	4	75,95%
I	14, 20 e 30	3,798	4	94,94%
J	17, 23 e 24	3,002	4	75,05%
K	25, 31 e 32	3,328	4	83,19%
L	27, 28 e 46	3,291	4	82,28%
M	44	1,917	2	95,85%
N	33 e 41	1,845	2	92,23%
O	34 e 40	2,532	3	84,39%
P	35, 39 e 51	4,123	5	82,47%
Q	43 e 49	2,966	3	98,86%
R	42, 50 e 55	3,183	4	79,57%
S	45 e 47	2,677	3	89,22%
T	48, 53 e 54	3,002	4	75,05%
U	36, 37 e 52	4,051	5	81,02%
V	38, 56 e 57	2,966	3	98,86%
W	58, 59 e 60	2,496	3	83,19%
		N_R operadores	83	85,63%

A eficiência obtida com esse agrupamento não foi melhor que a primeira opção, que será a escolha final neste exemplo.

1. As duas opções definidas não representam os únicos resultados possíveis. Existem outras possibilidades, eventualmente até melhores que a primeira opção. Fica o desafio ao leitor, encontrar um agrupamento mais eficiente (menor número de operadores), respeitando-se as diretrizes de balanceamento de linhas. Com a escolha da primeira opção, planejamos a linha de montagem com 79 postos de trabalho dentro da área de 20 m por 36,2 m, definida no segundo exemplo resolvido, conforme esquematizado a seguir.

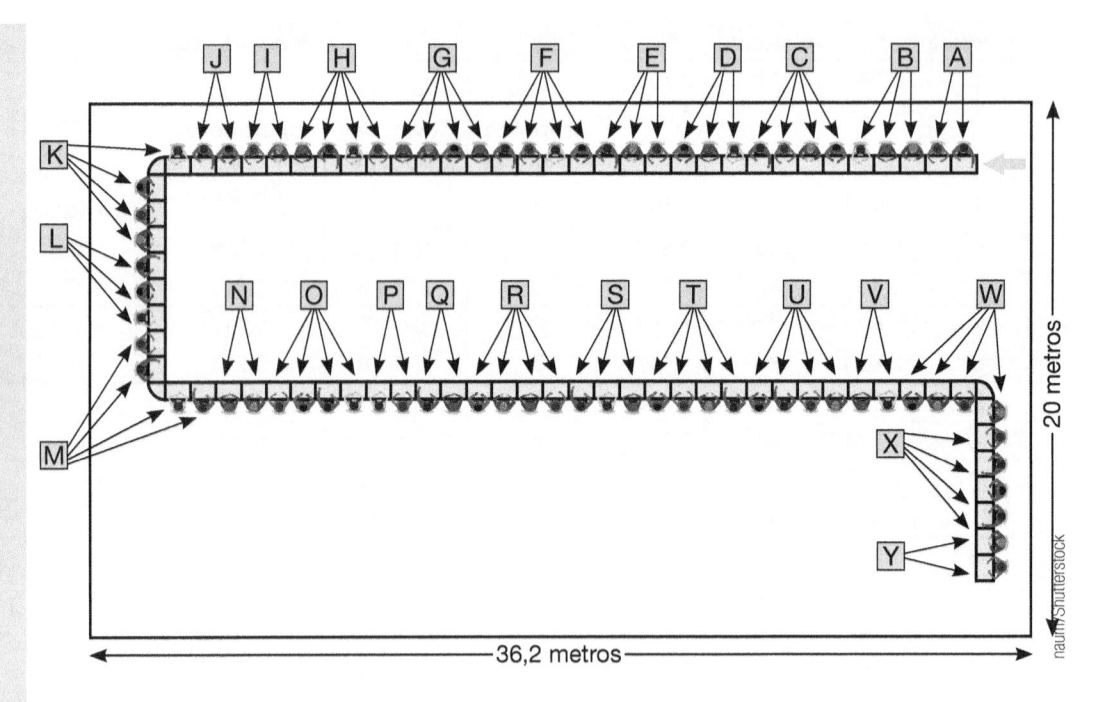

A representação anterior é apenas esquemática, mas procurou-se dar proporcionalidade ao desenho, para uma interpretação próxima da realidade. Definiu-se, **arbitrariamente**, postos de trabalho abertos com largura de 1,0 m para cada operador

É importante salientar que este procedimento nos leva à concepção básica da linha de montagem, ou seja, apenas um esboço do que será a linha de montagem. A partir deste ponto há muitas atividades a serem desenvolvidas, tais como, o dimensionamento da parte mecânica, dimensionamento das redes elétrica, hidráulica e pneumática, além da definição dos equipamentos e ferramentas de apoio à linha de montagem.

Com este estudo, porém, conseguimos estabelecer uma base fundamental para a execução do projeto.

■ Síntese

Como podemos observar, existe um conjunto de arranjos físicos tradicionais, no qual podemos situar os arranjos físicos celular, departamental, linear e posicional, cujo projeto e concepção apresenta desenvolvimento definido e consagrado. Ao mesmo tempo, podemos observar que há arranjos em estágios ainda teóricos de desenvolvimento ou ainda em processo de maturação, enquanto outros apresentam quase absoluta característica virtual e imaterial, mesmo que ainda denominados *arranjos físicos*.

Considerando-se empresas de transformação de médio a grande porte, dificilmente encontraremos arranjos puros, restritos a um único modelo. O mais comum e cada vez mais frequente é a ocorrência de arranjos físicos híbridos, que mesclam as características de dois ou mais modelos.

■ Questões para revisão

1. Qual é a diferença fundamental entre o arranjo físico em linha ou por processo e o arranjo físico posicional?

2. Qual é o aspecto comum observado entre os arranjos físicos departamental e modular?

3. Há alguma semelhança entre os arranjos ágil e modular? Justifique sua resposta.

4. Qual é o ponto comum entre os arranjos físicos departamental e distribuído? Justifique sua resposta.

5. Uma linha de montagem do segmento automotivo pode apresentar características de mais de um modelo de arranjo físico?

■ Questões para reflexão

1. Em sua opinião, é possível o surgimento de novos arranjos físicos?

2. Que tipo de arranjo físico você identifica em seu local de trabalho? Essa configuração poderia ser melhorada?

[considerações finais]

Encerramos este livro reafirmando a importância do desenvolvimento contínuo dos métodos de trabalho para o sucesso do planejamento empresarial associado ao dimensionamento dos recursos operacionais. Para isso, a aplicação dos conceitos de tempos e movimentos, em quatro etapas, atendendo aos critérios de padronização e documentação, conforme foi exposto, é garantia de treinamento adequado dos operadores e da obtenção de níveis de excelência dos processos produtivos e de seus produtos.

Esperamos que os processos de busca pela eficiência e pela produtividade devem ter se tornado claros, podendo integrar-se à cultura empresarial. Observamos que os exercícios e o estudo de caso desenvolvidos foram elaborados de modo a aproximar a visão acadêmica e a prática empresarial, as quais devem estar sempre diretamente associadas.

Com os exemplos propostos e resolvidos, procuramos estabelecer um roteiro detalhado e conceitualmente embasado, que possibilite ao gestor industrial definir os tempos característicos do processo produtivo. Isso vale tanto para aquele já existente quanto para aqueles em fase de estudo ou de projeto, de forma a tornar possível a tarefa de dimensionar a capacidade produtiva, bem como as necessidades em termos de estrutura e mão de obra, adequando-se os tempos produtivos às necessidades do mercado.

[lista de siglas e abreviaturas]

ABNT – Associação Brasileira de Normas Técnicas
CAD – *Computer Aided Design*
CAM – *Computer Aided Manufacture*
CEP – Controle estatístico de processo
DMAIC – Definir, medir, analisar, interagir e controlar
DFA – *Design for Assembly*
DFM – *Design for Manufacturability*
DFX – *Design for X's*
DHM – Diagrama homem-máquina
Ef – Eficiência
ER – Erro relativo
FR – Fator de ritmo
FT – Fator de tolerância
GA – Grau de atendimento
LICR – Limite inferior de controle da amplitude
LICx – Limite inferior de controle das médias
LSCR – Limite superior de controle da amplitude
LSCx – Limite superior de controle das médias
MMT – Método da medida de tempo
NR – Número real
NT – Número teórico
PDCA – *Plan, do, check, act*
PPCP – Planejamento, programação e controle da produção
STP – Sistema Toyota de produção
TC – Tempo de ciclo
TI – Tecnologia da informação
TM – Tempo médio

TN – Tempo normal
TP – Tempo padrão
UMT – Unidade de medida de tempo

[referências]

ABNT – Associação Brasileira de Normas Técnicas. **NBR 5426**: planos de amostragem e procedimentos na inspeção por atributos. Rio de Janeiro, 1985.

ALVAREZ, R. dos R.; ANTUNES JUNIOR, J. A. V. Takt-time: conceitos e contextualização dentro do sistema Toyota de produção. **Gestão e Produção**, São Carlos, v. 8, n. 1, p. 1-18, 2001.

ARGAUD, A. R. T. T. et al. Projeto de arranjo físico modular: uma abordagem por algoritmo genético de agrupamento. In: ENCONTRO NACIONAL DE ENGENHARIA DE PRODUÇÃO, 27., 2007, Foz do Iguaçu.

ATTAR, A.; KULKARNI, L. Fractal Manufacturing System: Intelligent Control of Manufacturing Industry. **IJEDR: International Journal of Engineering Development and Research**, v. 2, n. 3, 2014.

BARNES, R. M. **Estudo de movimentos e de tempos**: projeto e medida do trabalho. Tradução de Sérgio Luiz Oliveira Assis, José S. Guedes Azevedo e Arnaldo Pallotta. São Paulo: E. Blucher, 1977.

BENJAAFAR, S.; HERAGU, S. S.; IRANI, S. A. Next Generation Factory Layouts: Research Challenges and Recent Progress. **Interfaces**, 2002.

BRASIL. Ministério do Trabalho e Emprego. Secretaria de Inspeção do Trabalho. Portaria n. 9, de 30 de março de 2007. **Diário Oficial da União**, Brasília, DF, 2 abr. 2007. Disponível em: <https://www.gov.br/trabalho-e-previdencia/pt-br/composicao/orgaos-especificos/secretaria-de-trabalho/inspecao/seguranca-e-saude-no-trabalho/sst-portarias/2007/portaria_09_teleatendimento_telemarketing.pdf>. Acesso em: 18 nov. 2021.

CHUNG, T. M. Avaliação cinética e cinemática da marcha de adultos do sexo masculino. **Acta Fisiátrica**, São Paulo, v. 7, n. 2, p. 61-67, 2000.

COSTA NETO, P. L. de O. **Estatística**. São Paulo: Blucher, 2002.

FRANCO, G. N. **Aplicação de sistemas holônicos à manufatura inteligente**. 177 f. Tese (Doutorado em Engenharia Mecânica) – Faculdade de Engenharia Mecânica, Universidade Estadual de Campinas, São Paulo, 2003.

GILBRETH, F. B.; GILBRETH, L. M. Classifying the Elements of Work. **Management and Administration**, v. 8, n. 2, p. 151-154, 1924.

GILBRETH, L. M. **The Psychology of Management**: the Function of the Mind in Determining, Teaching and Installing Methods of Least Waste. New York: The Macmillan Company, 1914. Disponível em: <http://www.gutenberg.org/files/16256/16256-h/16256-h.htm#chapteriv>. Acesso em: 7 maio 2020.

GOLDRATT, E. M.; COX, J. **A meta**: um processo de aprimoramento contínuo. São Paulo: Educator, 1995.

GORGULHO JUNIOR, J. H. **Análise do desempenho dos arranjos físicos distribuídos em ambientes de roteamento de tarefas com flexibilidade de sequência de operação**. 427 f. Tese (Doutorado em Engenharia Mecânica) – Escola de Engenharia de São Carlos, Universidade de São Paulo, São Paulo, 2007.

KOESTLER, A. **Jano**: uma sinopse. Tradução de Nestor Deola e Ayako Deola. São Paulo: Melhoramentos, 1981.

MONTORO, F. A. **Arquitetura holônica de controle para o despacho multicritérios de AGV's (Automated Guided Vehicles)**. 187 f. Tese (Doutorado em Ciência da Computação) – Centro de Ciências Exatas e de Tecnologia, Universidade Federal de São Carlos, São Paulo, 2015.

MONTREUIL, B.; VENKATADRI, U. Scattered Layout of Intelligent Job Shops Operating in a Volatile Environment. In: INTERNATIONAL CONFERENCE ON COMPUTER INTEGRATED MANUFACTURING – ICCM, 1991, Singapore.

PARASHAR, N. B. S. **Cellular Manufacturing Systems**: an Integrated Approach. Nova Délhi: PHI Learning, 2009.

PITOMBEIRA NETO, A. R., GONÇALVES FILHO, E. V. Projeto de arranjos físicos distribuídos por meio de otimização da simulação e algoritmos genéticos. In: SBPO, 39., 2007, Fortaleza.

QUEIROZ, J. A.; RENTES, A. F.; ARAUJO, C. A. C. de. Transformação enxuta: aplicação do mapeamento do fluxo de valor em uma situação real. In: ENCONTRO NACIONAL DE ENGENHARIA DE PRODUÇÃO, 24., 2004, Florianópolis.

RICCIO, E. L. **Uma contribuição ao estudo da contabilidade como sistema de informação**. 100 f. Tese (Doutorado em Administração) – Faculdade de Economia, Administração e Contabilidade, Universidade de São Paulo, São Paulo, 1989.

SAATY, T. L. How to Make a Decision: the Analytic Hierarchy Process. **Interfaces**, Pittsburgh, v. 24, n. 6, p. 19-43, 1994.

SANTORO, M. C.; MORAES L. H. Planejamento e projeto de arranjo físico (Plant layout) de uma fábrica de motores. In: ENEGEP, 22., 2002, Curitiba.

SHINGO, S. **O sistema Toyota de produção**: do ponto de vista da engenharia de produção. Tradução de Eduardo Schaan. Porto Alegre: Bookman, 1996.

TÁLAMO, J. R. **Formação e gestão de redes de cooperação empresarial**. 233 f. Tese (Doutorado em Engenharia de Produção) – Escola Politécnica, Universidade de São Paulo, São Paulo, 2008.

TAYLOR, F. W. **The Principles of Scientific Management**. 1911. Disponível em: <http://www.gutenberg.org/cache/epub/6435/pg6435-images.html>. Acesso em: 7 maio 2020.

THE ORIGINAL Films of Frank Gilbreth: Part 1. 2012. Disponível em: <https://www.youtube.com/watch?v=hhvC10kGBu4>. Acesso em: 7 maio 2020.

THE ORIGINAL Films of Frank Gilbreth: Part 2. 2012. Disponível em: <https://www.youtube.com/watch?v=F9m_Ng6ksjo>. Acesso em: 7 maio 2020.

TOLEDO, I. F. B. **Tempos e métodos**. 8. ed. Mogi das Cruzes: Assessoria, 2004.

VAN BRUSSEL, H. et al. Reference Architecture for Holonic Manufacturing Systems: PROSA. **Computers in Industry**, v. 37, n. 3, p. 255-274, 1998. Disponível em: <http://citeseerx.ist.psu.edu/viewdoc/download?doi=10.1.1.709.1906&rep=rep1&type=pdf>. Acesso em: 18 nov. 2021.

WOMACK, J. P.; JONES, D. T. Beyond Toyota: How to Root out Waste and Pursue Perfection. **Harvard Business Review**, v. 74, n. 5, p. 140, 1996.

WOMACK, J. P.; JONES, D. T.; ROOS, D. **A máquina que mudou o mundo**. Tradução de Ivo Korytowski. Rio de Janeiro: Campus, 1992.

[apêndices]

Apêndice 1 – Desvios padrão amostral (s) e populacional (σ): estimação desses parâmetros

No Capítulo 2, foram apresentados alguns métodos para a determinação do número adequado de elementos de uma amostra n, para execução de um estudo de cronometragem, a partir do desvio padrão amostral s, do desvio padrão populacional σ e da própria estimação desses parâmetros. Dado o conteúdo conceitual dessa análise, bem como o conjunto de interpretações, é importante o detalhamento de alguns pontos.

Relação entre s e σ

Os autores Ralf M. Barnes (1977) e Pedro Luiz de Oliveira Costa Neto (2002) estabelecem em seus livros a relação entre s e σ dada por $s = \dfrac{\sigma}{\sqrt{n}}$.

Vale acrescentar que o n indicado no denominador da expressão se refere ao número de elementos recomendado para o estudo de cronometragem, ou seja, à quantidade de amostragens a ser determinada. Isso após termos estabelecido uma cronometragem inicial com o número de cronometragens preliminares do estudo ($n pre$), para possibilitar os cálculos.

Estimação dos parâmetros s e σ e números de cronometragens preliminar e final

No capítulo 2 do livro *Estatística*, o autor Costa Neto (2002) indica a fórmula (2.13, em seu livro) para cálculo da variância de um conjunto de dados, como indicado a seguir:

$$s^2 = \frac{\sum_{i=1}^{n}(x_1 - \bar{x})^2}{n}$$

No capítulo 3 desse mesmo livro, Costa Neto (2002) aborda a distribuição amostral de $\bar{x}$, na qual estabelece a relação entre *s* e σ conforme $s = \frac{\sigma}{\sqrt{n}}$, no contexto de uma amostragem com reposição, que é o nosso caso, visto que as atividades cronometradas para elaboração do estudo permanecem.

No mesmo capítulo, ainda abordando o conceito da distribuição amostral de $\bar{x}$, o autor faz uma observação em nota de rodapé, na qual comenta:

> Usando um conceito matemático frequente, dadas uma população de valores, através de sua distribuição de probabilidade, e uma estatística definida em função de uma amostra de n elementos, **obtida por um processo de amostragem bem definido**, teremos uma distribuição amostral gerada por essa população e por essa estatística (Costa Neto, 2002, p. 46, grifo nosso).

Assim, podemos supor que o autor se refere a *n* (na expressão $s = \frac{\sigma}{\sqrt{n}}$) como sendo o número de cronometragens necessárias a serem determinadas para um estudo estatisticamente consistente.

No capítulo 4, Costa Neto (2002, p. 66) aborda a estimação por pontos do desvio padrão (ou variância) populacional. O autor discute duas situações: 1) quando a média populacional (μ) é conhecida; e 2) quando a média populacional (μ) é desconhecida.

A abordagem estabelecida em nosso livro se refere ao item 2, ou seja, à situação na qual a média populacional é desconhecida. De fato, todo o nosso trabalho tem como objetivo a determinação da média populacional, a qual corresponderá exatamente ao tempo padrão pesquisado em cada atividade, nosso objeto de estudo. Nessa situação, Costa Neto (2002, p. 67) estabelece a seguinte expressão para o cálculo do desvio padrão populacional:

$$\sigma = \sqrt{\frac{\sum_{i=1}^{n}(x_i - \bar{x})^2}{n}}$$

Costa Neto (2002, p. 66) propõe a equação anterior reportando-se à equação 2.13 do mesmo livro, já citada aqui. Porém, o próprio autor argumenta e demonstra que esse parâmetro estimador é viciado, ou seja, inadequado para a estimação da variância populacional quando a média é desconhecida. Com o objetivo de corrigir o vício de estimação, tornando a expressão um estimador mais adequado, Costa Neto multiplica a expressão anterior por $\frac{n}{n-1}$. Assim, a expressão acima é reescrita como segue:

$$\sigma = \sqrt{\frac{\sum_{i=1}^{n}(x_i - \overline{x})^2}{n-1}}$$

ou, de forma mais usual:

$$\sigma = \sqrt{\frac{\sum_{i=1}^{n} x_i^2 - \frac{(\sum_{i=1}^{n} x_i)^2}{n}}{n-1}}$$

De acordo com Costa Neto (2002, p. 67), essa expressão sempre deve ser usada no cálculo de uma estimativa do desvio padrão (ou variância) de uma população, complementando que, para grandes amostras, o denominador pode ser tanto n quanto $n-1$.

Mas o objetivo fundamental dessa análise, além de definir a expressão a ser usada nos cálculos do desvio padrão populacional, é identificar adequadamente a que se referem os denominadores n e $n-1$. Observando a dedução elaborada anteriormente, notamos que o cálculo do desvio padrão, conforme o estimador corrigido por Costa Neto (2002, p. 67), é feito a partir de uma amostra que corresponde à da cronometragem preliminar. De fato, o cálculo do parâmetro σ depende da disponibilidade do valor de $\overline{x}$, apenas disponível por meio da cronometragem preliminar, associada à quantidade n inicial de elementos. Assim, tomaremos a liberdade de denominar esse termo como n_{pre} ou seja, a **quantidade de amostras preliminares**.

Esse dado é fundamental para a dedução apresentada na Seção 2.1.1 deste livro. Desse modo, reescrevemos a equação proposta por Costa Neto (2002, p. 67):

$$\sigma = \sqrt{\frac{\sum_{i=1}^{n}(x_i - \overline{x})^2}{n_{pre}-1}}$$

ou, de forma mais usual:

$$\sigma = \sqrt{\frac{\sum_{i=1}^{n} x_i^2 - \frac{(\sum_{i=1}^{n} x_i)^2}{n_{pre}}}{n_{pre}-1}}$$

■ Referências

BARNES, R. M. **Estudo de movimentos e de tempos**: projeto e medida do trabalho. Tradução de Sérgio Luiz Oliveira Assis, José S. Guedes Azevedo e Arnaldo Pallotta. São Paulo: E. Blucher, 1977.

COSTA NETO, P. L. de O. **Estatística**. São Paulo: E. Blucher, 2002.

Apêndice 2 – Conceito de estimação por intervalo: tamanho de amostras

A determinação do tamanho da amostra a ser coletada está associada ao conceito de estimação por intervalo. Neste estudo, é usual tratarmos a estimação de parâmetros em duas categorias: 1) quando σ é conhecido; 2) quando σ é desconhecido.

Tratando-se da determinação do número de cronometragens necessárias, nossa análise se enquadra na situação em que o σ é desconhecido, conforme ocorre na grande maioria dos casos práticos. De fato, no estudo de tempos, os parâmetros de uma atividade, como sua duração média (o próprio tempo padrão) e sua variação (σ), são desconhecidos – daí a motivação para a análise. Para isso, utilizamos o conceito de intervalo de confiança da média populacional (μ), definido por Costa Neto (2002, p. 72) como:

$$e_0 = z_{\alpha/2} \cdot \frac{\sigma}{\sqrt{n}}$$

sendo e_0 a variação atribuída à média populacional (μ), cujo desvio padrão é $\frac{\sigma}{\sqrt{n}}$. Ou seja, podemos dizer que $e0$ corresponde à semiamplitude da variação da média amostral (μ), obtida por meio do produto do erro relativo (E_R) sobre a média amostral.

Com a equação anterior, podemos escrever:

$$n = \left(\frac{z_{\alpha/2} \cdot \sigma}{e_0}\right)^2$$

Como o valor do desvio padrão populacional (σ) é desconhecido, podemos estimá-lo por meio do desvio padrão amostral (s), corrigido pelo fator t de Student, como consta no Anexo 4. Vale lembrar que, como desconhecemos σ e devemos estimá-lo pelo desvio padrão amostral (s), temos de coletar uma amostra preliminar, aqui novamente denominada n_{pre} para cálculo de s. A equação anterior será reescrita conforme segue:

$$n = \left(\frac{t_{n_{pre}-1,\alpha/2} \cdot s}{E_R \cdot \bar{x}}\right)^2$$

Para essa análise, devemos adotar empiricamente uma probabilidade de acerto, conforme estabelecido nos casos anteriores, lembrando que essa probabilidade de acerto corresponde à área definida sob a curva normal entre os limites $-z_{\alpha/2}$ e $+z\,\alpha/2$, como indicado na figura a seguir. Nos casos anteriores, referimo-nos a essa probabilidade como equivalente à área central, entre os limites indicados, mas nesse caso adotaremos as áreas residuais, segundo o Gráfico A, correspondentes a $(1 - p)/2$, devendo-se, para tanto, utilizar a tabela indicada no Anexo 2.

Gráfico A – Indicação das áreas residuais da curva normal

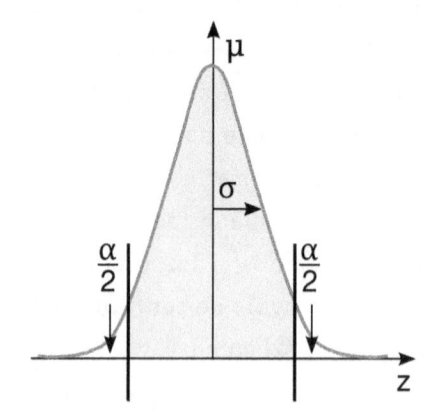

De fato, as tabelas dos Anexos 1 e 2 são equivalentes e complementares; porém, utilizaremos o Anexo 2 apenas porque a tabela do Anexo 4, fator *t* de Student, está construída para os valores de $\alpha/2$.

■ Referências

COSTA NETO, P. L. de O. **Estatística**. São Paulo: E. Blucher, 2002.

[anexos]

Anexo 1 – Tabela da distribuição normal reduzida para área central

Z	0,00	0,01	0,02	0,03	0,04	0,05	0,06	0,07	0,08	0,09
0,0	0,0000	0,0040	0,0080	0,0120	0,0160	0,0199	0,0239	0,0279	0,0319	0,0359
0,1	0,0398	0,0438	0,0478	0,0517	0,0557	0,0596	0,0636	0,0675	0,0714	0,0753
0,2	0,0793	0,0832	0,0871	0,0910	0,0948	0,0987	0,1026	0,1064	0,1103	0,1141
0,3	0,1179	0,1217	0,1255	0,1293	0,1331	0,1368	0,1406	0,1443	0,1480	0,1517
0,4	0,1554	0,1591	0,1628	0,1664	0,1700	0,1736	0,1772	0,1808	0,1844	0,1879
0,5	0,1915	0,1950	0,1985	0,2019	0,2054	0,2088	0,2123	0,2157	0,2190	0,2224
0,6	0,2257	0,2291	0,2324	0,2357	0,2389	0,2422	0,2454	0,2486	0,2517	0,2549
0,7	0,2580	0,2611	0,2642	0,2673	0,2704	0,2734	0,2764	0,2794	0,2823	0,2852
0,8	0,2881	0,2910	0,2939	0,2967	0,2995	0,3023	0,3051	0,3078	0,3106	0,3133
0,9	0,3159	0,3186	0,3212	0,3238	0,3264	0,3289	0,3315	0,3340	0,3365	0,3389
1,0	0,3413	0,3438	0,3461	0,3485	0,3508	0,3531	0,3554	0,3577	0,3599	0,3621
1,1	0,3643	0,3665	0,3686	0,3708	0,3729	0,3749	0,3770	0,3790	0,3810	0,3830
1,2	0,3849	0,3869	0,3888	0,3907	0,3925	0,3944	0,3962	0,3980	0,3997	0,4015
1,3	0,4032	0,4049	0,4066	0,4082	0,4099	0,4115	0,4131	0,4147	0,4162	0,4177
1,4	0,4192	0,4207	0,4222	0,4236	0,4251	0,4265	0,4279	0,4292	0,4306	0,4319
1,5	0,4332	0,4345	0,4357	0,4370	0,4382	0,4382	0,4394	0,4406	0,4429	0,4441
1,6	0,4452	0,4463	0,4474	0,4484	0,4495	0,4505	0,4515	0,4525	0,4535	0,4545
1,7	0,4554	0,4564	0,4573	0,4582	0,4591	0,4599	0,4608	0,4616	0,4625	0,4633
1,8	0,4641	0,4649	0,4656	0,4664	0,4671	0,4678	0,4686	0,4693	0,4699	0,4706
1,9	0,4713	0,4719	0,4726	0,4732	0,4738	0,4744	0,4750	0,4756	0,4761	0,4767
2,0	0,4772	0,4778	0,4783	0,4788	0,4793	0,4798	0,4803	0,4808	0,4812	0,4817
2,1	0,4821	0,4826	0,4830	0,4834	0,4838	0,4842	0,4846	0,4850	0,4854	0,4857
2,2	0,4861	0,4864	0,4868	0,4871	0,4875	0,4878	0,4881	0,4884	0,4887	0,4890
2,3	0,4893	0,4896	0,4898	0,4901	0,4904	0,4906	0,4909	0,4911	0,4913	0,4916
2,4	0,4918	0,4920	0,4922	0,4925	0,4927	0,4929	0,4931	0,4932	0,4934	0,4936
2,5	0,4938	0,4940	0,4941	0,4943	0,4945	0,4946	0,4948	0,4949	0,4951	0,4952
2,6	0,4953	0,4955	0,4956	0,4957	0,4959	0,4960	0,4961	0,4962	0,4963	0,4964

(continua)

(conclusão)

2,7	0,4965	0,4966	0,4967	0,4968	0,4969	0,4970	0,4971	0,4972	0,4973	0,4974
2,8	0,4974	0,4975	0,4976	0,4977	0,4977	0,4978	0,4979	0,4979	0,4980	0,4981
2,9	0,4981	0,4982	0,4982	0,4983	0,4984	0,4984	0,4985	0,4985	0,4986	0,4986
3,0	0,49865	0,498694	0,498736	0,498777	0,498817	0,498856	0,498893	0,498930	0,498965	0,498999
3,1	0,499032	0,499064	0,499096	0,499126	0,499155	0,499184	0,499211	0,499238	0,499264	0,499289
3,2	0,499313	0,499336	0,499359	0,499381	0,499402	0,499423	0,499443	0,499462	0,499481	0,499499
3,3	0,499517	0,499533	0,499550	0,499566	0,499581	0,499596	0,499610	0,499624	0,499638	0,499650
3,4	0,499663	0,499675	0,499687	0,499698	0,499709	0,499720	0,499730	0,499740	0,499749	0,499758
3,5	0,499767	0,499776	0,499784	0,499792	0,499800	0,499807	0,499815	0,499821	0,499828	0,499835
3,6	0,499841	0,499847	0,499853	0,499858	0,499864	0,499869	0,499874	0,499879	0,499883	0,499888
3,7	0,499892	0,499896	0,499900	0,499904	0,499908	0,499912	0,499915	0,499918	0,499922	0,499925
3,8	0,499928	0,499925	0,499933	0,499936	0,499938	0,499941	0,499943	0,499946	0,499948	0,499950
3,9	0,499952	0,499954	0,499956	0,499958	0,499959	0,499961	0,499963	0,499964	0,499966	0,499967
z	0	1	2	3	4	5	6	7	8	9
4,0	0,493683	0,493793	0,493867	0,494146	0,494459	0,49466	0,494789	0,49487	0,495207	0,495521
5,0	0,495713	0,495830	0,496004	0,496421	0,496667	0,496810	0,496893	0,497401	0,497668	0,497818
6,0	0,498013	0,498470	0,498718	0,498851	0,499223	0,499598	0,499794	0,499896	0,4910477	0,491074

Anexo 2 – Tabela da distribuição normal reduzida para área residual

z	0	0,01	0,02	0,03	0,04	0,05	0,06	0,07	0,08	0,09
0	0,5000	0,4960	0,4920	0,4880	0,4840	0,4801	0,4761	0,4721	0,4681	0,4641
0,1	0,4602	0,4562	0,4522	0,4483	0,4443	0,4404	0,4364	0,4325	0,4286	0,4247
0,2	0,4207	0,4168	0,4129	0,4090	0,4052	0,4013	0,3974	0,3936	0,3897	0,3859
0,3	0,3821	0,3783	0,3745	0,3707	0,3669	0,3632	0,3594	0,3557	0,352	0,3483
0,4	0,3446	0,3409	0,3372	0,3336	0,3300	0,3264	0,3228	0,3192	0,3156	0,3121
0,5	0,3085	0,3050	0,3015	0,2981	0,2946	0,2912	0,2877	0,2843	0,2810	0,2776
0,6	0,2743	0,2709	0,2676	0,2643	0,2611	0,2578	0,2546	0,2514	0,2483	0,2451
0,7	0,2420	0,2389	0,2358	0,2327	0,2296	0,2266	0,2236	0,2206	0,2177	0,2148
0,8	0,2119	0,2090	0,2061	0,2033	0,2005	0,1977	0,1949	0,1922	0,1894	0,1867
0,9	0,1841	0,1814	0,1788	0,1762	0,1736	0,1711	0,1685	0,1660	0,1635	0,1611
1,0	0,1587	0,1562	0,1539	0,1515	0,1492	0,1469	0,1446	0,1423	0,1401	0,1379
1,1	0,1357	0,1335	0,1314	0,1292	0,1271	0,1251	0,1230	0,1210	0,1190	0,1170
1,2	0,1151	0,1131	0,1112	0,1093	0,1075	0,1056	0,1038	0,1020	0,1003	0,0985
1,3	0,0968	0,0951	0,0934	0,0918	0,0901	0,0885	0,0869	0,0853	0,0838	0,0823
1,4	0,0808	0,0793	0,0778	0,0764	0,0749	0,0735	0,0721	0,0708	0,0694	0,0681
1,5	0,0668	0,0655	0,0643	0,0630	0,0618	0,0618	0,0606	0,0594	0,0571	0,0559
1,6	0,0548	0,0537	0,0526	0,0516	0,0505	0,0495	0,0485	0,0475	0,0465	0,0455
1,7	0,0446	0,0436	0,0427	0,0418	0,0409	0,0401	0,0392	0,0384	0,0375	0,0367
1,8	0,0359	0,0351	0,0344	0,0336	0,0329	0,0322	0,0314	0,0307	0,0301	0,0294
1,9	0,0287	0,0281	0,0274	0,0268	0,0262	0,0256	0,0250	0,0244	0,0239	0,0233
2,0	0,0228	0,0222	0,0217	0,0212	0,0207	0,0202	0,0197	0,0192	0,0188	0,0183
2,1	0,0179	0,0174	0,0170	0,0166	0,0162	0,0158	0,0154	0,0150	0,0146	0,0143
2,2	0,0139	0,0136	0,0132	0,0129	0,0125	0,0122	0,0119	0,0116	0,0113	0,0110
2,3	0,0107	0,0104	0,0102	0,0099	0,0096	0,0094	0,0091	0,0089	0,0087	0,0084
2,4	0,0082	0,0080	0,0078	0,0075	0,0073	0,0071	0,0069	0,0068	0,0066	0,0064
2,5	0,0062	0,0060	0,0059	0,0057	0,0055	0,0054	0,0052	0,0051	0,0049	0,0048
2,6	0,0047	0,0045	0,0044	0,0043	0,0041	0,0040	0,0039	0,0038	0,0037	0,0036
2,7	0,0035	0,0034	0,0033	0,0032	0,0031	0,0030	0,0029	0,0028	0,0027	0,0026
2,8	0,0026	0,0025	0,0024	0,0023	0,0023	0,0022	0,0021	0,0021	0,0020	0,0019
2,9	0,0019	0,0018	0,0018	0,0017	0,0016	0,0016	0,0015	0,0015	0,0014	0,0014
3,0	0,00135	0,001306	0,001264	0,001223	0,001183	0,001144	0,001107	0,00107	0,001035	0,001001
3,1	0,000968	0,000936	0,000904	0,000874	0,000845	0,000816	0,000789	0,000762	0,000736	0,000711
3,2	0,000687	0,000664	0,000641	0,000619	0,000598	0,000577	0,000557	0,000538	0,000519	0,000501
3,3	0,000483	0,000467	0,000450	0,000434	0,000419	0,000404	0,000390	0,000376	0,000362	0,000350
3,4	0,000337	0,000325	0,000313	0,000302	0,000291	0,000280	0,000270	0,000260	0,000251	0,000242
3,5	0,000233	0,000224	0,000216	0,000208	0,000200	0,000193	0,000185	0,000179	0,000172	0,000165
3,6	0,000159	0,000153	0,000147	0,000142	0,000136	0,000131	0,000126	0,000121	0,000117	0,000112
3,7	0,000108	0,000104	0,000100	0,000096	0,000092	0,000088	0,000085	0,000082	0,000078	0,000075
3,8	0,000072	0,000069	0,000067	0,000064	0,000062	0,000059	0,000057	0,000054	0,000052	0,000050
3,9	0,000048	0,000046	0,000044	0,000042	0,000041	0,000039	0,000037	0,000036	0,000034	0,000033
z	0	1	2	3	4	5	6	7	8	9
4,0	$0,0^4 317$	$0,0^4 207$	$0,0^4 133$	$0,0^5 854$	$0,0^5 541$	$0,0^5 340$	$0,0^5 211$	$0,0^5 130$	$0,0^6 793$	$0,0^6 479$
5,0	$0,0^6 287$	$0,0^6 170$	$0,0^7 996$	$0,0^7 579$	$0,0^7 333$	$0,0^7 190$	$0,0^7 107$	$0,0^8 599$	$0,0^8 332$	$0,0^8 182$
6,0	$0,0^9 987$	$0,0^9 530$	$0,0^9 282$	$0,0^9 149$	$0,0^{10} 777$	$0,0^{10} 402$	$0,0^{10} 206$	$0,0^{11} 104$	$0,0^{11} 523$	$0,0^{11} 260$

Anexo 3 – Tabela de fatores estatísticos

n	A2		A3	A4	B3	B4	C4	D3	D4	E2	d2	n
2	1,880	1,880	2,695	2,695		3,267	0,798		3,267	2,660	1,128	2
3	1,023	1,187	1,954	1,826		2,568	0,886		2,574	1,772	1,693	3
4	0,729	0,796	1,628	1,522		2,266	0,921		2,282	1,457	2,059	4
5	0,577	0,691	1,427	1,363		2,089	0,940		2,114	1,290	2,326	5
6	0,483	0,548	1,287	1,263	0,030	1,970	0,952		2,004	1,184	2,534	6
7	0,419	0,508	1,182	1,195	0,118	1,882	0,959	0,076	1,924	1,109	2,704	7
8	0,373	0,433	1,099	1,143	0,185	1,815	0,965	0,136	1,864	1,054	2,847	8
9	0,337	0,412	1,032	1,104	0,239	1,761	0,969	0,184	1,816	1,010	2,970	9
10	0,308	0,362	0,975	1,072	0,284	1,716	0,973	0,223	1,777	0,975	3,078	10
11	0,285		0,927		0,321	1,679	0,975	0,256	1,744		3,173	11
12	0,266		0,886		0,354	1,646	0,978	0,284	1,717		3,258	12
13	0,249		0,850		0,382	1,618	0,979	0,308	1,693		3,336	13
14	0,235		0,817		0,406	1,594	0,981	0,328	1,671		3,407	14
15	0,223		0,789		0,428	1,572	0,982	0,348	1,653		3,476	15
16	0,212		0,763		0,448	1,552	0,983	0,363	1,637		3,532	16
17	0,203		0,739		0,466	1,534	0,984	0,370	1,622		3,588	17
18	0,194		0,718		0,482	1,518	0,985	0,391	1,608		3,640	18
19	0,187		0,698		0,497	1,503	0,986	0,403	1,597		3,689	19
20	0,180		0,680		0,510	1,490	0,987	0,415	1,585		3,735	20
21	0,173		0,663		0,523	1,477	0,988	0,425	1,575		3,778	21
22	0,167		0,647		0,534	1,466	0,989	0,434	1,566		3,819	22
23	0,162		0,633		0,545	1,455	0,989	0,443	1,557		3,858	23
24	0,157		0,619		0,555	1,445	0,989	0,451	1,548		3,895	24
25	0,153		0,606		0,565	1,435	0,990	0,459	1,541		3,931	25

Anexo 4 – Distribuição t de Student para $t_{n-1,\alpha/2}$

n_{pre-1} \ $\alpha/2$	0,45	0,40	0,35	0,30	0,25	0,20	0,15	0,10	0,05	0,025	0,01	0,005	0,0005
01	0,158	0,325	0,510	0,727	1,000	1,376	1,963	3,078	6,314	12,706	31,821	63,657	636,619
02	0,142	0,289	0,445	0,617	0,816	1,061	1,386	1,886	2,920	4,303	6,965	9,925	31,598
03	0,137	0,277	0,424	0,584	0,765	0,978	1,250	1,638	2,353	3,182	4,541	5,541	12,924
04	0,134	0,271	0,414	0,569	0,741	0,941	1,190	1,533	2,132	2,776	3,747	4,604	8,610
05	0,132	0,267	0,408	0,559	0,727	0,920	1,156	1,476	2,015	2,571	3,365	4,032	6,869
06	0,131	0,265	0,404	0,553	0,718	0,906	1,134	1,440	1,943	2,447	3,143	3,707	5,959
07	0,130	0,263	0,402	0,549	0,711	0,896	1,119	1,415	1,895	2,365	2,365	3,499	5,408
08	0,130	0,262	0,399	0,546	0,706	0,889	1,108	1,397	1,860	2,306	2,896	3,355	5,041
09	0,129	0,261	0,398	0,543	0,703	0,883	1,100	1,383	1,833	2,262	2,821	3,250	4,781
10	0,129	0,260	0,397	0,542	0,700	0,879	1,093	1,372	1,812	2,228	2,764	3,169	4,587
11	0,129	0,260	0,396	0,540	0,697	0,876	1,088	1,363	1,796	2,201	2,718	3,106	4,437
12	0,128	0,259	0,395	0,539	0,695	0,873	1,083	1,356	1,782	2,179	2,681	3,055	4,318
13	0,128	0,259	0,394	0,538	0,694	0,870	1,079	1,350	1,771	2,160	2,650	3,012	4,221
14	0,128	0,258	0,393	0,537	0,692	0,868	1,076	1,345	1,761	2,145	2,624	2,977	4,140
15	0,128	0,258	0,393	0,536	0,691	0,866	1,074	1,341	1,753	2,131	2,602	2,947	4,073
16	0,128	0,258	0,392	0,535	0,690	0,865	1,071	1,337	1,746	2,120	2,583	2,921	4,015
17	0,128	0,257	0,392	0,534	0,689	0,863	1,069	1,333	1,740	2,110	2,567	2,898	3,965
18	0,127	0,257	0,392	0,534	0,688	0,862	1,067	1,330	1,734	2,101	2,552	2,878	3,922
19	0,127	0,257	0,391	0,533	0,688	0,861	1,066	1,328	1,729	2,093	2,539	2,861	3,883
20	0,127	0,257	0,391	0,533	0,687	0,860	1,064	1,325	1,725	2,086	2,528	2,845	3,850
21	0,127	0,257	0,391	0,532	0,686	0,859	1,063	1,323	1,721	2,080	2,518	2,831	3,819
22	0,127	0,256	0,390	0,532	0,686	0,858	1,061	1,321	1,717	2,074	2,508	2,819	3,792
23	0,127	0,256	0,390	0,532	0,685	0,858	1,060	1,319	1,714	2,069	2,500	2,807	3,767
24	0,127	0,256	0,390	0,531	0,685	0,857	1,059	1,318	1,711	2,064	2,492	2,797	3,745
25	0,127	0,256	0,390	0,531	0,684	0,856	1,058	1,316	1,708	2,060	2,485	2,787	3,726
26	0,127	0,256	0,390	0,531	0,684	0,856	1,058	1,315	1,706	2,056	2,479	2,779	3,707
27	0,127	0,256	0,389	0,531	0,684	0,856	1,057	1,314	1,703	2,052	2,473	2,771	3,690
28	0,127	0,256	0,389	0,530	0,683	0,856	1,056	1,313	1,701	2,048	2,467	2,763	3,674
29	0,127	0,256	0,389	0,530	0,683	0,854	1,055	1,311	1,699	2,045	2,462	2,756	3,659
30	0,127	0,256	0,389	0,530	0,683	0,854	1,055	1,310	1,697	2,042	2,457	2,750	3,646
40	0,126	0,255	0,388	0,529	0,681	0,851	1,050	1,303	1,684	2,021	2,423	2,704	3,551
50	0,126	0,255	0,388	0,528	0,680	0,850	1,048	1,299	1,676	2,009	2,403	2,678	3,517
60	0,126	0,254	0,387	0,527	0,679	0,848	1,046	1,296	1,671	2,000	2,390	2,660	3,460
80	0,126	0,254	0,387	0,527	0,678	0,846	1,041	1,292	1,664	1,990	2,374	2,639	3,435
120	0,126	0,254	0,386	0,526	0,677	0,845	1,041	1,289	1,658	1,980	2,358	2,617	3,373
∞	0,126	0,253	0,385	0,524	0,674	0,842	1,036	1,282	1,645	1,960	2,326	2,576	3,291

[respostas]

Capítulo 1

■ Questões para revisão

1. Reduzir, simplificar, prover e evitar.

2. Operação (○), transporte (⇨), inspeção (□), demora (D), armazenagem (▽).

3. a

4. c

5. d

■ Questões para reflexão

1. O estudo de tempos e movimentos foi fundamental à indústria estadunidense, pois possibilitou a redução de perdas e a aceleração do processo produtivo.

2. O estudo de tempos e movimentos pode ser aplicado a qualquer setor. As áreas médica e bancária, por exemplo, já utilizam esse conceito no planejamento de atividades cirúrgicas e no atendimento ao público.

Capítulo 2

■ Exercícios propostos

1. n = 104,79 ou 105 cronometragens.

2. $2{,}835\% \leq E_R \leq 3{,}062\%$.

3. $n = 6$ cronometragens, ou seja, a amostra preliminar é suficiente para a análise.

	7,3	6,8	7,0	7,3	6,5		
	6,9	7,7	6,8	7,6	7,9		
	7,4	6,7	7,2	6,7	6,3		
	7,0	7,0	7,1	7,1	6,6	$\bar{R}$	$\bar{x}$
Amplitude do grupo	0,5	1,0	0,4	0,9	1,6	0,9	7,0

■ Questões para revisão ─────────────────────────────

1. Estatisticamente, $\alpha/2$ ou $(1 - p)/2$ é denominado *erro*, pois corresponde a cada uma das áreas residuais sob a curva normal, externas à área de análise (p). Porém, o erro relativo (E_R) é a porcentagem que define o intervalo de variação da média amostral ou populacional, adotado arbitrariamente.

2. Fator de tolerância (F_T) é um multiplicador aplicado ao cálculo do tempo de atividades, de modo a compensar paradas por folga, fadiga, lanche ou qualquer outra parada incluída na jornada de trabalho de uma empresa.

3. d

4. b

5. e

■ Questões para reflexão ─────────────────────────────

1. O operador A, cujo fator de ritmo é 91%, é mais rápido que o operador B, cujo fator de ritmo é 105%. O fator de ritmo indica a porcentagem do tempo padrão que uma pessoa demanda para executar uma atividade. Assim, o operador A necessita 91% do tempo padronizado para executar a mesma atividade que o operador que demora 105% do tempo para executá-la.

2. No fim de década de 1930 e início da década de 1940, as condições de trabalho, comparadas àquelas observadas no fim do século XIX, apresentavam uma evolução muito grande, tanto em termos de relações trabalhistas quanto em termos de condições técnicas no funcionamento das fábricas. Por essa razão, o fator de tolerância foi considerado desprezível, dadas as melhorias observadas. Entretanto, esse dado é continuamente evolutivo; não podemos nos ater às condições de décadas passadas para quantificar processos atuais. Além disso, as mudanças observadas nas relações de

trabalho ao longo do fim do século XX e início do século XXI foram muito grandes e incorporaram novas grandezas, de cunho psicológico, a essa análise. Por essa razão, o fator de tolerância voltou a ter importância na análise dos processos produtivos.

Capítulo 3

■ Exercícios propostos ——————————————————————

1. TP = 4,39 minutos.

2. TP = 2,53 minutos.

3. TP = 12,63 minutos.

4. TP = 38,08 minutos.

5. TP = 59,40 segundos.

6. TP = 91,91 segundos.

7. n = 2 cronometragens, Cronometragem 5 não válida, TM = 60,50 segs., TN = 62,32 segs., TP = 76,26 segs.

8. TP_{Lote} = 8 388 minutos, ou 139,8 horas.

9. TP_{Lote} = 18 138,38 segundos, ou 5,038 horas.

10. a. TP = 12,45 segundos; b. TP = 12,59 segundos; c. TP = 8,88 horas.

11. TP_{Lote} = 38,83 horas.

12. a. TP = 35,64 segundos; b. TP = 39,27 segundos; c. TP_{Lote} = 185,46 horas.

13. a. Se consideramos todas as cronometragens, n = 3 mas se considerarmos apenas as cronometragens válidas, n = 1; b. 4 não é válida; c. TM = 80,95 segundos; TN = 84,93 segundos; TP = 99,99 segundos; d. TP_{Lote} = 351,64 horas.

14. TP_{Lote} = 141,70 horas.

15. a. cronometragem 4 não é válida; b. TM = 71,50 segundos; TN = 76,80 segundos; TP = 99,46 segundos; c. TP_{Lote} = 261,85 horas; d. $TP_{total\ da\ peça}$ = 110,73 segundos; e. Se consideramos todas as cronometragens, n = 4 mas se considerarmos apenas as cronometragens válidas, n = 1 cronometragem.

16. Todas as cronometragens são válidas, com $LSC_{x\backslash}$ = 29,66 , $LIC_{x\backslash}$ = 22,50 e LSC_R = 9,009; TP = 34,02 segundos.

17. a. 3 e 5 não são válidas; b. Se consideramos todas as cronometragens, n = 5 mas se considerarmos apenas as cronometragens válidas, n = 1 cronometragem; c. TM = 76,33 segundos; TN = 80,71 segundos; TP = 90,73 segundos; d. TP_{Lote} = 240,92 horas; e. $TP_{total\ da\ peça}$ = 101,88 segundos.

18. a. Todas as cronometragens são válidas, com $LSC_{x\setminus}$ = 84,98 , $LIC_{x\setminus}$ = 75,16 e LSC_R = 12,36; b. TP = 92,84 segundos; c. TP_{lote} = 523,54 horas; d. n = 1 cronometragem.

19. a. Todas as cronometragens são válidas; b. TM = 45,11 segundos; TN = 45,76 segundos; TP = 53,55 segundos; c. São necessárias 4 cronometragens.

■ Questões para revisão

1. Por meio da comparação dos valores cronometrados – ou das médias dos valores individuais cronometrados – com os valores dos limites superior e inferior da média e do limite superior de controle da amplitude.

2. Porque o objetivo de todo processo dimensionável é que os valores sob controle sejam os mais uniformes e com a menor variação possível. Logo, a situação ideal é aquela na qual a amplitude entre os valores seja a mais próxima possível de zero. Portanto, não haveria sentido em se estabelecer uma variação mínima.

3. d

4. b

A tabela a seguir sintetiza a resolução.

Leitura	Operador	Horário	Cronometragem 1	2	3	4	x	R		F_R	TN
1		8h	27	29	31	30	29,3	4,0			30,70
2	A	9h30	32	30	29	31	30,5	3,0	30,1	104,94%	32,01
3		11h	30	30	31	31	30,5	1,0			32,01
4		8h30	25	27	33	28	28,3	8,0			27,76
5	B	10h	26	30	28	30	28,5	4,0	28,2	98,26%	28,00
6		11h30	28	26	28	29	27,8	3,0			27,27
7		9h	27	26	26	28	26,8	2,0			25,89
8	C	10h30	28	27	27	27	27,3	1,0	27,8	96,80%	26,38
9		12h	31	27	30	29	29,3	4,0			28,31
						TM	28,67	3,3		TN	28,70
		$F_T = 1,12$								TP	32,15

5. e

Questões para reflexão

1.
    1º: Fator de ritmo (F_R): com base no tempo de execução de uma tarefa padrão.

    2º: Fator de tolerância (F_T): com base na jornada e nas folgas da empresa.

    3º: Tempo médio (TM): médias das cronometragens executadas.

    4º: Tempo normal (TN): calculado pelo produto: TM · F_R.

    5º: Tempo padrão: calculado pelo produto: TN · F_T.

2. Em processos automatizados/robotizados, não é necessário o cálculo do tempo padrão. Isso ocorre porque, no planejamento desses processos, o tempo de operação do equipamento é predefinido.

Capítulo 4

Exercícios propostos

1.

Item	Descrição	UMT	Duração "
1	Olhar e focalizar a tampa e a caneta	27,3	0,983
2	Alcançar simultaneamente a tampa e a caneta com as mãos – Caso A	4	0,144
3	Pegar simultaneamente a tampa e a caneta com as mãos – Caso 1A	2	0,072
4	Posicionar simultaneamente a caneta e a tampa para alinhamento e orientação do encaixe da tampa na caneta, considerando-se ajuste folgado, semissimétrico e de manuseio fácil	9,1	0,327
5	Movimentar a tampa e a caneta uma em direção à outra – Caso A	2	0,072
6	Posicionar a tampa contra a caneta, considerando-se ajuste folgado, semissimétrico e fácil	9,1	0,327
7	Girar a caneta (objeto pequeno) em aproximadamente 90º	5,4	0,195
8	Movimentar a caneta até o bolso da camisa, considerando-se distância entre 26 e 50 mm, mãos em movimento – Classe B	2,9	0,105
9	Posicionar a caneta no bolso da camisa para alinhamento e orientação do encaixe, considerando-se ajuste folgado, semissimétrico e de manuseio fácil	9,1	0,327
10	Posicionar a caneta no bolso da camisa para montagem do prendedor da tampa no bolso, considerando-se ajuste folgado, semissimétrico e de manuseio fácil	9,1	0,327
11	Soltar a caneta – Classe 1: soltar normalmente dos dedos	2	0,072
12	Alcançar a posição original – Caso A, movimentando a mão direita para a posição de repouso, após soltar a caneta	4,0	0,144
	Total	86,0	3,095

Vale lembrar que essa resposta é orientativa, pelo fato de não ser única. Outras interpretações podem ocorrer, porém com pequena variação no resultado final.

2.
  a. 1 cheque:

Op.	Descrição	Classe	Duração "
1	Movimentar os olhos em direção ao cheque		20
2	Focalizar o cheque		7,3
3	Alcançar o cheque – 661 a 711 mm	Mãos em repouso - 2A	21,7
4	Pegar o cheque	1B	3,5
5	Movimentar o cheque até o campo de leitura	B – 355 a 406 mm	15,8
6	Focalizar (o valor e extenso do cheque)		7,3
7	Ler e conferir o cheque		**7**
8	Alcançar/movimentar (cheque para outra mão)	A – 150 mm	10,5
9	Pegar o cheque com a mão esquerda	1A	2,0
10	Movimentar cheque enquanto movimenta olhos	Movimento simultâneo	0,0
11	Focalizar o teclado		7,3
12	Alcançar o teclado	A 255 a 305 mm	8,1
13	Aplicar pressão 11 vezes	Caso II – 10,6	116,6
14	Movimentar os olhos para a leitora		20
15	Focalizar a leitora		7,3
16	Posicionar o cheque na abertura da leitora	1 – Folgado – S	5,6
17	Movimentar o cheque – Caso B, mãos em movimento	B – 77 a 100 mm	4,3
18	Aguardar a impressão do comprovante		**8**
19	Pegar o comprovante	1A	2,0
20	Aplicar pressão	Caso II	10,8
21	Conferir o comprovante (estimativa)		**5**
22	Movimentar o comprovante – mãos em movimento	B – 355 a 406 mm	12,8
23	Soltar o comprovante	Caso I	2,0
24	Alcançar a gaveta	A – 661 a 711 mm	14,5
25	Aplicar pressão para abrir a gaveta	Caso II	10,6
26	Movimentar a gaveta – Mãos em movimento	C – 305 a 355 mm	16,9
27	Movimentar o cheque até a caixa própria	A – 179 a 203 mm	9,7
28	Soltar o cheque	Caso I	2,0
29	Alcançar a parte frontal da gaveta	A – 101 a 127 mm	6,5
30	Aplicar pressão para fechar a gaveta	Caso II	10,6
31	Movimentar a gaveta até o batente	C – 305 a 355 mm	16,9
32	Alcançar as duas mãos até o repouso	A – 203 a 228 mm	8,3
		Total em UMTs	**380,9**
		Total em UMTs convertidas em segundos	**13,71**
		Tempos já definidos em segundos (7 + 8 + 5)	**20**
		Tempo total da operação	**33,71**

b. 10 cheques:

Op.	Descrição	Classe	Duração (UMT)	Duração "
1	Movimentar os olhos em direção aos cheques		20	
2	Focalizar os cheques		7,3	
3	Alcançar os cheques – 661 a 711 mm	Mãos em repouso – 2A	14,5	
4	Pegar os cheques	1B	3,5	
5	Movimentar os cheques até o campo de leitura	B – ≈700 mm	23,1	
6	Soltar os cheques		2,0	
7	Pegar o cheque	1B	3,5	
8	Movimentar o cheque de 355 a 406 mm	B	15,8	
9	Focalizar o valor e extenso do cheque		7,3	
10	Ler e conferir o cheque			7
11	Movimentar o cheque para a outra mão	A	4,9	
12	Pegar o cheque com a mão esquerda	1A	2,0	
13	Alcançar leitora enquanto movimenta olhos	Considerar tempo maior	20	
14	Focalizar o cheque		7,3	
15	Alcançar teclado	A – 255 a 305 mm	9,6	
16	Aplicar pressão 11 vezes	Caso II = 11 x 10,6	116,6	
17	Movimentar olhos para leitora		20	
18	Focalizar a leitora		7,3	
19	Posicionar cheque na abertura da leitora	1 Folgado – S	5,6	
20	Movimentar o cheque na leitora	B – 77 a 100 mm	6,9	
21	Movimentar o cheque até a mesa (≈ 400 mm)	(estimativa)	15,8	
22	Soltar o cheque		2,0	
23	Aguardar a impressão final do comprovante			15
24	Pegar o comprovante	1ª	2,0	
25	Aplicar pressão para destacar comprovante	Caso II	10,6	
26	Conferir o comprovante			5
27	Movimentar o comprovante	B – 355 a 406 mm	15,8	
28	Soltar o comprovante	Caso I	2,0	
29	Alcançar os cheques 355 a 406 mm	B	15,8	
30	Pegar o maço de 10 cheques		3,5	
31	Alcançar a gaveta	A – 661 a 711 mm	24,4	
32	Aplicar pressão para abrir gaveta	Caso II	10,6	
33	Movimentar a gaveta	C – 305 a 355 mm	16,9	
34	Movimentar os cheques até a divisória	A – 179 a 203 mm	9,7	
35	Soltar os cheques	Caso I	2,0	
36	Alcançar o frontal da gaveta	A – 101 a 127 mm	6,5	
37	Aplicar pressão para fechar a gaveta	Caso II	10,6	
38	Movimentar a gaveta até o batente	C – 305 a 355 mm	16,9	
39	Alcançar as duas mãos até repouso	A – 203 a 228 mm	8,3	

Devemos observar que as operações 7 a 22 ocorrem para cada cheque e que, portanto, devem ser consideradas 10 vezes. O tempo total será:

Tempo = 70,4 UMT + 10 cheques · (244,6 UMT + 7 segundos) +

155,6 UMT + 20 segundos

O total de 70,4 UMTs corresponde às operações de 1 a 6. O total de 244,6 UMTs corresponde às operações 7 a 9 e 11 a 22, que, junto aos 7 segundos da operação 10, correspondem à operação de cada cheque. O total de 155,6 UMTs corresponde às operações 24, 25 e 27 a 39. Os 20 segundos correspondem às operações 23 e 26.

Assim, o tempo total da operação será:

70,4 · 0,036 + 244,6 · 0,036 + 70 + 155,6 · 0,036 + 20 = 2,5344 + 88,056 + 70 + 5,6016 + 20 = **166,192 segundos**

Vale lembrar que essa resposta é orientativa, pelo fato de não ser única. Outras interpretações podem ocorrer, porém com pequena variação no resultado final.

3. Gabarito sugerido (podem ocorrer variações nos resultados).

Item	Descrição	UMT	Duração "
1	Movimentar os olhos	20,0	
2	Focalizar PCI e suporte	7,3	
3	Alcançar PCI e suporte	9,6	
4	Pegar PCI e suporte	3,5	
5	Movimentar PCI e suporte	18,7	
6	Movimentar os olhos	20,0	
7	Focalizar área de montagem	7,3	
8	Montar conjunto PCI e suporte	16,2	
9	Soltar conjunto sobre a mão esquerda	2,0	
10	Movimentar os olhos	20,0	
11	Focalizar embalagem	7,3	
12	Alcançar embalagem	9,6	
13	Pegar embalagem com a mão direita	3,5	
14	Movimentar embalagem	15,2	
15	Movimentar os olhos para área de montagem	20,0	
16	Focalizar esteira da área de montagem	7,3	
17	Embalar conjunto	5,6	
18	Movimentar os olhos para a esteira	20,0	
19	Focalizar a esteira	7,3	

(continua)

(conclusão)

Item	Descrição	UMT	Duração "
20	Movimentar produto embalado para a esteira	23,1	
21	Soltar produto embalado na esteira	2,0	
22	Retornar à posição original	16,7	
	Total:	**262,2**	**9,44**

4. Gabarito sugerido (podem ocorrer variações nos resultados).

Etapa	Descrição do movimento	Tempo "
1	Movimentar os olhos	20,0
2	Focalizar o objeto	7,3
3	Alcançar tipo B – 560 a 610 mm	21,5
4	Pegar o objeto – Caso 1A	2,0
5	Movimentar o objeto – Caso B + mov. ol.	30,7
6	Focalizar o objeto	7,3
7	Alcançar tipo C – 560 a 610 mm	22,5
8	Pegar o objeto – Caso 4B	9,1
9	Movimentar o objeto – Caso B	24,3
10	Focalizar o objeto	7,3
11	Montar objeto SS, sem pressão	**18**
12	Movimentar objeto – Caso B	30,7
13	Soltar objeto por contato	0
14	Alcançar a posição de repouso	14,9
	Total em UMTs	197,6
	UMTs convertidas para segundos (x 0,036)	7,11
		+ 18,00
	Total	**25,11**

5.

Op.	Descrição	Classe	Duração (UMT)	Duração "
1	Movimentar os olhos		20	0,72
2	Focalizar o *blank*		7,3	0,2628
3	Alcançar o *blank* a distância entre 305 a 355 mm	A	10,5	0,378
4	Pegar o *blank* – objeto sobre superfície plana	1B	3,5	0,126
5	Movimentar para local exato, aplicando o fator de peso F = 1,06 (para 1,15 a 3,4 kg)	C (1,06 · 10,5)	11,13	0,4007
6	Posicionar *blank* na cavidade da ferramenta	Justo SS fácil	19,7	0,7092

(continua)

(conclusão)

Op.	Descrição	Classe	Duração (UMT)	Duração "
7	Soltar *blank*	1	2,0	0,072
8	Alcançar comandos – distância entre 611 a 660 mm	A	15,8	0,5688
9	Aplicar pressão simultânea nos dois comandos	Caso I	16,2	0,5832
10	Aguardar a operação de estampagem		–	5,000
11	Movimentar os olhos para a área de estampagem		20	0,72
12	Focalizar o retalho		7,3	0,2628
13	Alcançar o retalho – distância entre 611 a 660 mm	A	15,8	0,5688
14	Pegar o retalho	1A	2,0	0,072
15	Movimentar o retalho para jogar na caixa 509 a 559 mm	A	20,8	0,7488
16	Soltar	Caso I	2,0	0,072
17	Movimentar os olhos para a área de estampagem		20	0,720
18	Focalizar a área de estampagem		7,3	0,2628
19	Alcançar a peça – distância entre 611 a 660 mm	A	15,8	0,5688
20	Pegar a peça	1C1	7,3	0,2628
21	Movimentar para local aproximado, aplicando o fator de peso F = 1,06 (para 1,15 a 3,4 kg)	B (1,06 · 20,6)	11,13	0,4068
22	Soltar	Caso I	2,0	0,072
23	Alcançar a posição original – 355 a 406 mm	A	11,4	0,4104
		Total	248,96	

O tempo total da operação será o total de UMTs convertidas à base de 0,036 segundo, acrescido dos 5 segundos correspondentes à operação de estampagem:

Tempo de operação = 248,96 UMT · 0,036 segundo + 5 segundos =

13,962 segundos

Vale lembrar que essa resposta é orientativa, pelo fato de não ser única. Outras interpretações podem ocorrer, porém com pequena variação no resultado final.

6. Gabarito sugerido (podem ocorrer variações nos resultados).

Etapa	Descrição do movimento	Tempo "
1	Movimentar os olhos	20,0
2	Focalizar	7,3
3	Alcançar o *blank* – A	11,4
4	Pegar o *blank* – 1A	2,0
5	Movimentar o *blank* – C	29,0
6	Focalizar a ferramenta	7,3
7	Posicionar o *blank* – Justo – S – Fácil	16,2
8	Soltar o *blank*	2,0
9	Alcançar o comando – A	11,4
10	Aplicar pressão – Caso I	16,2
11	Aguardar a estampagem	8,0
12	Focalizar	7,3
13	Alcançar o *blank* – A	11,4
14	Pegar o *blank* – 1A	2,0
15	Movimentar o *blank* – B	23,1
16	Focalizar a caixa	7,3
17	Soltar o *blank*	2,0
18	Alcançar a posição inicial	11,4
	Total em segundos	**14,7**
	Total em UMTs	**187,3**

7. TP = entre 33,99 e 36,30 segundos, conforme mostramos a seguir:

			Solução	
Operação	Descrição	Classe	1	2
1	Movimenta os olhos e focaliza, enquanto alcança a junta	A/305 a 355	27,3	27,3
2	Pega a junta com a mão direita	1A	2,0	2,0
3	Movimenta a junta para a mão esquerda	A/560 a 610	22,4	22,4
4	Pega a junta com a mão esquerda	1A	2,0	2,0
5	Movimenta a junta para o motor, à distância de 355 a 406 mm	A (sol. 1) ou C (sol. 2)	16,0	18,7

(continua)

(conclusão)

Operação	Descrição	Classe	Solução 1	Solução 2
6	Posiciona a junta no motor	2 SS (sol.1 e sol.2)	19,7	25,3
7	Solta a junta	1	2,0	2,0
8	Movimenta os olhos e focaliza, enquanto alcança a tampa	A/560 a 610	27,3	27,3
9	Pega a tampa com a mão esquerda	1A	2,0	2,0
10	Movimenta a tampa para a mão direita	A/560 a 610	22,4	22,4
11	Pega a tampa com a mão direita	1A	2,0	2,0
12	Movimenta a tampa até o motor, à distância de 355 a 406 mm	A(sol. 1) ou C(sol. 2)	16,0	18,7
13	Posiciona a tampa no motor	2 SS (sol.1 e sol.2)	19,7	25,3
14	Solta a tampa	1	2,0	2,0
15	Movimenta os olhos e focaliza, enquanto alcança parafusos	C/560 a 610	27,3	27,3
16	Pega um punhado de parafusos	1A	2,0	2,0
17	Movimenta parafusos para a mão esquerda, 355 a 406 mm	A(sol. 1) ou C(sol. 2)	16,0	18,7
18	Solta os parafusos dentro da mão	1	2,0	2,0
19	Pega um parafuso (8x)	1	16,0	16,0
20	Movimenta o parafuso para o motor (8x)	C/406 a 457	163,2	163,2
21	Posiciona o parafuso no furo da tampa (8x)	2 SS	157,6	157,6
22	Solta o parafuso por contato (8x)	2	16,0	16,0
23	Alcança parafusos que sobraram na mão esquerda	A 355 a 406	11,4	11,4
24	Pega parafusos que sobraram na mão esquerda	1A	2,0	2,0
25	Movimenta até a caixa	B 458 a 508	18,2	18,2
26	Solta os parafusos	1	2,0	2,0
27	Movimenta os olhos e focaliza, enquanto alcança a parafusadeira	A	27,3	27,3
28	Pega a parafusadeira	1A	2,0	2,0
29	Movimenta até o primeiro parafuso	C 458 a 508	22,1	22,1
30	Posiciona a parafusadeira (8x)	2 S	129,6	129,6
31	Aplica pressão (8x)	Caso I ou II	84,8	129,6
32	Movimenta a parafusadeira até o próximo parafuso 25/50 mm (7x)	C	41,6	41,6
33	Movimenta a parafusadeira até o local de repouso	B 458 a 508	18,2	18,2
34	Solta a parafusadeira	1	2,0	2,0
			944,1	1008,2
			33,99	36,30

Questões para revisão

1. As aplicações são as seguintes:

   Alcançar: É o movimento usado para transportar a mão ou os dedos a um determinado objetivo. Existem cinco classes diferentes de alcançar: A, B, C, D e E.

   Movimentar: É o movimento usado para mover um objeto. Existem três classes diferentes de movimentar: A, B e C.

   Girar: É o movimento caracterizado pelo giro da mão.

   Pegar: É o movimento usado para pegar um objeto com a mão.

   Posicionar: É o movimento usado para montar um objeto.

   Soltar: É o movimento usado para soltar um objeto da mão ou dos dedos.

   Desmontar: É o movimento usado para separar um objeto da contrapeça ou do apoio.

   Olhar: É o movimento dos olhos quando se deslocam de um objeto para outro, incluindo o tempo de focalização do objeto.

2. Originalmente é sugerido o seguinte método: quando os olhos vão de um objeto a outro, devemos traçar uma linha entre esses dois objetos observados, correspondente à menor distância entre ambos, ou à translação dos olhos (T). Devemos estabelecer uma perpendicular entre essa linha e os olhos do observador, o que corresponderá à distância dos olhos do observador em relação à linha (D). Desse modo, o tempo gasto no movimentos dos olhos será calculado por:

   Tempo de movimentação $15{,}2 \cdot \dfrac{T}{D}$ UMT

   São utilizadas, no máximo, 20 UMT.

   Adicionalmente, devemos considerar o tempo de fiscalização, estabelecido como uma constante de 7,3 UMT. Desse modo, o movimento dos olhos terá uma duração de 27,3 UMT.

3. b

4. e

5. c

■ Questões para reflexão

1. Esses dois métodos são complementares. Enquanto o estudo de tempos sintéticos é analítico, voltado ao planejamento de uma operação, a cronometragem tem a finalidade de confirmar na prática os tempos associados a uma operação. Imaginemos o planejamento de uma linha de montagem a ser implantada. Inicialmente, trabalhamos com os tempos sintéticos para avaliação dos tempos de cada operação. Após sua implantação, devemos aplicar os estudos de cronometragem para aferição dos dados e aplicação de eventuais correções.

2. Sim, o método é consistente. Podem ocorrer divergências de valores de análise, mas elas serão muito pequenas. Além disso, devemos lembrar que o método se aplica a toda e qualquer operação, com a aplicação de apenas oito categorias de movimentos. É de se esperar que ocorram pequenas variações.

Capítulo 5

■ Exercícios propostos

1.

Escala	Operador		Máquina 1		Máquina 2			
5								01
10	Carregando M1	15	Sendo carregada	15	Ociosa	15		02
15								03
20								04
25	Carregando M2	15			Sendo carregada	15		05
30								06
35								07
40								08
45			Operando	60				09
50								10
55	Ocioso	45						11
60								12
65								13
70								14
75					Operando	90		15
80	Descarrega a M1	10	Sendo descarregada	10				16
85								17
90								18
95	Carrega M1	15	Sendo carregada	15				19
100								20
105								21
110	Ocioso	20						22
115								23
120								24
125	Descarrega M2	5			Sendo descarregada	5		25
130								26
135	Carregando M2	15	Operando	60	Sendo carregada	15		27
140								28
145								29
150	Ocioso	20						30
155								31
160								32
165	Descarrega M1	10	Sendo descarregada	10				33
170								34
175								35
180	Carrega M1	15	Sendo carregada	15				36
185								37
190					Operando	90		38
195								39
200								40
205								41
210	Ocioso	45						42
215								43
220			Operando	60				44
225								45
230								46
235	Descarregar M2	5			Sendo descarregada	5		47
240								48
245	Carrega M2	15			Sendo carregada	15		49
250			Ociosa	5				50
255	Descarrega M1	10	Sendo descarregada	10				51
260								52
265								53
270	Carrega M1	15	Sendo carregada	15				54
275								55
280								56
285								57
290								58
295					Operando	90		58
300								60
305	Ocioso	60	Operando	60				61
310								62
315								63
320								64
325								65
330								66
335								67
340	Descarrega M1	10	Sendo descarregada	10				68
345					Ociosa	5		69
350	Descarrega M2		Ociosa	5	Sendo descarregada	5		70

2.

Escala	Operador		Máquina 1		Máquina 2			
0,5	Carrega M1	0,5	Carregando M1	0,5	Ociosa	0,5		01
1,0	Carrega M2	0,5			Carregando	0,5		02
1,5	Ocioso	1,5	Operando	2,0				03
2,0								04
2,5					Operando	2,5		05
3,0	Descarrega M1	1,0	Descarregando	1,0				06
3,5								07
4,0	Carrega M1	0,5	Carregando M1	0,5	Ociosa	0,5		08
4,5	Descarrega M2	0,5			Descarregando	0,5		09
5,0	Carrega M2	0,5	Operando	2,0	Carregando	0,5		10
5,5	Inspeciona P1	0,5						11
6,0	Inspeciona P2	0,5						12
6,5	Descarrega M1	1	Descarregando	1,0	Operando	2,5		13
7,0								14
7,5	Carrega M1	0,5	Carregando M1	0,5				15
8,0	Descarrega M2	0,5			Descarregando	0,5		16
8,5	Carrega M2	0,5	Operando	2,0	Carregando	0,5		17
9,0	Inspeciona P1	0,5						18
9,5	Inspeciona P2	0,5						19
10,0	Descarrega M1	1,0	Descarregando	1,0	Operando	2,5		20
10,5								21
11,0	Carrega M1	0,5	Carregando M1	0,5				22
11,5	Descarrega M2	0,5			Descarregando	0,5		23
12,0	Carrega M2	0,5	Operando	2,0	Carregando	0,5		24
12,5	Inspeciona P1	0,5						25
13,0	Inspeciona P2	0,5						26
13,5	Descarrega M1	1,0	Descarregando	1,0	Operando	2,5		27
14,0								28
14,5	Carrega M1	0,5	Carregando M1	0,5				29
15,0								30

3.

Escala	Operador	T	M1	T	M2	T	
0,5	Carrega e põe em operação M1	0,5	Sendo carregada	0,5	Ociosa	0,5	01
1,0	Carrega e põe em operação M2	0,5			Sendo carregada	0,5	02
1,5							03
2,0							04
2,5			Operação	4,0			05
3,0	Ocioso	3,5					06
3,5					Operação	5,0	07
4,0							08
4,5							09
5,0	Descarregar M1	0,5	Sendo descarregada	0,5			10
5,5	Carrega e põe em operação M1	0,5	Sendo carregada	0,5			11
6,0	Ocioso	0,5					12
6,5	Descarregar M2	0,5			Sendo descarregada	0,5	13
7,0	Carrega e põe em operação M2	0,5			Sendo carregada	0,5	14
7,5	Inspeciona P1	1,0	Operação	4,0			15
8,0							16
8,5	Inspeciona P2	1,0					17
9,0							18
9,5	Ocioso	0,5			Operação	5,0	19
10,0	Descarregar M1	0,5	Sendo descarregada	0,5			20
10,5			Sendo carregada	0,5			21
11,0	Inspeciona P1	1,0					22
11,5							23
12,0	Ocioso	0,5					24
12,5	Descarregar M2	0,5	Operação	4,0	Sendo descarregada	0,5	25
13,0	Carrega e põe em operação M2	0,5			Sendo carregada	0,5	26
13,5	Inspeciona P2	1,0					27
14,0							28
14,5	Ocioso	0,5					29
15,0	Descarregar M1	0,5	Sendo descarregada	0,5			30
15,5	Carrega e põe em operação M1	0,5	Sendo carregada	0,5	Operação	5,0	31
16,0	Inspeciona P1	1,0					32
16,5							33
17,0							34
17,5	Ocioso	1,5	Operação	4,0			35
18,0							36
18,5	Descarregar M2	0,5			Sendo descarregada	0,5	37
19,0	Carrega e põe em operação M2	0,5			Sendo carregada	0,5	38
19,5	Ocioso	0,5					39
20,0	Descarregar M1	0,5	Sendo descarregada	0,5			40
20,5	Carrega e põe em operação M1	0,5	Sendo carregada	0,5			41
21,0	Inspeciona P1	1,0					42
21,5					Operação	5,0	43
22,0	Inspeciona P2	1,0					44
22,5			Operação	4,0			45
23,0							46
23,5	Ocioso	1,5					47
24,0							48
24,5	Descarregar M2	0,5			Sendo descarregada	0,5	49
25,0	Descarregar M1	0,5	Sendo descarregada	0,5	Ociosa	0,5	50
25,5	Carrega e põe em operação M1	0,5	Sendo carregada	0,5	Ociosa	0,5	51
26,0	Carrega e põe em operação M2	0,5			Sendo carregada	0,5	52
26,5	Inspeciona P1	1,0	Operação	4,0			53
27,0					Operação	5,0	54
27,5	Inspeciona P2	1,0					55
28,0							56

4.

Escala	Operador	T	Centro de usinagem	T	Equipamento de teste	T	
5	Carregando centro	5"	Sendo carregado	5"	Ocioso	5"	01
10	Ocioso	35"	Em operação	35"	Ocioso	35"	02
15							03
20							04
25							05
30							06
35							07
40							08
45	Retira a peça do centro	10"	Peça sendo retirada	10"	Ocioso	10"	09
50							10
55	Carregando centro	5"	Sendo carregado	5"	Ocioso	5"	11
60	Coloca a peça no equipamento de teste	10"	Em operação	35"	Sendo carregado p/ teste	10"	12
65							13
70	Execução do teste	25"			Executando o teste	25"	14
75							15
80							16
85							17
90							18
95	Retira a peça do centro	10"	Peça sendo retirada	10"	Ocioso	10"	19
100							20
105	Carregando centro	5"	Sendo carregado	5"	Ocioso	5"	21
110	Retira a peça do equipamento de teste e embala	15"	Em operação	35"	Peça sendo retirada e embalada	15"	22
115							23
120							24
125	Coloca a peça no equipamento de teste	10"			Sendo carregado p/ teste	10"	25
130							26
135	Execução do teste	25"			Executando o teste	25"	27
140							28
145							29
150			Ociosa	15"			30
155							31
160	Retira a peça do centro	10"	Peça sendo retirada	10"	Ocioso	10"	32
165							33
170	Carregando centro	5"	Sendo carregado	5"	Ocioso	5"	34
175	Retira a peça do teste e embala	15"	Em operação	35"	Peça sendo retirada e embalada	15"	35
180							36
185							37
190	Coloca a peça no equipamento de teste	10"			Sendo carregado p/ teste	10"	38
195							39
200	Execução do teste	25"			Executando o teste	25"	40
205							41
210							42
215			Ociosa	15"			43
220							44
225							45

5.

Escala	Homem	T	M1	T	M2	T	
5	Carrega e põe em op. M1	15	Sendo carregada	15	Ociosa	15	01
10							02
15							03
20	Carrega e põe em op. M2		Operando	20	Sendo carregada	10	04
25							05
30	Ocioso	10			Operando	25	06
35							07
40	Descarrega M1	10	Sendo descarregada	10			08
45							09
50							10
55	Carrega e põe em op. M1	15	Sendo carregada	15	Ociosa	10	11
60							12
65							13
70	Descarrega a M2	15	Operando	20	Sendo descarregada	15	14
75							15
80	Carrega e põe em op. M2				Sendo carregada		16
85			Ociosa	5			17
90	Descarrega M1	10	Sendo descarregada	10			18
95							19
100					Operando	25	20
105	Carrega e põe em op. M1	15	Sendo carregada	15			21
110							22
115							23
120	Descarrega a M2	15	Operando	20	Sendo descarregada	15	24
125							25
130	Carrega e põe em op. M2				Sendo carregada		26
135			Ociosa	5			27
140	Descarrega M1	10	Sendo descarregada	10			28
145							29
150					Operando	25	30
155	Carrega e põe em op. M1	15	Sendo carregada	15			31
160							32
165							33
170	Descarrega a M2	15	Operando	20	Sendo descarregada	15	34
175							35
180	Carrega e põe em op. M2				Sendo carregada		36
185			Ociosa	5			37
190							38

6. a. TC = 1,0 minuto; b. N_T = 3,8 operadores; c. N_R = 4 operadores; d. E_f = 95%.

7. a. TC = 90 segundos; b. N_T = 4,61 operadores; c. N_R = 5 operadores; d. E_f = 92,22%.

8. a. TC = 12,71 segundos; b. N_T = 9,12 operadores; c. N_R = 10 operadores; d. E_f = 91,24%.

■ Questões para revisão

1. O estudo de tempos baseado no conceito de homem-máquina é adequado à determinação de tempos de operação de atividades mais complexas e menos repetitivas.

   A cronometragem usada para a definição do tempo padrão é adequada ao estudo de tempo de um produto mais simples e de processo mais repetitivo.

2. Ao mesclarmos ramos de uma sequenciação de atividades, caso não conheçamos detalhadamente a operação, corremos o risco de atribuir a um operador operações muito diversas ou até incompatíveis.

3. a

4. d

5. b

■ Questões para reflexão

1. O conceito de tempo padrão não poderá ser colocado em desuso pois é de caráter fundamental ao estudo de tempos e base conceitual do próprio *takt-time*.

2. Gargalo de processo é toda e qualquer atividade que estrangula o fluxo dos materiais e compromete a manutenção ou a evolução dos tempos de processamento. Isso representa um sério comprometimento à eficiência da empresa. Goldratt e Cox (1995) fazem uma boa abordagem desse tema no livro *A meta*.

Capítulo 6

■ Questões para revisão

1. No arranjo físico em linha, a mão de obra, bem como os equipamentos, permanecem fixos, obedecendo à sequencia de montagem do produto, que percorre o processo. No arranjo físico posicional, o produto permanece parado, enquanto todos os insumos se dirigem a ele.

2. Tanto no arranjo físico departamental quanto no arranjo modular, os equipamentos produtivos são agrupados por sua natureza de operações,

sendo que, no arranjo modular, é estabelecida também a sequência de operações do produto, eliminando-se ociosidades intrínsecas.

3. Nos arranjos físicos ágil e modular, os equipamentos são agrupados conforme a sequenciação de operações necessárias ao produto.

4. Em ambos arranjos, departamental e distribuído, os equipamentos são agrupados para o atendimento à demanda. Porém, vale destacar que o arranjo físico departamental é fixo, sem flexibilidade, ao passo que o arranjo distribuído caracteriza-se pela flexibilidades.

5. Sim, a linha de montagem agrega outros modelos de arranjo físico, como o celular e o departamental, dependendo de seu porte e das dimensões do produto final.

- ■ Questões para reflexão

    1. Sem dúvida, novos arranjos físicos surgirão, em função do avanço tecnológico e novas demandas de mercado. Vale lembrar que o arranjo físico holônico era impensável na década de 1980.

    2. Resposta pessoal.

[sobre o autor]

J. Roberto Tálamo é graduado em Engenharia Mecânica pela Faculdade de Engenharia Industrial (FEI-SBC), mestre e doutor em Engenharia de Produção, com títulos obtidos na Escola Politécnica da Universidade de São Paulo (EPUSP-SP).

Atuou em empresas nacionais e multinacionais de grande porte como engenheiro de processos, gerente e diretor nas diversas áreas industriais de produção, qualidade e PPCP (planejamento, programação e controle de produção), por mais de 30 anos. Paralelamente à atividade empresarial na iniciativa privada, atuou como docente no Departamento de Engenharia de Produção da FEI-SBC por 16 anos. Atua, desde 2009, como docente no Centro de Engenharias, Modelagem e Ciências Sociais Aplicadas (CECS), no curso de Engenharia de Gestão da Universidade Federal do ABC (UFABC), campus São Bernardo do Campo, sendo atualmente docente associado II. Tem artigos na área de engenharia de produção publicados em periódicos nacionais e internacionais, além de trabalhos completos em anais de congressos de engenharia de produção, nacionais e internacionais.

Os papéis utilizados neste livro, certificados por instituições ambientais competentes, são recicláveis, provenientes de fontes renováveis e, portanto, um meio responsável e natural de informação e conhecimento.

Impressão: Reproset
Julho/2023